LOTHAR MERTENS

Vernachlässigte Töchter der Alma Mater

Sozialwissenschaftliche Schriften

Heft 20

Vernachlässigte Töchter der Alma Mater

Ein sozialhistorischer und bildungssoziologischer Beitrag zur strukturellen Entwicklung des Frauenstudiums in Deutschland seit der Jahrhundertwende

Von

Lothar Mertens

Duncker & Humblot · Berlin

Die Deutsche Bibliothek – CIP-Einheitsaufnahme

Mertens, Lothar:
Vernachlässigte Töchter der Alma Mater : ein sozialhistorischer und bildungssoziologischer Beitrag zur strukturellen Entwicklung des Frauenstudiums in Deutschland seit der Jahrhundertwende / von Lothar Mertens. — Berlin : Duncker und Humblot, 1991
(Sozialwissenschaftliche Schriften ; H. 20)
Zugl.: Bochum, Univ., Diss., 1990 u.d.T.: Mertens, Lothar: Die Entwicklung des Frauenstudiums in Deutschland
ISBN 3-428-07347-9
NE: GT

Fotoprint: Werner Hildebrand, Berlin 65
Printed in Germany

ISSN 0935-4808
ISBN 3-428-07347-9

Meiner Mutter

Vorwort

Zum Thema Frauenstudium gibt es zahlreiche Monographien und Aufsätze. Die überwiegende Zahl dieser Darstellungen beschränkt sich bei der Untersuchung des Frauenstudiums auf eine Universität und/oder eine Zeitepoche. Darüberhinaus sind die meisten dieser Publikationen deskriptiv gehalten und basieren in ihrer Quellenlage - vor allem bei Veröffentlichungen zu einschlägigen Universitätsjubiläen - hauptsächlich auf den Beständen der jeweiligen Universitätsarchive.

Die nachfolgende Untersuchung versucht, die Entwicklung des Studiums von Frauen an den deutschen Universitäten im 20. Jahrhundert in den sozialhistorischen und bildungssoziologischen Dimensionen zu erfassen. Um dieses Ziel zu erreichen, werden die statistischen Hochschuldaten ausgewertet und interpretiert. Diese Vorgehensweise wirft für die Untersuchung der Entwicklung des Frauenstudiums bis zum zweiten Weltkrieg, abgesehen von intensiver Quellensuche, keine größeren Probleme auf. Dagegen ist die Zeit nach 1945 bei der Analyse der DDR wegen der eingeschränkten Zahl der verfügbaren Daten nur eine partielle Untersuchung der Entwicklung möglich; vielleicht ergibt sich in der Zukunft - durch die Publizierung relevanter statistischer Kennziffern - eine befriedigerende Datengrundlage.

Um eine möglichst realitätsgetreue Projektion der dargestellten Entwicklungen zu gewährleisten, werden zum tieferen Verständnis der Denk- und Verhaltensmuster neben dem umfangreichen statistischen Material wichtige Teile der zeitgenössischen Literatur herangezogen.

Die vorliegende Untersuchung wurde im Sommer 1990 von der Fakultät für Sozialwissenschaft der Ruhr-Universität Bochum unter dem Titel "Die Entwicklung des Frauenstudiums in Deutschland. Ein sozialhistorischer und bildungssoziologischer Beitrag zur Entwicklung seit der Jahrhundertwende" als Dissertationsschrift angenommen. Für die Drucklegung wurde die Arbeit aktualisiert und geringfügig ergänzt.

Für zahlreiche Hinweise sowie die kritische Diskussion und präzise Durchsicht des Manuskriptes danke ich Frau Dipl. rer.soc. Sabine Gries und für die sorgfältige Erstellung der Graphiken habe ich Herrn Ulrich Spiekerkötter zu danken. Für die sorgfältige Betreuung bei der Drucklegung bin ich Herrn D. H. Kuchta vom Verlag Duncker & Humblot zu Dank verpflichtet.

Last but not least, gilt mein besonderer Dank Herrn Prof. Dr. Wilhelm Bleek und Herrn Prof. Dr. Dieter Voigt für ihre gute Betreuung und die stetige Ermutigung.

Widmen möchte diese Arbeit meiner allzu früh verstorbenen Mutter, ohne deren aufopferungsvolle Liebe und Unterstützung, mein Studium nicht möglich gewesen wäre.

Lothar Mertens

Inhalt

Tabellenverzeichnis

Diagrammverzeichnis

I. Einleitung

"Bildung" war unzweifelhaft zum entscheidenden gesellschaftlichen Schlüsselbegriff des 19. Jahrhunderts geworden.[1] Durch den Erwerb von Bildung konnte auch der aus einfachen Verhältnissen stammende Bürger auf der gesellschaftlichen Sprossenleiter emporklimmen und Positionen einnehmen, die vorher - besonders vor 1848 - nur dem Adel vorbehalten gewesen waren. Erst die Bildung eröffnete weiten Bevölkerungskreisen die Möglichkeit eines sozialen Aufstiegs. Besonders deutlich manifestiert sich der Aufstiegswille im wilhelminischen Kaiserreich im Institut des Einjährig-Freiwilligen Militärdienstes[2] und in der angestrebten Partizipation des Bürgertums an diesem Privileg. Die Berechtigung zum Einjährig-Freiwilligen Militärdienst war die Scheidegrenze zwischen den gebildeten und den ungebildeten Ständen.[3] Das Bildungsbürgertum des Kaiserreiches wußte nichts Nachteiligeres über den Einzelnen zu sagen, als daß er "ungebildet" war.[4] Der deutsche Diplomat Graf von Keßler[5] konstatierte treffend in seinen Erinnerungen: *"Der Kult der Bildung hatte etwas Mystisches!"*[6]

Dieses für das eigene gesellschaftliche Prestige relevante Streben, an der Bildung zu partizipieren erfaßte während der Jahrzehnte des deutschen Kaiserreiches immer weitere Bevölkerungskreise. Auch wenn die individuellen finanziellen Möglichkeiten häufig vollkommen ungenügend waren, so mußte man, um den gewünschten gesellschaftlichen Status zu erlangen, einfach zum Stand der "Gebildeten" gehören, und sei es um den Preis jahrelanger Verschuldung, wie beispielsweise die Volksschullehrer.[7]

In den letzten Jahrzehnten des ausgehenden 19. Jahrhunderts waren die Frauen verstärkt darum bemüht,[8] ihre Ausbildungschancen zu verbessern[9] und

---

1 Bleuel/Klinnert, S. 33. Siehe auch Titze, Enrollment, S. 87.

2 Siehe Mertens, Privileg, S. 59 ff.

3 Ebd., S. 61.

4 Bleuel/Klinnert, S. 33.

5 Harry Graf von Keßler, * 1868 Paris, + 1937 Südfrankreich; deut. Diplomat und Schriftsteller, 1918-21 Gesandter in Polen, Vizepräsident des deut. Künstlerbundes und Vorstand der Deutschen Friedensgesellschaft; Wer ist's?, 9. Ausgabe, S. 786; Meyers, Personenlexikon, S. 731.

6 Keßler, S. 145.

7 Mertens, Bildungsprivileg, S. 225 f.

8 Siehe Schlotfeldt-Schäfer, S. 11 ff.

9 Siehe Kaiser, S. 168 f. u. S. 183 f.

einen Zugang zu den traditionell männlich dominierten Berufen mit ihren reglementierten Zugangsbedingungen in bezug auf Vorbildung und qualifizierten Ausbildungsabschluß zu erlangen.[10] Dies galt besonders für die akademischen Berufe und die Tätigkeiten im erzieherischen, juristischen und medizinischen Bereich; diese Berufszweige waren den Frauen infolge fehlender Vorbildungsmöglichkeiten (noch) verschlossen. Die deutsche Oberschicht zeigte sich durchaus empfänglich für Verbesserungen der Bildungs- und Berufschancen von Frauen - wenn es dabei um die Partizipation der eigenen Töchter ging.[11] Besonders deutlich wurde dies bei der Frage des Frauenstudiums: die ersten weiblichen Studierenden waren durchweg Professorentöchter, wie etwa Dorothea Schlözer, Caroline Michaelis, Therese Heyne oder Philippe Gatterer.[12] Aber auch Väter in hohen Regierungsämtern (oder ein Onkel wie bei Maria von Linden)[13] betrieben erfolgreich die Förderung der studierwilligen jungen Damen, wie etwa im Falle von Else von der Leyen. Erfolgreich war hier auch der Vater von Clara Bender, in dessen Amtszeit als Bürgermeister von Breslau das erste Mädchengymnasium der Stadt eröffnet wurde.[14] Im Falle von Maria von Linden war es ihr Onkel, Joseph Freiherr von Linden,[15] der seiner Nichte nicht nur innig zugetan, sondern auch von ihrem Talent überzeugt war und ihr daher mit Hilfe seines großen politischen Einflusses den Weg zur Universität ebnete, den ihr ihre Intelligenz allein, wie vielen ihrer Geschlechtsgenossinnen in dieser Zeit, nicht geöffnet hätte. Denn die Transformation kultureller und gesellschaftlicher Strukturen vollzog sich nur langsam. Karl Marx[16] konstatierte seinerseits: *"Der gesellschaftliche Fortschritt läßt sich exakt messen an der gesellschaftlichen Stellung des schönen Geschlechts (die Häßlichen eingeschlossen)"*.[17]

In den folgenden Ausführungen soll gemäß dem vorangegangenen Paradigma der gesellschaftliche Fortschritt an der Entwicklung der Stellung der Frauen in der Wissenschaft, d.h. hier der Studentinnen, bestimmt werden. Margherita von Brentano kam dabei zu dem pointierten Urteil: *"Das Problem*

---

10 Albisetti, Berufe, S. 286.

11 Ebd., S. 298.

12 Schlüter, Wissenschaft, S. 244.

13 Kretschmer, S. 87.

14 Albisetti, Berufe, S. 298.

15 Joseph Freiherr von Linden, * 1804 Wetzlar, + 1895 Habsack b. Freiburg; Präsident des kath. Kirchenrates 1842-1850, 1850-1864 württ. Innenminister, 1868-93 Mitglied der Ersten Kammer in Württemberg; Neue Deutsche Biographie, Bd. 14, S. 589 f.

16 Marx, S. 583.

17 Sicherlich ist die in der Klammer stehende Hinzufügung als frauenfeindlich einzustufen. Ungeachtet des patriarchalischen Zeitgeistes stellt sich hier die vorgebliche Progressivität von Karl Marx - wie sie z.B. in der DDR immer betont wurde - selbst in Zweifel.

der Frauen an der Universität ist kein universitätsspezifisches Problem. Es ist unlösbar vom Gesamtproblem des Selbstverständnisses und des Verhaltens von Frauen und Männern in einer Gesellschaft, in der das Verhältnis der Geschlechter, der beiden Grundweisen also, Mensch zu sein, von altersher und immer noch ein Verhältnis der Herrschaft und Unterdrückung ist; dies noch so sehr ist, daß die schöne und wahre Forderung, es solle ein solches der Partnerschaft sein, wenn als verwirklicht behauptet, selbst ein Mittel der Herrschaft wird."[18]

Auf die zahllosen feministischen Untersuchungen und Beschreibungen weiblicher Diskriminierungen[19] sowie ihren Ursachen und Phänomen[20] als Ausdrucksformen einer "patriarchalisch-kapitalistischen Gesellschaft"[21] soll innerhalb der vorliegenden Untersuchung nicht näher eingegangen werden; vielmehr sollen die sozialhistorische Entwicklung sowie die bildungssoziologische Dimension im Vordergrund der Analyse stehen. Die allgemeine Durchschnittshäufigkeit und die spezifische Durchschnittshöhe der Begabungen dürfen beim Vergleich der Geschlechter nicht verwechselt oder ausgetauscht werden. Daher müssen die Leistungen genialer Frauen auch den Erfolgen genialer Männer gegenübergestellt werden und nicht denen der übrigen Gruppe;[22] dies gilt selbstverständlich auch vice versa. Neben der allgemeinen historischen Entwicklung des Frauenstudiums ist hier auch die vielfältige, fachdifferenzierte Evolution dieses Bereiches in den unterschiedlichen Wissenschaftsgebieten (wie Geistes-, Naturwissenschaften, Medizin, Technik- und Ingenieurwissenschaften) zu berücksichtigen und in exemplarischen Beispielen darzustellen. Da Frauen heute in allen akademischen Studienfächern und an fast allen Universitäten und wissenschaftlichen Hochschulen der Bundesrepublik Deutschland (die Hochschulen der Bundeswehr in Hamburg und München sind derzeit noch die einzigen Ausnahmen) gleichberechtigt neben den Männern studieren und danach ganz selbstverständlich in alle akademischen Berufe eintreten können, sind im Rückblick die schwierigen Anfänge des Frauenstudiums in Deutschland kaum mehr verständlich.[23]

---

18 Brentano, S. 73.

19 U.a. Bussemer, Bildungsbürgertum, S. 193 ff.; Mies, S. 56 ff.; Thürmer-Rohr, S. 80 ff.

20 U.a. Nowotny, S. 21 f.; Bock, Frauenforschung, S. 26 ff.; Lerner, S. 405 ff.

21 Schlüter, Wenn zwei, S. 14.

22 Bäumer, Volkswirtschaft, S. 154; Heymans, S. 108.

23 Boehm, S. 299.

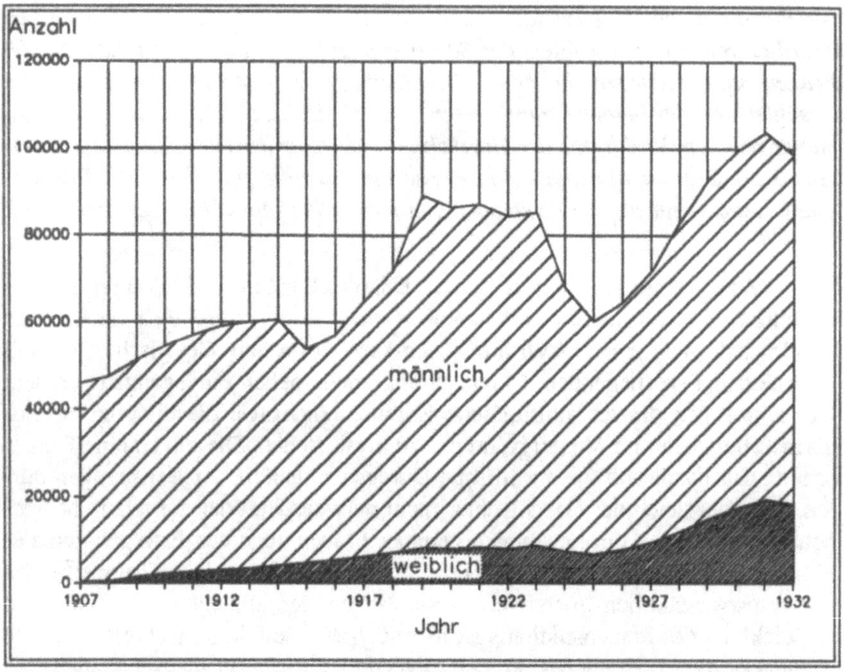

Diagramm 1: Entwicklung der Studierendenzahlen in Deutschland in den Jahren 1907 bis 1932[24]

Die erregten Diskussionen in der interessierten Öffentlichkeit des Kaiserreiches - besonders in der wissenschaftlichen und publizistischen Literatur - waren geprägt von unnachgiebigem und heftigem Streit um das Für und Wider,[25] wobei die befürwortenden Stimmen sich häufig mit grober Polemik und bornierter Überheblichkeit ihrer Gegner konfrontiert sahen.[26] Die für die damalige Zeit unerhört emanzipatorisch und beinahe revolutionär klingenden Forderungen der seit 1865 im "Allgemeinen Deutschen Frauenverein"[27] institutionalisierten bürgerlichen Frauenbewegung[28] und ihrer führenden Persönlichkeiten (etwa Helene Lange, Luise Otto-Peters, Käthe Windscheid und Ger-

24 Erstellt nach Stat. Jbb. des Deutschen Reiches 1922 ff.; Titze, Hochschulstudium, S. 43 f., Tab. 6.

25 Exemplarisch: Die Akademische Frau. Gutachten hervorragender Universitätsprofessoren, Frauenlehrer und Schriftsteller über die Befähigung der Frau zum wissenschaftlichen Studium und Berufe. Hrsg. von Arthur Kirchhoff. Berlin 1897.

26 Siehe auch Schlotfeldt-Schäfer, S. 36 ff. für die Situation in Kiel.

27 Greven-Aschoff, S. 38 ff.

28 Im Unterschied zur proletarisch-sozialistischen Frauenbewegung, auf die hier nicht näher eingegangen wird. Siehe Evans, Concept, Losseff-Tillmanns, Pudenz und Schenk.

trud Bäumer) nach einer grundlegenden Reform des höheren Mädchenschulwesens[29] und einer Öffnung der Hochschulen für Frauen bedingten grundlegende sozio-ökonomische Veränderungsprozesse von ungeahnter gesellschaftlicher Tragweite.[30] Sie rüttelten auch am weiblichen Rollenverhalten und -verständnis vieler Frauen,[31] besonders aber am Selbstverständnis der bis in fortschrittliche Kreise hinein monarchisch-patriarchalisch geprägten Gesellschaft der Wilhelminischen Zeit.[32] Die Möglichkeit des Hochschulstudiums schloß den Zutritt der Frauen zu den männlich dominierten akademischen Berufszweigen ein,[33] wo die Frauen schon bald mit respektablen Leistungen aufwarteten.[34] Der bis zur letzten Jahrhundertwende andauernde, weitgehende Ausschluß der Frauen aus dem Wissenschaftsbereich versperrte ihnen in vielen Berufsfeldern infolge der fehlenden akademischen Ausbildung die Möglichkeit zu einer qualifizierten Tätigkeit. Folgerichtig konstatiert Gertrud Pfister[35]: "*Der Ausschluß vom Wissen war demnach auch ein Ausschluß von der Macht*".[36] Frauen in Führungspositionen werden von ihr als "weiße Elefanten" bezeichnet.

Die ersten ordentlich immatrikulierten Studentinnen zu Beginn des 20. Jahrhunderts können als "schillernde Paradiesvögel" charakterisiert werden, die sich in einer ihnen, wenn auch nicht mehr vollkommen feindlich, so doch zumindest noch skeptisch-distanziert gegenüberstehenden Fauna zurechtfinden mußten. In einer Buchrezension im Jahre 1913 kam Ruth von Velsen, die damalige Vorsitzende des Verbandes der Studentinnenvereine Deutschlands, zu dem treffenden Urteil: "*Wie kann man die Wissenschaft so herabziehen, einem so großen, rein geistigen Kulturfaktor Beschränkung auf* **ein** *Geschlecht nachsagen? Die Wissenschaft ist* **weder** *männlich, noch weiblich; sie ist menschlich - und himmelhoch erhaben über Geschlechtsunterschiede.*"[37]

---

29 Detailliert in Albisetti, Schooling. Siehe auch die zeitgenössische Analyse von Schmitt, S. 378 ff. sowie die kritische Untersuchung von Dinkler.

30 Boehm, S. 299; Federspiel, S. 140 ff.; Greven-Aschoff, S. 45 ff. Schopf, S. 24 ff.

31 Siehe Meyer, Arbeit, S. 172 ff. Müller/Zymek, S. 69 f.; Wobbe, S. 27 ff.

32 Siehe Brocke, S. 94; Bussemer, Frauenbewegung, S. 43 f.

33 Herrmann, Frau, S. 3 ff.

34 Weber, Beteiligung, S. 1.

35 Pfister, Grenzen, S. 211.

36 Allerdings ist hier der Begriff von Macht präziser zu definieren und außerdem zwischen den verschiedenen Formen von Eliten zu unterscheiden, zu denen Intellektuelle gehören (können). Der Stuttgarter Soziologe Günter Endruweit, S. 28 ff. unterscheidet in seiner Habilitationsschrift überaus differenziert zwischen Macht- und Funktionseliten, zu denen die gesellschaftliche Intelligenz zu rechnen ist.

37 Velsen, Contra, S. 4; (Hervorhebung im Original).

II. Von den Anfängen des Frauenstudiums bis zum 1. Weltkrieg

1. Die ersten Ausnahmen

Vereinzelte Ausnahmen, in denen Frauen die Universitätszulassung (z.B. durch Intervention des Vaters) für ein akademisches Studium erhielten und dieses sogar mit der Promotion abschließen konnten, sind u.a. Dorothea Erxleben (Medizin 1754 in Halle) und Dorothea Schlözer (Philosophie 1787 in Göttingen). Die Promotionen von Reichsausländerinnen (z.B. 1874 Sonja Kowalewska[1] in Göttingen) bleiben hier unberücksichtigt.[2]

Als erste reguläre Promotion einer deutschen Frau gilt die von Katharina (Käthe) Windscheid im Jahre 1895 an der Philosophischen Fakultät der Universität Heidelberg. Sie war die Tochter des überaus renommierten Leipziger Juraprofessors Bernhard Windscheid, der von 1880 bis 1883 ein führendes Mitglied der ersten Kommission zur Ausarbeitung des Bürgerlichen Gesetzbuches für das Deutsche Reich war.[3] Bei der Promotion der Amerikanerin Caroline Stewart an der Philosophischen Fakultät der Berliner Universität im Februar 1901 traten dann zum ersten Mal Frauen auch als Opponenten auf.[4]

Symptomatisch für den nicht nur im deutschen Kaiserreich sukzessive ermöglichten Hochschulzugang von Frauen war die eidgenössische Schweiz. Während Zürich bereits im Jahre 1864 die Vorreiterrolle übernahm,[5] folgten die Hochschulen in Bern und Genf erst im Jahre 1872, Lausanne 1876 und Basel schließlich im Jahre 1890.[6] In den "Akten und Dokumenten zur Geschichte des Frauenstudiums an der Universität Zürich", die im Anhang der Monographie über »Das Frauenstudium an den Schweizer Hochschulen« abgedruckt sind, ist ein überaus beachtenswertes Schreiben aufgeführt, das für die vorliegende

---

1 Die russische Mathematikerin Sonja Kowalewskaja, geb. 1850 in Moskau, studierte 1868 in Heidelberg und Jena, seit 1870 in Berlin. Sie erhielt im Jahre 1874 von der Universität Göttingen in absentia (!) und ohne mündliche Prüfung den Titel eines Dr. phil. zuerkannt. Von 1884 bis zu ihrem Tode im Jahre 1891 war sie als Professorin für Mathematik an der Universität Stockholm tätig; siehe Meyers Personenlexikon, S. 754.

2 Siehe Schlotfeldt-Schäfer, S. 9 f.

3 Wolf, S. 613 f.

4 Kurznotiz in: Hochschul-Nachrichten, 11. Jg. (1901), H. 125, München, S. 107.

5 Siehe Akten und Dokumente, S. 288.

6 Kretschmer, S. 78.

Untersuchung sehr interessant ist. Es handelt sich dabei um eine Anfrage des königlich-bayrischen Senats der Julius-Maximilians-Universität Würzburg an den Akademischen Senat der Universität Zürich nach den eidgenössischen Erfahrungen mit dem Frauenstudium, speziell im Fach Medizin. Aber der Brief der Würzburger Universität ist nicht nur an sich bemerkenswert; viel größeres Interesse erweckt die Datumsangabe, denn die Anfrage datiert vom 23. Dezember 1869![7] Dies bedeutet, daß die Würzburger Professoren sich - wenn auch wohl maßgeblich auf Veranlassung des bayrischen Unterrichtsministeriums - bereits 30 Jahre vor der offiziellen Zulassung von Frauen an den bayrischen Universitäten mit der Frage des Frauenstudiums eingehend beschäftigten.

Neben den Zulassungsmodalitäten und den etwaigen Beschränkungen des Frauenstudiums auf bestimmte Disziplinen richtete sich das Hauptinteresse der Würzburger Ordinarien auf die Frage der Zulassung von Frauen zum Erwerb akademischer Grade. Weiter von Interesse erschien den Würzburger Hochschullehrern die Frage, welche (unausgesprochen negativen) Reaktionen und Konsequenzen die weibliche Partizipation unter den männlichen Studierenden ausgelöst habe, besonders *"bei gewissen, für das weibliche Zartgefühl empfindlichen Vorlesungen und Demonstrationen"*.[8] Die bereits im Februar 1870 erfolgte Antwort des Zürcher Rektorats an den Würzburger Senat beschied alle Fragen überaus positiv und befürwortete explizit das Frauenstudium. Rückblickend auf eine sechsjährige Erfahrungszeit konnte das Rektorat der Universität Zürich keine "erheblichen Übelstände" benennen und betonte zugleich *"die ernste Arbeitslust und das tactvolle Benehmen der hier studierenden Damen"*.[9]

2. Diskussionen um das Frauenstudium

Bereits im Jahre 1867 kam der Staatsrechtler Franz von Holtzendorff[10] zu dem weitsichtigen Urteil, daß die gesellschaftlich tradierte fehlende weibliche Partizipation an politischen Prozessen und Wirksamkeiten den Frauen *"bis zu*

---

7 Akten und Dokumente, S. 287.

8 Ebd.

9 Ebd., S. 288.

10 Franz von Holtzendorff, * 1829 in Vietmannsdorf, + 1889 in München; Prof. für Staats- und Völkerrecht in Berlin und München; außerdem führendes Mitglied des sog. Lette-Vereins; siehe Meyers Personenlexikon, S. 650.

einer Umformung unserer heutigen Denkweise verschlossen bleiben wird"[11]; eine Erkenntnis, die sicherlich auch noch für die "heutige" Gegenwart gilt, in der die Partizipation der Frauen in einigen gesellschaftlichen Teilbereichen anscheinend nur durch Quotierungen und Sonderförderungen erreicht werden kann. Bezüglich der Frauenbildung vertrat Holtzendorff eine für seine Zeit (1867) ungemein progressive Ansicht der Vorsorge und Förderung. Die *"Befriedigung der gegenwärtig hervortretenden höheren Bildungsinteressen des weiblichen Geschlechts"* konnte seiner Meinung nach *"den erhabensten Bildungszielen des Staates und der Familie nur förderlich sein"*.[12]

Den Verfechtern einer weiblichen Berufslosigkeit, die in den Frauen allein die Mutter und Hausfrau sahen, erteilte Prof. Holtzendorff, der seit dem 1869 den Vorsitz im sogenannten "Lette-Verein"[13] innehatte, eine für das 19. Jahrhundert vollkommen atypische und entschiedene Absage: *"Wäre es wirklich wahr, daß das Schicksal derer, welche unverheirathet bleiben, im Vergleich zu dem ehelichen Wirkungskreise der Frauen aufzufassen wäre, wie der Gegensatz des* ***Naturwidrigen*** *zu einem vermeintlich allein natürlichen Beruf der Frauen, so wäre nicht nur die menschliche Freiheit in Abrede gestellt, der Entsagung und Aufopferung für die nicht unmittelbar in der Familie liegenden Humanitätsziele aller Werth genommen, sondern auch der moralische Tod über diejenigen verkündet, welche außerhalb der Familienbande stehend, einen eigenen Lebensberuf wählen müssen. Gerade diese Lehre von der vermeintlich* ***ausschließlichen*** *Bestimmung der Frau zu häuslichen Lebenszwecken, diese Lehre, die im Widerspruch mit den gewaltig auftretenden Thatsachen der Gegenwart der weiblichen Jugend kein anderes Ziel zeigt, als eine unberechenbare Möglichkeit des* ***passiven*** *Wahlrechts zur Eheschließung, diese Lehre ist es, welche der Erziehungsweise eine so schiefe Richtung giebt."*[14]

Gegen die Einrichtung spezieller Frauenuniversitäten, wie sie in den Vereinigten Staaten schon bestanden und auch heute noch bestehen[15], wandte sich Franziska Tiburtius im April 1900 in Erfurt auf der Bundestagung der christlich-sozialen Konferenz. Nach Tiburtius[16] wären beispielsweise die an ausschließlich Frauen zugänglichen Instituten ausgebildeten Ärztinnen immer nur Ärzte

---

11 Holtzendorff, S. 23.

12 Ebd., S. 42.

13 Lette-Verein, bezeichnet nach seinem Begründer Wilhelm Adolf Lette (1799-1868), Mitglied des preuß. Landtags und Mitbegründer der Nationalliberalen Partei; eigtl.: "Verein zur Förderung der Erwerbsfähigkeit des weiblichen Geschlechts"; Kaiser, S. 176 f.

14 Holtzendorff, S. 43; (Hervorhebung im Original).

15 Siemens, S. 3. Derzeit sind es 93 Universitäten und Colleges; im Jahre 1960 waren es noch 298 gewesen.

16 Zum Selbstverständnis von Franziska Tiburtius siehe Lange-Mehnert, S. 298 ff.

zweiter Klasse geblieben;[17] ein einleuchtendes Argument, das auch in derzeitigen Diskussion um Frauenförderung und Quotierung oder um die Aufhebung von Koedukation immer wieder auftaucht.

Seit der ersten deutschen Frauenkonferenz 1865 in Leipzig und der nachfolgenden Bildung von Frauenvereinen wie etwa dem "Deutschen Frauenverein Reform" (1888) wurden konkrete Vorstellungen über die Rolle der Frau in der Gesellschaft und ihre bildungsmäßigen Benachteiligungen geäußert.[18] Die Problematik des Frauenstudiums war für die politischen Parteien des Kaiserreichs vor allem "*eine Frage der sozialen Lage der Frauen*".[19] Da die zahlreichen Eingaben und Petitionen der verschiedenen Frauenvereine in den 1890er Jahren für die studierwilligen Frauen keine positiven Ergebnisse zeitigten, da die damit zusammenhängenden Fragen zwar immer debattiert, jedoch nie politisch entschieden wurden[20] und die Politiker der gesamten Frauenfrage äußerst reserviert gegenüber standen, bemühten die Frauenorganisationen die Politiker ab der Jahrhundertwende nicht mehr, da diese ein eher "retardierendes Element" darstellten,[21] die die unbequemen Entscheidungen zwischen dem Reichstag und den einzelnen Landtagen der "Zuständigkeit" wegen hin- und herüberwiesen.[22] In den Sitzungsprotokollen des sächsischen Landtages hieß es bezüglich der Aufnahme von Hörerinnen an der Universität Leipzig vor deren offizieller Zulassung im Jahre 1871: "*... bis vor wenigen Jahren war es überhaupt unstatthaft, daß irgendeine Frau an einer Vorlesung an der Universität Leipzig teilnahm, wenn es doch ..., in vereinzelten Fällen geschehen ist, so ist dies jedenfalls ohne Zustimmung des Unterrichtsministeriums geschehen.*"[23] Noch im Jahre 1893 ließ der Deutsche Reichstag eine mit 60.000 Unterschriften versehene Petition für die Freigabe des Medizinstudiums für Studentinnen weitgehend unbeachtet und ging rasch zur Tagesordnung über.[24]

---

17 Tiburtius, S. 175.

18 Dinkler, S. 7 ff.

19 Andernach, S. 167.

20 Schlüter, Wenn zwei, S. 19.

21 Andernach, S. 168.

22 Bäumer, Jahre, S. 579.

23 Zit. in Schnelle, Probleme, S. 332, Anm. 43.

24 Schmidt-Harzbach, S. 43.

3. Bedenken gegen das Frauenstudium

Durchaus dem Zeitgeist des 19. Jahrhunderts entsprach die von Robert von Mohl[25] vertretene Auffassung, das weibliche Geschlecht sei *"durch seine Natur-Anlagen, seine Erziehung und seine Kenntnisse"*[26] nur bedingt in der Lage *"selbständig und folgerichtig zu handeln"*.[27] Wenn der Einfluß der "Natur-Anlagen" auf die etwaige Studierfähigkeit der Frauen (aus heutiger Sicht) auch zu bezweifeln sind, so gilt dies nicht für die frauenspezifische Erziehung und die dabei vermittelten Kenntnisse; besonders im Wohlfahrts- und Pflegewesen.[28] Die größten Hürden der Frauen auf dem Weg zum Hochschulzugang waren das ungenügende höhere Mädchenschulwesen[29] und die daraus resultierende fehlende Möglichkeit zur Erlangung des Reifezeugnisses.

Konservative Kräfte, die sich oft wenig sachlich und mit für anerkannte Wissenschaftler erstaunlich undifferenzierter Polemik gegen eine Öffnung der Universitäten für die Frauen stellten, sahen die Hochschulen bereits um die Jahrhundertwende *"durch den schleichenden, alle Kraft verzehrenden Feminismus bedroht"*.[30] Und Heinrich von Treitschke, der führende Historiker des Wilhelminischen Kaiserreiches, urteilte: *"Es ist also eine schändliche moralische Schwäche so vieler wackerer Männer heute, daß sie angesichts der Schreierei der Zeitungen davon reden, unsere Universitäten der Invasion der Weiber preiszugeben und dadurch ihren ganzen Charakter zu verfälschen. Hier liegt eine unbegreifliche Gedankenschwäche vor ... Soll wegen einer Zeitungsphrase die herrliche Institution unserer Universitäten korrumpiert werden?"*[31]

Als männlich-patriarchalische Gründe gegen das Frauenstudium nannte die Schriftstellerin Hedwig Dohm,[32] eine der ersten Vorkämpferinnen für die berufliche Emanzipation der Frauen:

---

25 Robert von Mohl, * 1799 Stuttgart, + 1875 Berlin; Sohn des württ. Ministers und Oberkonsistorialpräsidenten Ferdinand von Mohl, deut. Staatsrechtler, Prof. in Tübingen und Heidelberg, verfaßte die erste wiss. Bearbeitung eines konstitutionellen Staatsrechts, 1848 Mitglied der Frankfurter Nationalversammlung, seit 1874 MdR; Meyers Personenlexikon, S. 906, Biographisches Wörterbuch, Bd. 2, Sp. 1918 f.

26 Mohl, S. 361.

27 Siehe Kretschmer, S. 78.

28 Siehe Zeller, S. 45 ff.

29 Albisetti, Schooling, passim.

30 Ruge, S. 89.

31 Zit. in Twellmann-Schepp, S. 194.

32 * 1833 Berlin, + 1919 Berlin; Schriftstellerin und Ehefrau des "Kladderadatsch"-Chefredakteurs Ernst Dohm; Meyers, Personenlexikon, S. 334.

- die vorgebliche Gefahr der Vernachlässigung der Hausfrauen- und Mutterpflichten;[33]
- das Paradigma, daß gleiche Rechte gleiche Pflichten bedingen (wie z.B. Ableistung von Kriegsdienst);
- und als ästhetisches Unglück der Verlust weiblicher Anmut und Liebeswürdigkeit durch das Studium.[34]

Extreme Gegner, wie z.B. der Leipziger Neurologe Dr. Paul Möbius, dessen im Jahre 1900 ersterschiene Philippika »Über den physiologischen Schwachsinn des Weibes«[35] bis zum Jahre 1922 zwölf Auflagen erlebte, vertraten die Ansicht, daß Frauen aufgrund physiologisch-biologischer Gegebenheiten nicht zu intellektuellen Höchstleistungen fähig seien.[36] Auch die Einrichtung von Mädchengymnasien wurde energisch abgelehnt, da die "Natur" die Mädchen auf das "praktisch Brauchbare" hinweise.[37]

Der Kurator der Jenaer Universität, Heinrich Eggeling, verwahrte sich gegen die Zulassung von Frauen mit der ganz vom herrschenden Zeitgeist geprägten Auffassung: *"Solange die Weiber nicht zum Militärdienst ausgehoben werden, und solange das Gebären nicht beiden Geschlechtern obliegt, sollte man an der wohlbegründeten Ordnung festhalten und zu den in Weisheit allein für die männliche Jugend begründeten Unterrichtsanstalten nicht auch die weibliche Jugend zulassen"*.[38] Andere Stimmen meinten: *"Unsere Kinder sollen von Müttern geboren werden, die ein ausgeruhtes Gehirn und genug Zeit zur Aufzucht einer zahlreichen Nachkommenschaft haben. So leistet die Frau sich, der Familie und dem Staate die höchsten Dienste."*[39] Das aus einer Rede zur Gedächtnisfeier des Stifters der Berliner Universität, König Friedrich Wilhelm III., am 3. August 1917 (!) stammende Zitat von Ernst Bumm,[40] läßt die noch immer vorhandene Kritik am Frauenstudium deutlich werden. Der hier angestrebten Rücksetzung der Frauenrolle auf Kinder und Küche hatte - zumindest aus dem Zeitgeist - durchaus reale bevölkerungspolitische Hintergründe, die nicht nur allein aus den großen Populationsverlusten des fortdauernden Weltkrieges zu verstehen sind. Auch engagierte Verfechter der Frauenerwerbstätigkeit, wie Max

---

33 Siehe auch Wobbe, S. 27 f.

34 Dohm, S. 168 ff.

35 Möbius, S. 28 f. u. 187.

36 Möbius glaubte seine Behauptungen anhand von Messungen des Kopfumfanges beweisen zu können, wodurch nach Auffassung vieler Zeitgenossen sich auch die Gehirngröße und -leistungsfähigkeit bestimmen liesse.

37 Möbius, S. 60.

38 Zit. in Drechsler, S. 466.

39 Zit. in Hirsch, S. 54.

40 * 1858 Würzburg, + 1925 München; Gynäkologe, Prof. in Basel, Halle und Berlin; Meyers, Personenlexikon, S. 200.

Hirsch, kamen bei ihren empirischen Untersuchungen zu alarmierenden demographischen Ergebnissen. Von den verheirateten Akademikerinnen hatten fast zwei Drittel (wegen der Heirat) den Beruf aufgegeben, gegenüber lediglich 2,5 % der ledigen Befragten.[41] Andererseits waren unter den berufstätigen Frauen drei Viertel ledig und nur ein Viertel verheiratet.[42] In diesen Proportionen zeigt sich deutlich - ungeachtet der Bedeutung der Ehe als materieller Versorgungsinstitution - die erhebliche Diskrepanz zwischen Ehe und Berufstätigkeit.[43]

Dem von Gegnern des Frauenstudiums geäußerten Bedenken, daß die Hochschulen durch die Öffnung für das andere Geschlecht zu Heiratsmärkten degradiert würden, stellte Hirsch die These entgegen, *"dass viele von den studierenden Mädchen durch die Berührung mit Kommilitonen in Hörsälen, Übungssälen, Laboratorien zur Ehe kämen. Denn es ist bekannt, dass viele Frauen und Männer nur deswegen unverheiratet bleiben, weil ihnen die Gelegenheit zur Ehe fehlt. Und dass besonders diejenigen Mädchen, deren Heiratsaussichten von vornherein gering sind, zu Studium und Beruf greifen."*[44]

4. Die Initiatoren der Öffnung

Doch ungeachtet der ultra-konservativen Ansichten öffneten sich die Universitäten ab der Jahrhundertwende - zunächst noch zögernd - auch für die Frauen. Die Müßigkeit von Fragen, ob Frauen studieren sollten, karikierte die Schriftstellerin Hedwig Dohm mit der Gegenfrage *"darf der Mensch seine Kräfte entwickeln? Soll er seine Beine zum Gehen gebrauchen?"*[45]

Die von Huerkamp vertretene *"Hypothese, daß die Angehörigen bildungsbürgerlicher Berufsgruppen, aus Sorge um das Schicksal ihrer unverheirateten Töchter, Interesse an einer Öffnung der Universitäten für Frauen hatten und dieses auch durchsetzten"*,[46] ist zu weit gefaßt. Sicherlich hatten diese "Inhaber von Bildungspatenten", wie Lepsius die gebildeten Stände des ausgehenden 19.

41 Hirsch, S. 58.

42 Ebd., S. 56.

43 Vgl. Dinkler, S. 54 ff.

44 Ebd., S. 94.

45 Dohm, S. 8.

46 Huerkamp, S. 202.

Jahrhunderts definiert,[47] ein berechtigtes Interesse an der adäquaten Versorgung unverheirater Töchter und anderer weiblicher Verwandter. Doch dürfte sich der Einfluß des breiten Bildungsbürgertums auf die Reform des höheren Mädchenschulwesens und den damit verbundenen Erwerb höherer Bildung beschränkt haben.[48] Eine graduelle Anhebung der Mädchenbildung wurde als durchaus wünschenswert und notwendig erachtet, jedoch sollte den Frauen hierdurch nicht der **generelle** Zutritt zu den akademischen Berufen eröffnet werden.[49] Dies konzediert auch Huerkamp: "*Andererseits leisteten gerade die Vertreter von Berufsgruppen wie Ärzten, Anwälten, höheren Beamten und Oberlehrern hartnäckigen Widerstand gegen das Eindringen von Frauen in ihre jeweiligen beruflichen Bereiche, da sie fürchteten, das gesellschaftliche Ansehen ihres Berufes werde dadurch gemindert*"[50] und wohl unausgesprochen, weil man(n) die berufliche Konkurrenz nicht vergrößert sehen wollte; ein Problem, das sich am Beispiel der im Ausland ausgebildeten Ärztinnen und den Einwänden gegen das öffentliche Führen des Doktortitels (siehe oben z.B. Tiburtius) besonders deutlich zeigte.[51]

Somit stellt sich die Frage, welche Teile der "bildungsbürgerlichen Berufsgruppen" nicht nur ein Interesse an einer Universitätsöffnung für Frauen hatten, sondern dies auch tatsächlich durchsetzen konnten. Die Antwort ist relativ einfach: die Universitätsprofessoren. Aufgrund des universitären Selbstverwaltungsrechts und der damit verbundenen weitgehenden Hochschulautonomie[52] konnten die Lehrenden[53] im Zusammenspiel mit der Kultusbürokratie sowohl die Bedingungen des Hochschulzugangs, als auch die des Studieninhaltes frei bestimmen und regulieren.[54] Folgerichtig waren die ersten Hörerinnen, die ersten offiziell immatrikulierten Studentinnen und auch die ersten Promovendinnen Professorentöchter.[55] Daher lassen sich für Teile des Bildungsbürgertums widersprüchliche und unter Umständen konträre Interessenslagen konstatieren. "*Einerseits lehnten sie als Vertreter akademischer Berufe das Frauenstudium ab, andererseits hatten sie als Väter studierwilliger Töchter ein Interesse daran.*"[56] Diese familial begründete Motivation muß auch begründet werden,

---

47 Lepsius, S. 93 f.

48 Twellmann-Schepp, S. 80 f.; Wehler, S. 256.

49 Siehe Kaiser, S. 168 f.; Twellmann-Schepp, S. 78 f.

50 Huerkamp, S. 202. Siehe auch Mc Clelland, Professionalisierung, S. 243 ff.

51 Tiburtius, S. 153. Siehe ausführlich dazu Lange-Mehnert, S. 304 f.

52 Ellwein, S. 124 ff.

53 Für die wilhelminische Epoche ist diesbezüglich immer noch grundlegend die Studie von Fritz Ringer.

54 Siehe Prahl, S. 269 ff.; Ellwein, S. 125 ff.

55 Albisetti, Berufe, S. 298; Schlüter, Wissenschaft, S. 244.

56 Huerkamp, S. 203.

wenn die These, daß es männliche "bürgerliche Reformer" gewesen seien, die **für** die Frauen das Hochschulstudium "erstritten" hätten,[57] im historischen Kontext und der individuellen Motivation eingeordnet werden soll. Gertrud Bäumer weist in einem Rückblick auf die Entwicklung des Frauenstudiums außerdem auf den Massencharakter der Ausnahmeregelungen hin und kommt zu dem Urteil: *"Diese wachsenden Scharen von jungen Mädchen, die sich für die Reifeprüfung vorbereiteten ohne zu wissen, ob sie zugelassen werden würden, die sie bestanden, ohne zu wissen, ob sich ihnen die Hochschulen öffnen würden, die das Hochschulstudium als Gasthörer begannen, ohne zu wissen, ob man sie zu den Hochschulprüfungen zulassen würde, die ein Berufsstudium durchführten, ohne zu wissen, ob der Beruf ihnen erschlossen werden würde - diese wachsende Schar von Pionierinnen drängte schließlich die Hochschulbehörden zu ihren Entscheidungen."*[58]

Die Haltung vieler Professoren zum Frauenstudium und damit zur Frauenerwerbstätigkeit war sehr viel diffiziler, als es gemeinhin dargestellt wird.[59] Symptomatisch für die ambivalente Einstellung vieler Gelehrter war beispielsweise Geheimrat Prof. Waldeyer,[60] der von 1883 bis 1917 Direktor des Anatomischen Instituts der Universität Berlin war. Einerseits lehnte er das Frauenstudium, ähnlich wie Möbius, aufgrund (aus heutiger Sicht) pseudowissenschaftlicher Argumente wie geringeres Gehirngewicht, geringere Körpergröße und -gewicht ab.[61] Andererseits aber beschäftigte er in seinem Institut eine Frau als wissenschaftliche Hilfsarbeiterin, deren Fertigkeiten bei der Herstellung von anatomischen Präparaten er sehr schätzte und die er darum im Kollegenkreis für diese Arbeiten weiterempfahl.[62]

Bei den Preisaufgaben der Universität Leipzig im Jahre 1913 war unter den Preisträgern, die für ihre Arbeiten ausgezeichnet wurden, erstmals eine Frau zu finden. Da alle Ausarbeitungen anonym eingereicht und bewertet wurden, kam es zu der kuriosen Situation, daß die Abhandlung der Kunsthistorikerin Elisabeth Wilson zum Thema "Das Ornament in der Kunst der Naturvölker" von

---

57 Wehler, S. 256.

58 Bäumer, Jahre, S. 579 f.

59 Vgl. Schlüter, Wenn zwei, S. 17 f.

60 Wilhelm von Waldeyer-Hartz, * 6.10.1836 Hehlen a.d. Weser, + 23.1.1912 Berlin; er prägte 1888 u.a die Bezeichnung Chromosomen, zahlreiche medizinische Fachbegriffe wie die W.sche Epithel oder die W.sche Markbrücke tragen seinen Namen. Wer ist's?, 4. Ausgabe, S. 1493 f.; Biographisches Lexikon Ärzte, S. 1635.

61 Geheimrat Waldeyer, S. 129 ff.

62 Kurznotiz in Die Frauenbewegung, 2. Jg., H. 24, 1. Dez. 1896, Berlin, S. 221.

Prof. Wilhelm Wundt,[63] der die Preisaufgabe vorgeschlagen und zu zensieren hatte, als preiswürdig befunden wurde, obgleich Wundt im Jahre 1913 (!) - ungeachtet der seit sechzehn Semestern bestehenden Immatrikulationsmöglichkeit - *"bekanntlich noch immer keine Studentinnen in sein Seminar"* aufnahm.[64]

5. Ausweichen in die Schweiz

In der benachbarten Schweiz konnten Frauen an der Universität Zürich[65] seit dem Jahre 1867 studieren und auch promovieren.[66] Im Januar 1867 immatrikulierte sich als erste Frau die Russin Nadejda Suslowa. Die erste Schweizerin war im Winter 1868/69 dann Marie Voegtlin.[67] Im Wintersemester 1906/07 - als in Preußen Frauen immer noch nur als Hörerinnen geduldet wurden - erreichte der Studentinnenanteil an den schweizerischen Universitäten mit dreißig Prozent aller Studierenden einen in ganz Europa unerreichten Wert.[68] Da in Deutschland das Frauenstudium verpönt war und studierwilligen Frauen der Zutritt zu den Universitäten nur als Hörerinnen oder Hospitantinnen[69] gewährt wurde, wichen sie zunehmend in die liberalere Schweiz aus. Von den 359 Frauen, die im Sommersemester 1896 an den eidgenössischen Hochschulen immatrikuliert waren, kamen 53 (14,8 %) aus dem Deutschen Reich.[70]

Die wohl bekannteste Studentin, die in Zürich (von 1888 bis 1897) studierte, dürfte wohl die spätere erst sozialdemokratische und dann kommunistische Politikerin Rosa Luxemburg gewesen sein.[71] Von den zahlreichen deutschen Studentinnen, die vor der Zulassung der Frauen zu den Hochschulen des Wil-

---

63 Wilhelm Wundt, * 1832 Neckerau, + 1920 Großbothen b. Leipzig, Psychologe und Philosoph, 1864-66 Mitglied der badischen Kammer, Prof. in Heidelberg, Zürich sowie seit 1875 in Leipzig und Begründer des ersten Instituts für experimentelle Psychologie; Meyers Personenlexikon, S. 242.

64 Eine Frau als Preisträgerin, S. 192.

65 Neumann, Studentinnen, S. 11. Siehe auch Akten und Dokumente, S. 283 ff.

66 An der Universität Basel, die sich entschieden gegen das Frauenstudium sträubte, konnten Frauen hingegen erst ab dem Jahre 1890 studieren; Bieder, S. 203 u. S. 206 f.

67 Forrer-Gutknecht, S. 21; Lange-Mehnert, S. 290 f.

68 Neumann, Studentinnen,S. 17.

69 Detailliert Schlotfeldt-Schäfer, S. 49 ff.; mit empirischen Angaben zur Universität Kiel.

70 Kurznotiz in Die Frauenbewegung, 2. Jg., H. 16, 15. Aug. 1896, Berlin, S. 153.

71 Siehe Stadler-Labhart.

helminischen Kaiserreiches an der Universität Zürich studierten, seien im folgenden nur kurz noch einige bekanntere erwähnt. Im Jahre 1887 immatrikulierte sich die spätere Schriftstellerin Ricarda Huch[72] in Zürich, wo sie im Jahre 1892 auch promovierte.[73] Von 1888 bis 1897 studierte hier die bereits genannte und aus Warschau stammende Rosa Luxemburg. Sie betätigte sich daneben intensiv in den politischen Zirkeln Zürichs. Im Jahre 1898, nach dem Abschluß ihrer juristischen Dissertation, siedelte sie nach Berlin über.[74] Gleichfalls mit einer juristischen Promotion beendete im Jahre 1898 Anita Augspurg[75] ihr im Jahre 1893 begonnenes Studium. Sie war später Herausgeberin einer Frauenzeitschrift und Vorsitzende des Bayerischen Vereines für Frauenstimmrecht.[76] Elsa Vinokurova, die als Tochter deutscher Eltern 1883 in Moskau geboren wurde, studierte ab dem Jahre 1903 Medizin in Zürich. Im Jahre 1905 setzte sie ihr Studium in Berlin fort und beendete es 1908 in Bonn.[77] Schließlich studierte in Zürich von 1898 bis 1903 Frieda Duensing,[78] die im Jahre 1904 in Berlin die Jugendfürsorge begründete und engagiert im sozialen Bereich, besonders dem Kinderschutz, arbeitete.[79] Bis zum Jahre 1908 promovierten an den Schweizer Hochschulen insgesamt 86 deutsche Staatsbürgerinnen; 26 davon in Medizin. Sechzigmal war dabei die Universität Zürich der Promotionsort.[80]

Im benachbarten Österreich konnten Frauen sogar erst ab dem Jahre 1910 studieren.[81] Auch in der Donaumonarchie bevorzugten die Frauen das Medizin- und das Philosophiestudium, besonders im Hinblick auf eine spätere Lehramtslaufbahn.

---

72 Ricarda Huch, * 1864 Braunschweig, + 1947 Schönberg, Dichterin und Schriftstellerin; Meyers Personenlexikon, S. 659.

73 Forrer-Gutknecht, S. 46.

74 Stadler-Labhart, S. 10 ff.

75 Anita Augspurg, * 1857 Verden, + 1943 Zürich, Frauenrechtlerin und Mitbebegründerin der späteren Internationalen Frauenliga für Frieden und Freiheit, emigrierte 1933 in die Schweiz; Meyers Personenlexikon, S. 71.

76 Forrer-Gutknecht, S. 49.

77 Neumann, Studentinnen,S. 237 f.

78 * 1864 Diepholz, + 1921 München; Meyers Personenlexikon, S. 351.

79 Siehe Gries/Voigt, S. 43.

80 Berechnet nach Boedeker, S. LIII ff.

81 Otruba, S. 86 f.

6. Von der Gasthörerin zur Venia legendi

"In Tübingen gab es im Jahre 1892 an Kultursensationen: einen Gepäckträger, eine Droschke und, nachdem ich am 19. November glücklich in der Universitätsstadt eingezogen war, auch noch eine Studentin. Der guten Dinge waren es also drei geworden, und ich darf wohl diese letzte Sensation ohne Überhebung als die fürnehmste bezeichnen, denn Gepäckträger und Droschken gab es in vielen größeren Städten des Schwabenlandes, aber Studentin war ich die erste und einzige im ganzen Königreich."[82] So selbstironisch beschreibt Maria Gräfin von Linden[83] in ihren unveröffentlichten Jugenderinnerungen[84] ihren Einzug in die Universitätsstadt Tübingen.

Im Durchschnitt waren die weiblichen Studierenden nicht nur etwas älter, da sie länger für die formalen Qualifikationen brauchten,[85] sondern auch wesentlich urbaner und mobiler als ihre männlichen Kommilitonen. Bei der konfessionellen Zugehörigkeit dominierten noch stärker der Protestantismus und das Judentum[86] als bei den Männern. Darüberhinaus waren die Frauen von ihrer sozialen Herkunft sehr stark auf die gebildeten und besitzenden Schichten des wilhelminischen Bürgertums konzentriert,[87] so daß die Studentinnen relativ wenig zu einer sozialen Öffnung der Hochschulen beitrugen[88] und eher diametral die gesellschaftlichen Standesunterschiede beim Hochschulzugang verfestigten. Die folgenden, der Studie von Konrad Jarausch entnommenen Angaben,[89] enthalten einige überaus aufschlußreiche demographische und soziographische Ergebnisse über die Hörerinnen an den zehn preußischen Landesuniversitäten im Jahre 1896/97. Mit Ausnahme von Königsberg und Münster[90] waren an allen preußischen Universitäten insgesamt 223 Zuhörerinnen registriert. Die meisten Frauen studierten in Berlin (42,6 %), gefolgt von Göttingen (17,9 %) und Breslau (15,7 %). Der Anteil der Reichsausländerinnen betrug über ein Drittel der zuge-

---

82 Zit. in Kretschmer, S. 78.

83 Maria Gräfin von Linden, * 1869 Schloß Burgberg, + 1936; Promotion 1895, seit 1908 Leiterin des Parasitolog. Institutes der Univ. Bonn, in Anerkennung ihrer wiss. Leistungen im Jahre 1910 zum Prof. ernannt; Kretschmer, S. 87.

84 Ebd., S. 88, Anm. 1.

85 Zur Problematik des völlig unzureichenden höheren Mädchenschulwesen siehe ausführlich Albisetti, Schooling.

86 Kampe, Bildungsbürgertum, S. 146 ff.

87 Jarausch, Society, S. 109.

88 Jarausch, Transformation, S. 610 ff.

89 Jarausch, Society, S. 111, Tab. 3.5.

90 Münster galt als "Herren-Universität"; Ribhegge, S. 167, siehe auch Erler, S. 96 f. Darüberhinaus war die westfälische Hochschule auch nach dem Jahre 1900 sehr zurückhaltend bei der Zulassung von Frauen; Hegel, S. 542 f.

lassenen Hörerinnen. Beim Konfessionsbekenntnis dominierte zwar die Zugehörigkeit zum Protestantismus (78,6 %) eindeutig. Der Anteil der Frauen jüdischen Glaubensbekenntnisses (14,4 %) war nicht nur um ein vielfaches höher als der entsprechende Bevölkerungsanteil (von einem Prozent), sondern auch deutlich höher als der männliche jüdische Studentenanteil von neun Prozent.[91] Die Hörerinnen katholischer Religionszugehörigkeit (5,5 %) erreichten hingegen nur ein Drittel des bereits unterdurchschnittlichen männlichen Niveaus und waren somit extrem unterrepräsentiert; hier läßt sich bereits **vor** der Jahrhundertwende die später von Dahrendorf und anderen analysierte bildungsmäßige Benachteiligung junger Katholikinnen konstatieren.[92] Fast die Hälfte aller Frauen (44,8 %) war über dreißig Jahre alt und ein Zehntel war bereits verheiratet. Dieses Detail zum Familienstand ist um so bemerkenswerter, als die Ehefrau im ausgehenden neunzehnten Jahrhundert keine eigenständige Rechtsperson[93] war und folglich der Ehemann mit dem "Tun und Treiben" seiner Gattin einverstanden sein mußte.[94] Über ein Drittel (35,7 %) war in Kunstgeschichte sowie Literatur und ein knappes Drittel (30,5 %) in den neusprachlichen Philologien eingeschrieben. Bei einem Fünftel der Zuhörerinnen war der Zweck des Studiums das Oberlehrerinnenexamen. Ein knappes Drittel (31,2 %) der Väter der Studentinnen war selbständig tätig, während über ein Drittel (35,1 %) einen akademischen Beruf ausübte. Dies bestätigt die auch nach der Jahrhundertwende[95] zu beobachtende überproportionale Neigung von Töchtern aus akademisch gebildeten Elternhäusern, ein Studium zu absolvieren, da Bildung ein wichtiges Kriterium bei der Bestimmung des sozialen Status[96] im wilhelminischen Kaiserreich war. Das durchschnittliche Immatrikulationsalter der Frauen lag mit 22,6 Jahren mehr als ein Jahr über dem Mittel (21,3 Jahre) der Männer.[97]

91 Kampe, Studenten, S. 79, Tab. 1.

92 Erlinghagen, S. 193 ff.; Nellessen-Schumacher, S. 30 ff.; Peisert, S. 81 f.

93 Blasius, S. 68; Gerhard, Verhältnisse, S. 185 ff.; Gerhard, Rechtsstellung, S. 448 ff.

94 Siehe Hausen, S. 85 ff.; Bussemer, Frauenbewegung, S. 190 ff.

95 Jarausch, Frequenz, S. 140.

96 Zur Differenzierung der männlichen Bevölkerung in "Gebildete" und "Gemeine" mittels des Privilegs zum einjährig-freiwilligen Militärdienst siehe Mertens, Privileg, S. 60 ff.

97 Jarausch, Frequenz, S. 129; Jarausch, Society, S. 91 f.

Tabelle 1: Weibliche Hörerinnen in Preußen im Jahre 1896/97[98]

Hörerinnen zugelassen	abs.	in %
Berlin	95	42,6
Bonn	16	7,2
Breslau	35	15,7
Göttingen	40	17,9
Greifswald	5	2,2
Halle	10	4,5
Kiel	12	5,4
Marburg	10	4,5
zusammen	223	100

Studienfach	abs.	in %
Ökonomie	6	2,7
Naturwiss./ Mathematik	20	9,0
Geschichte/ Philosophie	28	12,6
Altphilolog	5	2,2
Neuphilolog	65	29,1
Deutsch	132	59,2
Kunstgesch. Literatur	76	34,1
Jura	1	0,4
Theologie	3	1,3
unbekannt	10	4,5
zusammen	223	100

Religion	abs.	in %
protestant.	158	70,9
katholisch	11	4,9
jüdisch	29	13,0
andere	3	1,3
unbekannt	22	9,9
zusammen	223	100

Familienstand	abs.	in %
ledig	183	82,1
verheiratet	23	10,3
verwitwet	3	1,3
geschieden	1	0,4
unbekannt	13	5,8
zusammen	223	100

Grund des Studiums	abs.	in %
Allgemein-bildung	160	71,4
Oberlehre-rinexamen	40	17,9
Doktor-titel	5	2,2
Medizin-examen	5	2,2
Lehrerin-examen	1	0,4
unbekannt	12	5,4
zusammen	223	100

Beruf des Vaters	abs.	in %
akad. Tätig	71	31,8
Offizier	11	4,9
Grundbesitz	23	10,3
Kaufmann	63	28,3
Rentier	13	5,8
übrige	21	9,4
unbekannt	21	9,4
zusammen	223	100

Alter in Jahren	abs.	in %
unter 20	14	6,3
20 bis 30	93	41,7
über 30	87	39,0
unbekannt	29	13,0
zusammen	223	100

Staatsbürgerschaft	abs.	in %
Russisch	14	6,3
USA	53	23,8
Westeurop.	8	3,6
unbekannt	16	7,2
Medizin	9	4,0
zusammen	223	100

98 Erstellt nach Jarausch, Society, S. 111, Tab. 3-5.

Frauen wurden, wie an den soziographischen Daten von Jarausch aufgezeigt, seit dem Jahre 1896/97 als Hörerinnen an den preußischen Landesuniversitäten zugelassen.[99] Bereits im Mai 1871 hatte der Senat der Universität Königsberg in einer Petition an das preußische Kultusministerium die Zulassung von Frauen zu den medizinischen Veranstaltungen erbeten, da katholische Nonnen und protestantische Diakonissen traditionell einen wichtigen Beitrag zur Krankenpflege leisteten. Der preußische Kultusminister von Mühler[100] betonte in seinem Antwortschreiben, daß eine derartige Genehmigung eine Statutenänderung bedinge, zu der er keinerlei Veranlassung sehe.[101] Sein Amtsnachfolger, Adalbert Falk,[102] kam im Mai 1878 zu dem Urteil, eine Zulassung von Frauen zu Universitätskursen könne nur ausnahmsweise und unter besonderen Bedingungen erfolgen, welche in jedem einzelnen Fall gesondert zu bestimmen seien.[103]

Im März 1899 schließlich betonte der nun als preußischer Kultusminister amtierende Robert Bosse[104] noch einmal, wie bereits in seinem Erlaß vom Juli 1896,[105] daß auf die Einholung der ministeriellen Zustimmung verzichtet werden könne und die Erteilung der Erlaubnis zum gastweisen Besuch von Vorlesungen im alleinigen Ermessen des jeweiligen Universitätsrektors liege.[106] Die offizielle Zulassung zum ordentlichen Universitätsstudium erfolgte für die Studentinnen in den einzelnen deutschen Staaten zu unterschiedlichen Zeitpunkten: *"in Baden durch Min.-Erlaß vom 28. Feb. 1900; Bayern Min.-Entschließung vom 21. Sept. 1903; Württemberg Min.-Erlaß vom 17. Mai 1904; Sachsen Min.-Verordnung vom 10. April 1906; Thüringen Min.-Reskript vom 4. April 1907; Hessen Min.-Beschluß vom 29. Mai 1908; Preußen Min.-Erlaß vom 18. Aug. 1908; Mecklenburg Min.-Verfügung vom 29. Juni 1909"*.[107]

---

99 Ebd., S. 37.

100 Heinrich von Mühler, * 1813 Brieg, + 1874 Potsdam, konservativ, Sohn des preuß. Justizministers (1832-46) H. v. M., preuß. Kultusminister von 1862-72; Biographisches Wörterbuch, Sp. 1949; Meyers Personenlexikon, S. 924.

101 Siehe Jarausch, Society, S. 110.

102 Adalbert Falk, * 1827 Metschkau, + 1900 Hamm, altliberal, preuß. Kultusminister von 1872-79, ab 1882 Oberlandesgerichtspräsident in Hamm; Biographisches Wörterbuch, Sp. 666 f.; Meyers, Personenlexikon, S. 410.

103 Siehe Jarausch, Society, S. 110.

104 Robert Bosse, * 1832 Quedlinburg, + 1901 Berlin, 1891-1892 Staatssekretär im Reichsjustizamt und im Jahre 1891 Vorsitzender der Kommission für die Ausarbeitung des neuen BGB, von 1892-99 preuß. Kultusminister; Born, S. 264; Meyers Personenlexikon, S. 165.

105 Erlaß, Zulassung, S. 473.

106 Siehe Jarausch, Society, S. 112.

107 Titze, Hochschulstudium, S. 67.

Die Zulassung der Frauen zum Studium und zu den staatlichen Prüfungen bedeutete allerdings nur einen ersten Teilerfolg der bildungsmäßigen Emanzipation, da die Habilitation und damit der Zugang zum akademischen Lehramte den Frauen weiterhin verwehrt blieb.[108] Die am 28. Februar 1900 im Großherzogtum Baden erfolgte ministerielle Zustimmung[109] zur Immatrikulation von Frauen an den beiden badischen Landesuniversitäten, die *"zunächst jedoch nur versuchs- und probeweise"*[110] erging, wurde im April 1900 durch einen (später abgelehnten) Antrag des Freiburger Senats um Erlaubnis zum Ausschluß von Frauen von bestimmten Veranstaltungen bzw. zur Errichtung separater Lehrveranstaltungen für diese, relativiert.[111] Die Medizinische Fakultät in Freiburg äußerte in einer Erklärung ihre Besorgnis darüber, daß bei einer nur auf Baden beschränkten Freigabe des Frauenstudiums, sich möglicherweise alle deutschen Abiturientinnen an den Hochschulen in Freiburg und Heidelberg einschreiben könnten. Als Konsequenz ihrer Befürchtung sahen die Professoren *"praktische Nachteile und Schädigungen des Renommés"* auf die badischen Universitäten zukommen.[112]

Aber interessanter und für die Gesamtentwicklung des Frauenstudiums wesentlich aufschlußreicher als die regionalen gesetzgeberischen Zulassungen zur Immatrikulation sind die ersten Anfänge der Hochschulöffnungen für Gasthörerinnen und Hospitantinnen an den verschiedenen Universitäten des Deutschen Reiches vor dem Jahre 1908. In Leipzig wurden beispielsweise im Jahre 1879/80 bereits zehn Gasthörerinnen registriert. Seit den 1890er Jahren ließen die meisten Universitäten in Deutschland Frauen als Gasthörerinnen zu.[113] Es braucht - angesichts der oben zitierten Ansicht des Universitätskurators - nicht zu verwundern, daß die ersten Hörerinnen in Jena erst im Sommersemester 1902 (und auch nur an der Philosophischen Fakultät) zugelassen wurden,[114] zu einer Zeit, als Frauen sich anderenorts, wie in Freiburg und Heidelberg, schon ordentlich immatrikulieren durften. Zuletzt immatrikulierten sich Frauen als Studentinnen offiziell an den Universitäten in Rostock (erstmals im Wintersemester 1909/10)[115] und in Straßburg (erstmals im Sommersemester 1910).[116] In

---

108 Erst in der Weimarer Republik - im Jahre 1920 - wurden die Frauen offiziell zur Habilitation und damit zur ordentlichen Professur zugelassen; ausführlich dazu die Dokumentation von Boedeker/Meyer-Plath.

109 Der badische Erziehungsminister Wilhelm Nokk war ein entschiedener Befürworter der Frauenbildung; Albisetti, Schooling, S. 242.

110 Nauck, S. 54, Anlage IV.

111 Ebd., S. 18 ff.

112 Ebd., S. 20 f.

113 Huerkamp, S. 205.

114 Drechsler, S. 466.

115 Siehe Stat. Jb. Deut. Reich, 31. Jg. (1910), S. 274 f.

Göttingen besuchten im WS 1895/96 31 Frauen, größtenteils Reichsausländerinnen, als Hospitantinnen die Universitätskurse.[117] In Breslau waren im WS 1896/97 in der Philosophischen Fakultät 34 Frauen zugelassen, darunter mehrere Töchter von Universitätsdozenten.[118]

Mitte der 1890er Jahre ließen immer mehr Universitäten die Frauen in der einen oder anderen Form zu, so daß die offizielle Freigabe der Immatrikulation als eine zwingende Folgeerscheinung dieser Öffnung anzusehen ist. An der Berliner Universität waren im Wintersemester 1895/96 und Sommersemester 1896 bereits 35 und im WS 1896/97 sogar schon 93 Frauen als Hospitantinnen zugelassen.[119] Der Andrang hielt an, so daß im WS 1897/98, als alle vier Fakultäten den Hörerinnen offenstanden, sich insgesamt 162 Frauen offiziell hatten einschreiben lassen. Von ihnen waren 98 deutscher und 64 ausländischer Staatsangehörigkeit, wobei unter den Ausländerinnen die Amerikanerinnen (26) und die Russinnen (23) dominierten. Lediglich je drei Frauen interessierten sich für Theologie und Jura, alle übrigen hospitierten in der Philosophischen oder der Medizinischen Fakultät.[120] Mancherorts ließ man sich bei aller Skepsis gegenüber dem Frauenstudium noch ein juristisches Schlupfloch wie beispielsweise in Marburg. Dort besagte zwar eine Zirkularverfügung des Universitätsrektors, daß eine Zulassung von Frauen grundsätzlich nicht erfolge; jedoch konnte die Einschreibung "in Ausnahmefällen" durch Genehmigung des Kultusministers erfolgen.[121] Der prinzipiellen Zustimmung des Kultusministers bedurften studierwillige Frauen auch an der Berliner Universität. Bereits im Sommersemester 1896 nahmen in Berlin vierzig Hörerinnen mit Erlaubnis des jeweiligen Dozenten an diversen Vorlesungen teil;[122] in Leipzig waren die ersten Hörerinnen schon im Jahre 1871 zugelassen worden.[123]

Über die umständlichen und langwierigen Formalia berichtete die Zeitschrift "Die Frauenbewegung" im Juni 1896: "*Frauen, die den Vorlesungen als Hospitantinnen beiwohnen wollen, müssen die Erlaubnis des Unterrichtsministers nachsuchen; in der Eingabe an denselben müssen die wissenschaftlichen Fächer bezeichnet werden, über welche man Vorlesungen hören will, auch werden Angaben über die Vorbildung und über die persönlichen Verhältnisse verlangt.*

---

116 Ebd., 32. Jg. (1911), S. 330 f.

117 Kurznotiz in Die Frauenbewegung, 2. Jg., H. 2, 15. Jan. 1896, Berlin, S. 17.

118 Kurznotiz in ebd., 2. Jg., H. 24, 15. Dez. 1896, Berlin, S. 237.

119 Kurznotiz in ebd., 2. Jg., H. 13, 1. Juli 1896, Berlin, S. 129; Kurznotiz in ebd., 3. Jg., H. 1, 1. Jan. 1897, Berlin, S. 9.

120 Frauen in der Universität, S. 242.

121 Die Frauenbewegung, 2.Jg. H. 24, 15. Dez. 1896, Berlin, S. 237.

122 Bäumer, Geschichte, S. 128, Tabelle VIII.

123 Nauck, S. 12.

Ist eine Genehmigung vom Minister erfolgt, so muß die Petentin sich mit ihren Papieren und Zeugnissen persönlich bei dem Rektor der Universität melden. Hat der Rektor einen Erlaubnisschein erteilt, so ist noch die Einwilligung der Professoren und Dozenten einzuholen. Die Ausstellung der Erlaubnisscheine muß in jedem Semester nachgeholt werden. Anmeldungsbücher erhalten nur diejenigen Frauen, die sich auf eine Prüfung vorbereiten."[124] Die potentielle Vergabe der Anmeldungsbücher weist daraufhin, daß Frauen in höheren Semestern (oder von anderen Hochschulen nach Berlin gewechselt) durchaus auch zu verschiedenen Prüfungen (nicht dem Staatsexamen, aber der Doktorprüfung) zugelassen wurden. In Göttingen war bereits im Herbst 1893, nach den Zulassungsanträgen einer examinierten englischen und zweier graduierter amerikanischer Hochschülerinnen zum Studium der Mathematik und Physik, ein befürwortender Beschluß der zuständigen Fakultät gefaßt worden, der die Billigung des preußischen Unterrichtsministeriums fand. Mit dieser Öffnung der Hochschule für im WS 1895/96 bereits fünfzehn Hospitantinnen,[125] mußte zwangsläufig die Frage der Zulassung zur Doktorprüfung geklärt werden. Unter Berücksichtigung der (allgemein) vorgeschriebenen Bedingungen (mindestens sechssemestriges Studium an einer deutschen Hochschule oder gleichrangigen ausländischen Universität - davon das letzte Jahr in Göttingen) durften Frauen ihre Dissertation einreichen. Die erste, die diese Opportunität nutzte, war Grace Chisholm aus England, die ihr Doktorexamen an der Georg-August-Universität im Juni 1895 mit "magna cum laude" bestand.[126] Aber auch in Halle wurde die universitäre "Frauenfrage" wesentlich liberaler gehandhabt als in der Reichshauptstadt. Die traditionsreiche Martin-Luther-Universität hatte bereits im Jahre 1754 Dorothea Erxleben als erste Frau in Deutschland zum Dr. med. promoviert und dadurch ihre Vorreiterrolle beim Frauenstudium angedeutet.[127] Vor dem Jahre 1908 promovierten (ohne Medizin) an preußischen Universitäten:

18 Frauen in Berlin (seit 1899)
2 Frauen in Bonn (seit 1906)
2 Frauen in Breslau (seit 1900)
10 Frauen in Göttingen (seit 1895)
5 Frauen in Halle (seit 1898)
1 Frau in Kiel (1907)
3 Frauen in Königsberg (seit 1904).[128]

---

124 Für die Zulassung, S. 110.

125 Deutsche Studentinnen, S. 62.

126 Grace Emily Chisholm: Algebraisch-gruppentheoretische Untersuchungen zur sphärischen Trigonometrie. Phil. Diss. Göttingen, 28. Juni 1895 (JVH, Bd. 10 [1894/95], Göttingen, Nr. 67, S. 92).

127 Boehm/Müller, S. 180.

128 Boedeker, S. LIX ff.

Auffallend ist der hohe Ausländerinnenanteil unter den Promovendinnen. Von den 108 von Boedeker aufgeführten Dissertationen bis zum Jahre 1908 sind mindestens 46 von Reichsausländerinnen verfaßt worden; besonders häufig waren es die ersten weiblichen Doktorarbeiten, die an der jeweiligen Universität angenommen wurde.

Von den ersten sechs Abiturientinnen der Berliner[129] Gymnasialkurse für Frauen[130] nahmen im WS 1896/97 je drei ihr Studium in Berlin und Halle auf. Während drei der Frauen, eine Naturwissenschafts- und zwei Medizinstudentinnen, ihr Studium an der Hallenser Universität "ohne jede Einschränkung" beginnen durften und ihnen auch der Zutritt zu den Seziersälen und den Laboratorien gestattet wurde, war dies in Berlin völlig anders. Den dort ihr Studium beginnenden drei Frauen (eine Medizin-, zwei Philologiestudentinnen) wurde von einzelnen Professoren die Teilnahme an den Vorlesungen verwehrt. Besonders gravierend, und ein umfassendes Fachstudium in Frage stellend, war der völlige Ausschluß von jeglichen Vorträgen und Übungen in der Anatomie.[131]

Weitere Promotionen von Frauen vor der Jahrhundertwende, außer der von Käthe Windscheid und Grace Chisholm, erfolgten u.a. noch in Württemberg und Baden. An der Universität Tübingen promovierte im Sommer 1895 die Biologin Gräfin Maria von Linden,[132] während im Frühjahr 1897 an der Philosophischen Fakultät der Universität Heidelberg Anna Gebser mit ihrer Dissertation über "Die Bedeutung der Kaiserin Kunigunde für die Regierung Heinrichs II." das Doktorexamen mit "magna cum laude" ablegte.[133] Allerdings beschränkten sich die Zulassungen von Gasthörerinnen vornehmlich auf die philosophischen Fakultäten.[134] Erschwerend beim Hospitantinnenstatus war für die Gasthörerinnen *"die Bestimmung, dass ihnen als Nichtimmatrikulierte die aktive Teilnahme an den Seminarübungen und die Benützung der Seminarbibliothek versagt ist"*.[135]

In einem Erlaß aus dem Jahre 1895 lehnte der preußische Unterrichtsminister die verlangte generelle Zulassung aller Frauen, die sich im Besitz eines

129 Für Frankfurt/M. siehe Rudolph, Frauenbildung, S. 116 ff.

130 Siehe ausführlich Bäumer, Gymnasialkurse.

131 Frauenstudium, S. 211.

132 "Die Entwicklung der Skulptur und der Zeichnung bei den Gehäuseschnecken des Meeres". Naturwiss. Diss. Tübingen 1895 (JVH, Bd. 11 [1895/96], Tübingen, Nr. 49, S. 267); Siehe auch Die Frauenbewegung, 1. Jg., H. 16, 15. Aug. 1895, Berlin, S. 126.

133 Phil. Diss. Heidelberg, 4. März 1897 (JVH, Bd. 11 [1896/97], Heidelberg, Nr. 35, S. 151); Siehe auch Die Frauenbewegung, 2. Jg., H. 6, 15. März 1896, Berlin, S. 62.

134 Tompert, S. 20.

135 Windscheid, S. 151.

Lehrerinnenzeugnisses befinden, als Hörerinnen zu Universitätsvorlesungen ab. Diese Verfügung - die Antwort auf eine Anfrage des Vereins Frauenwohl vom 30. September 1894 - betont allerdings, daß "*vorbehaltlich aller sonstigen Erfordernisse aus der Geschlechtszugehörigkeit ein Bedenken nicht herzuleiten*"[136] ist, und daß in der Vergangenheit "in geeigneten Fällen" die Ersuchen um Zulassung Befürwortung gefunden hätten.

Jedoch zeigt sich deutlich, wie der Unterrichtsminister, sich hinter dem objektiv erscheinenden Argument der notwendigen Vorbildung verschanzend, eine Abwehrstellung einnimmt und überdies die für die studierwilligen Frauen unpopuläre Entscheidung, d.h. die Ablehnung, an die Universitäten zurückdelegiert. Dort bleibt - neben dem Universitätsrektor - dem einzelnen Professor die Entscheidung vorbehalten, "*ob er die Einwilligung zum Besuch der Vorlesung zu ertheilen bereit ist*".[137] Bereits im Jahre 1896 betonte ein weiterer ministerieller Erlaß, daß bei der weiterhin aktuellen Frage der Zulassung von Antragstellerinnen zu bestimmten Universitätsvorlesungen "*vorbehaltlich der Prüfung aller sonstigen Erfordernisse, insbesondere auch der genügenden Vorbildung, und vorbehaltlich des Einverständnisses der betreffenden Lehrer aus der Zugehörigkeit zum weiblichen Geschlechte ein Bedenken nicht herzuleiten*" sei.[138] Gleiche Zulassungsbedingungen bezüglich der Vorbildung war auch von der Frauenbewegung immer wieder gefordert worden, "*da jede Ausnahmebestimmung für Frauen dem Frauenstudium unfehlbar den Stempel der Minderwertigkeit aufdrücken würde.*"[139]

In einem schriftlichen Bericht der Kommission des preußischen Abgeordnetenhauses für das Unterrichtswesen, der auf Grund mehrerer Petitionen für die Zulassung der Frauen zum Hochschulstudium erstellt wurde, hieß es über die Erfahrungen mit den Hörerinnen in den Philosophischen Fakultäten der Universitäten in Berlin und Göttingen, die Frauen seien "*zum Anhören einzelner, von den Gesuchstellerinnen zu bezeichnender Vorlesungen seitens der Universitätsrektoren mit Genehmigung des Ministeriums und Einwilligung der betreffenden Dozenten zugelassen,* ***ohne daß sich irgend welche Mißstände daraus ergeben hätten***"(Hervorhebung, L.M.).[140] Bezüglich der Medizinischen Fakultät kam der Kommissionsbericht sogar zu dem Urteil, hier komme "*eventuell die Zulassung zum ordnungsmäßigen Studium in Frage, da die Bestimmungen der Gewerbeordnung nach Auffassung der maßgebenden Reichsbehörden der*

136 Erlaß, Lehrerinnen, S. 400.

137 Ebd.

138 Erlaß, Zulassung, S. 473.

139 Schlodtmann, o.S.

140 Zulassung der Frauen, S. 117.

Zulassung von Frauen zur ärztlichen Approbation nicht entgegenständen."[141] Die Kommission beschloß ihren Bericht an das Abgeordnetenhaus mit der Empfehlung die Petitionen der Regierung "zur Erwägung zu überweisen". Im April 1899 erfolgte ein Beschluß des Bundesrates, der die Zulassungsbestimmungen und Studienbedingungen zu den Staatsexamina in den medizinischen Disziplinen regelte.[142]

Der Senat der Universität Breslau beschloß im Juni 1895 einem Gesuch des Vereins "Frauenwohl"[143] stattzugeben und Lehrerinnen, die eine Lehrbefugnis für höhere Töchterschulen besaßen und sich auf die Oberlehrerinnenprüfung[144] vorbereiten wollten, zu den einschlägigen Universitätsvorlesungen zuzulassen.[145] Allerdings mußte auch hier wiederum eine besondere Erlaubnis der jeweils betroffenen Dozenten vorliegen, so daß der prinzipiellen Entscheidung des Universitätssenats zugunsten der Frauen in Einzelfällen nur eine eingeschränkte Bedeutung zukam.

Die offizielle Zulassung der Frauen zum Studium in Preußen vom 18. August 1908 war nur ein weiterer **Teil**schritt nach der Erlaubnis zum gastweisen Besuch der Universitäten seit den 1890er Jahren. Auf dem Verbandstag der Studentinnenvereine in Weimar im August 1912 wurde eine Petition an den Deutschen Reichstag und die Universitätsbehörden beschlossen,[146] damit der noch immer geltende diskriminierende Zusatz *"Aus besonderen Gründen können mit Genehmigung des Ministers Frauen von der Teilnahme an einzelnen Vorlesungen ausgeschlossen werden"*, aus dem Erlaß des preußischen Unterrichtsministers gestrichen würde.[147] Frauenrechtlerinnen konstatierten, diese Klausel bedeutete bei für Preußen angebrachter "pessimistischer" Auslegung: *"während früher die studierenden Frauen die Professoren um Erlaubnis zum Besuch ihrer Vorlesungen fragen mußten, gehe jetzt der Professor zum Minister, wenn er nur vor männlichen Studierenden sprechen wolle."*[148]

Darüberhinaus wurde die noch immer ausstehende Zulassung der Frauen zu den Abschlußexamina in den Studienfächern Rechtswissenschaft und Theologie verlangt.[149] In einer weiteren Petition an das preußische Kultusministerium im

---

141 Ebd.

142 Schnelle, Probleme, S. 85.

143 Siehe dazu Die Frauenbewegung, 1. Jg., H. 15, 1. Aug. 1895, Berlin, S. 117.

144 Ausführlich dazu Klewitz, Oberlehrern, S. 60 ff.

145 Ebd., S. 118.

146 Zur Petition an das Preußische Abgeordnetenhaus siehe: Die Studentin, 2. Jg., H. 5, 1. Juni 1913, Berlin, S. 3.

147 Beschlüsse des Verbandstages, S. 1. Siehe auch Schnelle, Probleme, S. 87.

148 Herrmann, Frau, S. 21.

149 Ebd., S. 2.

Juni 1913 wurde dann auch um die Zulassung der Frauen zur Habilitation und damit zur Dozentur nachgesucht. Begründet wurde dieser Antrag mit der beruflichen Benachteiligung qualifizierter Frauen, denen nach Abschluß des Studiums nur eine eingeschränkte Berufswahl bliebe. Gleichzeitig lassen der sprachliche Duktus des Briefes und die beharrlich erwähnten "Mühen" und "hohen Fähigkeiten" der Dozenten erkennen, wie der Studentinnenverband versuchte, die Zustimmung über das Mittel der Anerkennung zu erreichen. Dem von männlicher Seite immer wieder gerne vorgeschobenen Ablehnungsgrund der Akademikerarbeitslosigkeit, die man(n) den Frauen ersparen wolle, wurde dabei mit dem Hinweis auf die Nachbarstaaten (insbesondere Schweiz) begegnet, in denen Frauen sich bereits habilitieren konnten, und wo "kein besonderer Andrang" vorhanden sei. In der Schweiz konnten die Frauen bereits seit dem Jahre 1892 die venia legendi erlangen.[150] Eine Überfüllung der Hochschulen durch Habilitandinnen sei überdies nicht zu befürchten, *"da die weiblichen Studierenden durch ihre Universitätslehrer sehr hohe Anforderungen an die Fähigkeiten der Dozenten zu stellen gewöhnt worden"* seien. Daher sollten Frauen *"gegen deren wissenschaftliche Fähigkeit und Betätigung"* nichts einzuwenden sei, und *"die sich der mühevollen Laufbahn eines Universitätslehrers gewachsen"* fühlten, zur Dozentur zugelassen werden.[151] Im Januar 1914 wurde mit der Naturwissenschaftlerin Marianne Plehn die erste Frau in Bayern zum Professor ernannt. Sie hatte in Zürich studiert und promoviert und war seit vielen Jahren Assistentin am Biologischen Institut der Universität München tätig.[152]

7. Regionale Unterschiede

Die unterschiedliche Partizipation der einzelnen Landesteile des Deutschen Reiches an der Hochschulbildung im Jahre 1917 zeigt den mit dem Urbanisierungsgrad der einzelnen Regionen kongruent verlaufenden Anteil an studierenden Frauen. Am größten war für Frauen die Chance des Erwerbs akademischer Bildung in den Regionen, in denen sich das Besitz- und Bildungsbürgertum massiv konzentrierte, wie etwa den norddeutschen Hansestädten; dort

---

150 Forrer-Gutknecht, S. 40.

151 Petition um Erlaubnis, S. 3.

152 Der erste weibliche Professor in Bayern, Kurznotiz in Die Studentin, 3. Jg., H. 1, 21. Jan. 1914, Berlin, o.S. (8).

hatten Mädchen eine fünfmal höhere Chance, ein Hochschulstudium aufzunehmen, als im Königreich Bayern.

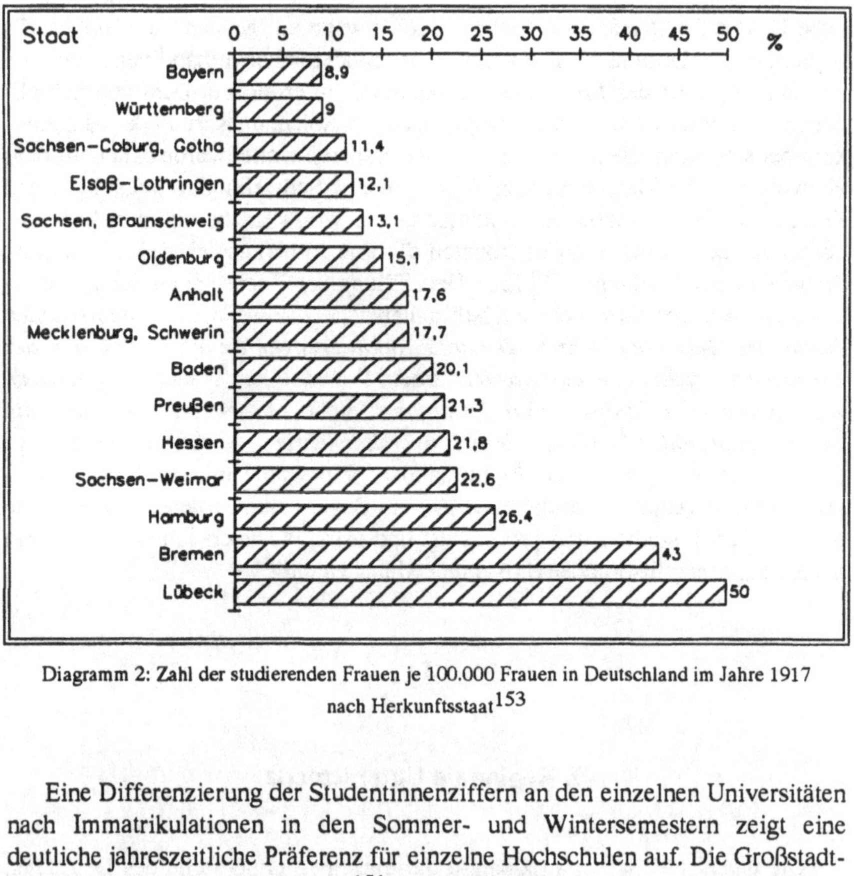

Diagramm 2: Zahl der studierenden Frauen je 100.000 Frauen in Deutschland im Jahre 1917 nach Herkunftsstaat[153]

Eine Differenzierung der Studentinnenziffern an den einzelnen Universitäten nach Immatrikulationen in den Sommer- und Wintersemestern zeigt eine deutliche jahreszeitliche Präferenz für einzelne Hochschulen auf. Die Großstadtuniversitäten in Berlin, Leipzig[154] und München wurden besonders in den Wintermonaten frequentiert, in denen das große Kultur- und Freizeitangebot (in München zusätzlich noch der Wintersport) deutliche Vorteile bei der Zerstreuung vor dem Angebot kleinerer Orte hatte. In den Sommermonaten hingegen wurde die Naturnähe gesucht und bevorzugte Studienorte waren dann Freiburg i.B., Marburg[155] und Kiel (besonders wegen der Wassersportmöglichkeiten).

153 Erstellt nach Hirsch, S. 47.

154 Vgl. Stieda, S. 10.

155 Zu den Schwankungen der Studierendenfrequenz an der Sommeruniversität Marburg siehe Fricke, S. 826 f.

Neben den drei bereits genannten Großstadtuniversitäten wurden auch die Hochschulen in Halle und Königsberg im Winter häufiger frequentiert. Im Sommer beliebter als im Winter war außerdem das hessische Gießen.

8. Die fehlende Schulbildung und die Reform des Mädchenschulwesens

Das größte objektive Hindernis für die Frauen bei der Zulassung zum Studium war die fehlende Möglichkeit zum Erwerb des Reifezeugnisses, da Mädchen an den Gymnasien im allgemeinen nicht zugelassen wurden. Daraus resultierte ein Teufelskreis, der kaum zu durchbrechen war, da ohne die Möglichkeit des Gymnasialbesuches kein Abitur erlangt werden konnte - ohne Abiturzeugnis wiederum die für das Studium "notwendige Vorbildung" nicht nachzuweisen war. Einen Ausweg aus diesem Dilemma bot sich - angesichts der unzureichenden staatlichen Initiativen zur Reform des höheren Mädchenschulwesens - nur per Selbsthilfe an. So wandelte Helene Lange bereits im Jahre 1893 mit ministerieller Genehmigung ihre seit 1889 in Berlin bestehenden Realkurse in Gymnasialkurse um, die das volle Pensum des humanistischen Gymnasiums umfassten[156]; im gleichen Jahre eröffnete Käthe Windscheid weitere Gymnasialkurse in Leipzig. Die ersten sechs Absolventinnen der Berliner Kurse bestanden Ostern 1896 die Abiturprüfung an einem Gymnasium der Reichshauptstadt.[157] Wohlwollende Unterstützung und Förderung wurden den Realkursen durch die Berliner Professoren Delbrück, Dilthey, Harnack und Helmholtz zuteil.[158] Von 111 Frauen fielen nur vier bei der ersten Abiturprüfung durch.[159]

Die Vorbereitung der Frauen auf das Abitur durch die Gymnasialkurse[160] erzwang durch *"das Vorhandensein der ersten Abiturientinnen im Jahre 1896 wirksamer als alles andere die Eröffnung der Universität"*,[161] wenn gleich die Frauen anfangs auch nur als Gasthörerinnen zugelassen wurden. Der preußische Unterrichtsminister hatte in seinem Erlaß vom 17. Mai 1895[162] an alle Univer-

156 Lange, Rede; Bäumer, Studien, S. 170 ff.

157 Bäumer, Frauenbewegung, S. 96.

158 Greven-Aschoff, S. 54.

159 Bäumer, Gymnasialkurse, S. 66.

160 Strinz, S. 387 ff. beschreibt die Inhalte der zweieinhalbjährigen Kurse.

161 Noack, S. 64.

162 Erlaß, Lehrerinnen.

sitätsrektoren dargelegt, daß Frauen **nicht** qua Geschlecht **generell** von den Universitätsveranstaltungen fernzuhalten seien, sondern daß in jedem Einzelfall die Vorbildung der Bewerberinnen zu prüfen sei. Damit war die preußische Unterrichtsverwaltung von ihrem früheren Grundsatz der allgemeinen Abweisung abgerückt[163] und schien, der veränderten Sachlage entsprechend, zu weiteren Zugeständnissen bereit. Notwendig wurde diese entgegenkommendere Haltung weniger durch die wachsende Zahl von Frauen, die an einem Gymnasium[164] das Reifezeugnis erworben hatten,[165] sondern vielmehr durch die liberalere Zulassungspraxis für Frauen in Baden und Bayern. Ebenfalls im Jahre 1893 wird in Karlsruhe das erste deutsche Mädchengymnasium eröffnet,[166] das in sechsjährigen Kursen zum Abitur führen sollte.[167] Die ersten regulären Abiturientinnen, die die Karlsruher Anstalt 1899 hervorbrachte, wurden im Sommersemester 1900[168] an der Universität Freiburg immatrikuliert).

Durch die verschiedenen Möglichkeiten des Hochschulzuganges kam es zu unterschiedlichen Vorkenntnissen und differierendem Eintrittsalter studierwilliger Frauen. Studentinnen, die kein humanistisches Gymnasium absolviert hatten, mußten sich unter Umständen für ein Studium in Geschichte noch die altphilologischen Sprachen Griechisch und Latein aneignen. Die Absolventinnen der Oberlyzeen hingegen waren durchschnittlich etwas älter als ihre Kommilitoninnen und verfügten häufig bereits über einige Jahre Berufserfahrung.[169] Seit der Einrichtung des Oberlehrerinnenexamens[170] durch den Erlaß vom 31. Mai 1894[171] legten bis zum Jahre 1901 insgesamt 101 Lehrerinnen die wissenschaftliche Prüfung ab; das Examen bestanden 95 von ihnen.[172]

---

163 Siehe auch Die Frauenbewegung, 1. Jg., H. 21, 1. Nov. 1895, Berlin, S. 167.

164 Wie z.B. Hildegard Ziegler am Gymnasium Sigmaringen im Sommer 1895.

165 Strinz, S. 386 ff.

166 Ungeachtet schon bestehender Gymnasialkurse kam es erst nach 1900 - eine weitere Ausnahme neben Karlsruhe ist Stuttgart (1899) - zur Gründung von Mädchengymnasien in Deutschland. Eine detaillierte Übersicht, mit Angaben zur notwendigen Vorbildung, Aufnahmealter, Dauer und Höhe des Schulgeldes, enthält Levy-Rathenau/Wilbrandt, S. 218 ff.

167 Bäumer, Frauenbewegung, S. 96.

168 Nauck, S. 20 nennt das Sommersemester 1900, aber Bäumer, Geschichte, S. 126 spricht davon, daß Frauen das Recht zur Immatrikulation *"bis heute nur in Baden, und zwar seit 1901"* haben. Für ihre Darstellung spricht, neben der Zeitgenossenschaft und dem Interesse an einem frühen Zeitpunkt, vor allem das Statistische Jahrbuch des Großherzogtums Baden (38. Jg., 1910/11, S. 285) in dem erst ab Sommersemester 1901 in Freiburg die ersten Frauen als immatrikulierte Studierende aufgeführt sind.

169 Muellern, S. 17.

170 Zur Notwendigkeit einer Verbesserung der Lehrerinnenbildung siehe Schmitt, S. 378; Klewitz, Oberlehrern, S. 71 ff.

171 Erlaß, Neuordnung, S. 399 f.

172 Windscheid, S. 150.

Am 16. Februar 1896 wurde in Berlin der "Verein für Frauen-Studium" begründet. Das Vereinsziel sahen die Gründerinnen unter der ersten Vorsitzenden Anita Augspurg,[173] *"in der Erschließung der wissenschaftlichen Berufe für die Frauen."*[174] Für die Durchsetzung dieser Zielstellung sahen sie drei Schwerpunkte als entscheidend an: die Erlangung einer "gediegenen Schulbildung" für Mädchen, die Öffnung der Universitäten und die Ermöglichung der Ausübung wissenschaftlicher Berufe durch Frauen.

Die offenkundige Benachteiligung von Mädchen in der staatlichen Bildungspolitik kennzeichnet auch die administrative Schulplanung. Den existierenden und weiter wachsenden Bedarf an weiblichen Erziehungsopportunitäten dokumentierte die hohe Zahl privater Institutionen, die die offenkundige Marktlücke erkannt hatten, die dem Bildungsbedürfnis der jungen Mädchen (und selbstverständlich ihrer Eltern) gegenüberstand. In Berlin standen in den 1860er Jahren den drei öffentlichen Mädchenschulen 32 private Einrichtungen gegenüber, während es für die Jungen - denen ein breites Angebot öffentlicher Schulen offenstand - lediglich neun waren.[175] Und im Jahre 1890 bestanden in der Reichshauptstadt, trotz der Gründung mehrerer öffentlicher Mädchenschulen, immer noch 25 Privatschulen für Mädchen, aber nur elf für Knaben.[176] Darüberhinaus war die Verteilung der staatlichen Mittel für die Schulbildung eklatant disproportional. Für die Schüler an den preußischen Gymnasien waren beispielsweise im Etat des Jahres 1905 350 Mark je Kind veranschlagt.[177] Die Zuwendungen je Schülerin an einer öffentlichen höheren Mädchenschule lagen mit 157 Mark je Kind über die Hälfte niedriger.[178]

Die auf die philosophische Fakultät beschränkte Hypertrophie des Frauenstudiums war eine Folge des "falschen Aufbaus" des Mädchenschulwesens.[179] Vor allem die zu geringen Möglichkeiten des Abiturerwerbs an einer höheren Anstalt als Studienzugangsberechtigung bedingten, im Unterschied zur Anerkennung der Lehrerinnenseminare, die einseitige Festlegung bzw. Zulassung der Studentinnen auf die philosophische Fakultät. Nach Helene Lange ließ die Opportunität durch eine am Lehrerinnenseminar leichter zu erlangende Vorbildung viele Frauen in die Seminare drängen, obgleich sie später - infolge fehlen-

---

173 Augspurg, damals stud. jur in der Schweiz, hörte als Hospitantin im WS 1895/96 an der Berliner Universität mehrere Vorlesungen; Die Frauenbewegung, 1. Jg., H. 23, 1. Dez. 1895, Berlin, S. 186.

174 Aufruf, S. 90.

175 Richter, S. 78.

176 Ebd., S. 79 u. S. 57.

177 Berechnet nach Stat. Jb. Preußen, 3. Jg. (1905), S. 172 f.

178 Ebd., S. 168 u. S. 170. Siehe auch Treuge, S. 126 f.

179 Lange, Aufgabe, S. 59.

der finanzieller Mittel oder/und mangelnder intellektueller Fähigkeiten[180] nicht (mehr) zu einem Universitätsstudium gelangten.[181] Andererseits verringerten sich für die nur seminaristisch ausgebildeten Lehrerinnen die Beschäftigungschancen, da die Stellen an höheren Schulen bevorzugt an Universitätsabsolventinnen vergeben wurden.[182] Von den Verfechterinnen der universitären Ausbildung wurde, Klewitz zufolge, das Hochschulstudium als "feministische Chance" verstanden, *"als Ort der Persönlichkeitsbildung"* und weniger *"als männlich präformierter Karriereweg aufgefaßt"*, der sie *"aus dem System beschränkter sozialer und beruflicher Zuschreibungen herausnahm"* und ihnen so *"mehr Freiheiten für die intellektuelle Auseinandersetzung verschaffte, als die Seminarerziehung möglich machen konnte."*[183]

Albisetti folgend, ist zu konstatieren, daß der Kampf um verbesserte weibliche Berufschancen "einen der entschiedensten Gleichheitsansprüche", den die bürgerliche Frauenbewegung vor 1914 anmeldete, enthielt.[184] So mußte erst die sozial definierte und scheinbar biologisch legitimierte Festlegung der Frauenrolle auf eine dreifache Funktion als Gattin, Mutter und Hausfrau durchbrochen werden, ehe sich den Frauen im deutschen Kaiserreich abseits der geschlechtsspezifischen Aufgabenzuweisung und -verteilung das weite Feld eines wissenschaftlichen Studiums und eines akademischen Berufes eröffnete.[185]

9. Die Studienfachwahl

Den Grund für die vornehmliche Konzentration von weiblichen Studierenden in den Geisteswissenschaften[186] sah Gertrud Bäumer in den zahlreichen "äußeren Hemmungen" wie etwa der fehlenden oder mangelnden schulischen

---

180 Lange, Kalamität, S. 245 ff.

181 Siehe Klewitz, Lehrerinnenausbildung, S. 114. Lehrerinnen, die keinen Universitätsabschluß hatten, erklärten in Interviews immer ausdrücklich "warum" dies so war.

182 Lange, Aufgabe, S. 59.

183 Klewitz, Lehrerinnenausbildung, S. 122.

184 Albisetti, Berufe, S. 286.

185 Schlüter, Wissenschaft, S. 246.

186 Eine der wenigen Ausnahmen war Marie Torhorst, die nach dem Studium der Mathematik und Physik als Lehrerin tätig war und als erste Frau in Deutschland ein Ministeramt übernahm; Bleek, Geburtstag, S. 139 f.

Vorbereitung auf naturwissenschaftliche Themen,[187] wodurch die Frauen von den exakten Wissenschaften nicht nur abgehalten, sondern explizit ausgeschlossen wurden. Überdies war im allgemeinen schon die familiale Erziehung der Mädchen deutlich geringer darauf ausgerichtet, etwaige wissenschaftliche Begabungen und Neigungen zu wecken und zu fördern.[188]

Eine **grundsätzliche** fehlende Begabung bei der Bearbeitung von naturwissenschaftlich-technischen Fragestellungen - wie noch Zeitgenossen um die Jahrhundertwende mutmaßten - kann **nicht** konstatiert werden, da Frauen durchaus Überdurchschnittliches in der Mathematik oder den Naturwissenschaften geleistet haben und dadurch manchen Skeptiker durch ihre harte Arbeit sowie ihre Entdeckungen und Erfindungen letztlich überzeugten. Unter den weltbekannten deutschen Forscherinnen, die Herausragendes geleistet haben, müssen, unter vielen anderen, Emmy Noether in Mathematik und Lise Meitner in Physik genannt werden.

Die Zulassung der Frauen zum Universitätsstudium beschäftigte in Bayern eingehend das Parlament. Als die Engländerin Ethel Skeat, die bereits acht Semester Naturwissenschaft in Cambridge studiert hatte, ihr Studium in München fortsetzen wollte, bat der Senat der Ludwig-Maximilians-Universität das bayerische Kultusministerium um eine verbindliche Entscheidung.[189] Die naturwissenschaftliche Sektion der Philosophischen Fakultät unterstützte das Gesuch und beantragte die junge Frau versuchsweise als Hörerin zuzulassen. Der bayerische Kultusminister wollte *"von Fall zu Fall nach preußischem Muster"*[190] entscheiden und entsprach daher in der Abgeordnetenkammer dem Ansinnen, so daß Miss Skeat mit ministerieller Erlaubnis Vorlesungen in Geologie und Paläontologie hören durfte.[191]

Frauen wandten sich in den ersten Jahren ihrer Hochschulzulassung vornehmlich Fächern zu, die nach dem Studienabschluß in realiter auch sofort eine Berufsausübung ermöglichten.[192] Infolge fehlender beruflicher Perspektiven für eine spätere Tätigkeit im juristischen und theologischen Bereich konzentrierten sich die studierenden Frauen auf die philosophische und die medizinische Fakultät.[193] Das mangelnde weibliche Interesse am Studium der Jurisprudenz verwundert nicht, wenn man berücksichtigt, daß vor dem ersten Weltkrieg nur in Bayern Frauen zum ersten juristischen Examen zugelassen wurden. Aber

---

187 Bäumer, Volkswirtschaft, S. 154.

188 Heymans, S. 108 f.

189 Senat der Universität München, S. 81.

190 Im bayerischen Abgeordnetenhause, S. 99.

191 Ebd.

192 Siehe auch Die Frauenbewegung, 17. Jg., H. 16, 15. Aug. 1911, Berlin, S. 130.

193 Schlüter, Wissenschaft, S. 247.

auch dort wurde den Frauen die Zulassung zum Vorbereitungsdienst und dem zweiten (Assessor-)Examen verwehrt; erst seit dem Jahre 1922 durften Frauen im monarchisch-restaurativ geprägten Beamtenapparat[194] der jungen Weimarer Republik öffentliche Ämter in der Rechtspflege bekleiden.[195] Die Schwierigkeiten der Frauen bei der Zulassung zur juristischen Laufbahn waren um so bemerkenswerter, als bereits seit den 1860er Jahren über die potentiellen Einsatzgebiete von Rechtsanwältinnen in der interessierten Öffentlichkeit diskutiert wurde.[196] Als mögliche Tätigkeitsfelder wurden dabei die Rechtsvertretung von Frauen in Scheidungsangelegenheiten und die Verteidigung straffällig gewordener Geschlechtsgenossinnen vor Gericht genannt.[197]

Bereits im Oktober 1895 rief Marie Raschke,[198] die spätere Leiterin der Berliner Zentralstelle für Rechtsschutz, in der "Frauenbewegung" alle interessierten Frauen zum Rechtsstudium auf, auch wenn *"voraussichtlich noch ein, zwei oder gar drei Generationen dahinsterben"*[199] würden, ehe die Frauen das im Studium erworbene Wissen als Richterin oder Anwältin im Staatsdienst anwenden dürften. Tatsächlich dauerte es noch bis zum Jahre 1922.[200] Als Grund für ihr Ansinnen nannte Raschke die "weibliche juristische Hilfe", der alle arbeitenden Frauen dringend bedürften, sowie die Aussicht, daß "über kurz oder lang" auch der Staat sich *"nach Hilfskräften auf dem Gebiete der Rechtskunde umsehen"*[201] müsse, um den von Friedrich dem Großen im Allgemeinen Preußischen Landrecht intendierten Gedanken[202] der Rückführung des Rechts in das Bewußtsein des ganzen Volkes zu vollziehen. Der Gedanke der Rechtskunde und des Rechtsschutzes, der Marie Raschkes spätere berufliche Arbeit prägen sollte, ist hier schon deutlich zu erkennen.

Vollkommen anders gestalteten sich das medizinische Studium und die Zulassung zum heilkundlichen Berufszweig. Denn die deutsche Gewerbeordnung gestattete, wie Albisetti betont, **allen** interessierten Personen (also auch Frauen) die Ausübung der "Heilkunst".[203] Außerdem konnten - nach einem Bundesrats-

---

194 Siehe Schmahl, S. 31 ff.; Grundlegend zur antidemokratischen Grundeinstellung der Verwaltung immer noch Sontheimer, S. 79 ff., S. 101 ff.

195 Boehm, S. 319; Albisetti, Berufe, S. 288.

196 Holtzendorff, S. 23.

197 Albisetti, Berufe, S: 299.

198 Marie Raschke, * 1850 Gaffert bei Stolp, + ?, studierte u.a. im WS 1896/97 als Hospitantin in Juristischen Fakultät der Berliner Universität und bestand im Jahre 1899 in Bern das Doktorexamen mit "magna cum laude"; Wer ist's? 9. Ausgabe, S. 1231.

199 Raschke, S. 192.

200 Huerkamp, S. 214 f.

201 Ebd.

202 Ausführlich Koselleck, S. 52 ff. Siehe auch Bleek, Juristenprivileg, S. 53 f. u. S. 138.

203 Albisetti, Berufe, S. 289. Siehe auch Stieda, S. 10.

beschluß von 1893 - auch Hörerinnen in Medizin examinieren.[204] Infolgedessen konnten alle ausgebildeten Ärztinnen auch in Deutschland praktizieren. Allerdings führten *"Versuche, sich als nach schweizerischen Examina zugelassene Ärztinnen anzuzeigen"* zu Konflikten mit den lokalen Polizeibehörden.[205] Nach einem Bundesratsbeschluß aus dem Jahre 1898 wurden Frauen dann sogar zur medizinischen Staatsprüfung zugelassen.[206] Franziska Tiburtius,[207] die von 1871 bis 1876 in Zürich Medizin studiert und dort auch promoviert hatte,[208] eröffnete als erste Frau - zusammen mit Emilie Lehmus, die 1875 in Zürich ihr Examen bestanden hatte,[209] - eine Arztpraxis in Berlin; erst fünfzehn Jahre später (1890) folgten weitere Frauen ihrem Beispiel.[210] Da von männlichen Neidern und Konkurrenten[211] Einwände gegen das öffentliche Führen des Doktortitels erhoben wurde, mußte Franziska Tiburtius auf behördliche Anordnung als bald den Universitätsort hinzufügen, um sich so von allen **in Deutschland** promovierten Medizinern abzugrenzen.[212]

Studierten im Jahre 1908 weniger als zwei Drittel der Frauen an den philosophischen Fakultäten der deutschen Universitäten, so stieg dieser Prozentsatz bis 1914 auf über 70 % aller Studentinnen an.[213] Die große Beliebtheit der philosophischen Fakultät ist darauf zurückzuführen, daß es sich bei der anhaltend großen Zahl studierwilligen Frauen um Lehrerinnen handelte, die durch ein Hochschulstudium die Befähigung für das höhere Lehramt (Oberlehrerin) erwerben wollten. So waren in Preußen von den 160 Anstalten, deren Abschluß Frauen zum Universitätsstudium berechtigte, 124 Lehrerinnenseminare. Überdies bot der Lehrberuf in den ersten zwei Jahrzehnten dieses Jahrhunderts *"noch die attraktivste und sicherste Aussicht"* auf eine spätere Berufsausübung für die Frauen.[214] Zu berücksichtigen bleibt allerdings, daß dieses Faktum in Preußen nur für unverheiratete Lehrerinnen galt. Bei einer Eheschließung wurde das Dienstverhältnis, aufgrund eines Erlasses aus dem Jahre 1892[215], zum Schluß des Schuljahres aufgekündigt. Diese, vor dem Hintergrund der akademischen

---

204 Albisetti, Fight, S. 100.

205 Albisetti, Berufe, S. 289.

206 Tiburtius, S. 174.

207 Siehe auch Lange-Mehnert, S. 291 ff. u. S. 298 ff.

208 Tiburtius, S. 94 ff.

209 Forrer-Gutknecht, S. 41.

210 Tiburtius, S. 173.

211 Siehe auch Geyer-Kordesch, S. 197 ff.

212 Ebd., S. 153.

213 Berechnet nach Stat. Jb. Deut. Reich 30. Jg. (1909), S. 282 f.; 35. Jg. (1914), S. 316 f.

214 Schlüter, Wissenschaft, S. 248.

215 Erlaß, Ausscheiden, S. 646 f.

Überfüllungskrise der 1880er Jahre[216], erlassene Zölibatsklausel für alle Lehrerinnen, die erst 1920 in Preußen endgültig aufgehoben wurde, bedeutete einen tiefen Einschnitt in die Privatsphäre der betroffenen Frauen.[217]

Bereits im Jahre 1917 konstatierte Marianne Weber einen Typenwandel der studierenden Frau. Die erste Generation der Studentinnen war geprägt vom Typus der *"**Kämpferin**, die sich hier und dort als einzelne und aus eigener Kraft Zutritt zu den Hörsälen erzwungen hatte"*[218] und deren *"Siegespreise, um die allein es sich schon lohnte, zu studieren"*, die Umstimmung widerwilliger Professoren, die Erkämpfung der Seminarbesuche sowie die Zulassung zu den Prüfungen und die *"Ueberraschung der Welt mit gut bestandenen Examina oder wertvollen Abhandlungen"* waren.[219] Die Frauen, die in den ersten Jahren nach der Öffnung an die Universitäten kamen, *"waren vorgeschritten an Jahren, meist schon im bürgerlichen Leben gehärtet und bewährt, als Schrittmacher kommender Geschlechter fest im Willen, gestählt im Kampfe, genügsam im Genuss, geübt im Verzicht."*[220] Die Studentinnen der zweiten Phase, zumeist mit "normalem" Abitur an die Hochschulen gekommen, waren nach Ansicht von Hirsch hingegen jung und mädchenhaft. Sie achteten auch mehr auf die Wahrung ihrer weiblichen Anmut in Kleidung und Verhalten.[221] Die nachfolgende Generation traf auf eine vorurteilsfreiere Universitätswelt und konnte den diversen noch vorkommenden Anfechtungen, dem Spott und dem Zweifel an der geschlechtsspezifischen Qualifikation in einer rasch anwachsenden Gemeinschaft von Gleichgesinnten begegnen und dort Geborgenheit finden. Außerdem wurden diese Studentinnen nun häufig mit spürbarem Wohlwollen beobachtet und fanden häufig die bereitwillige Förderung und Unterstützung durch die Dozenten und männlichen Studierenden.[222]

Im Sommer 1916 suchten zwei Universitätsinstitute per Annonce in der »Studentin« je eine wissenschaftliche Assistentin für organische Chemie bzw. Volkswirtschaft.[223] Ob sich hier eine größere Aufgeschlossenheit gegenüber Frauen oder eher der weltkriegsbedingte Mangel beim männlichen Nachwuchs zeigte, bleibt offen. Eindeutiger zu beantworten ist diese Frage allerdings für die Beschäftigung von Architektinnen und Ingenieurinnen durch die Militärbauverwaltung seit dem September 1914. Bemerkenswert ist dieser Einsatz weibli-

216 Titze/Nath/Müller-Benedict, S. 100 ff.

217 Joest/Nieswandt, S. 255 f.

218 Weber, Typenwandel, S. 179 (Hervorhebung im Original).

219 Ebd., S. 182.

220 Hirsch, S. 128.

221 Ebd., S. 129.

222 Dazu kritisch Boehm passim.

223 Siehe die Anzeigen in Die Studentin, 5. Jg., H. 7, 3. Aug. 1916, Berlin, S. 55.

cher Ersatzkräfte in einer Männerdomäne auch insofern, als alle Frauen "dieselbe Entschädigung" wie ihre männlichen Kollegen erhielten![224]

10. Die soziale Herkunft der Studentinnen

Der ökonomische Aufschwung der Phase 1890-1914 versetzte immer breitere Kreise der Gesellschaft in die Lage, ihre Kinder akademischen Tätigkeiten zuzuführen.[225] Die günstigen volkswirtschaftlichen Wachstumsbedingungen vor dem ersten Weltkrieg führten überdies dazu, daß auch die größer werdenden Hochschulabsolventenströme ohne Probleme vom Arbeitsmarkt absorbiert wurden,[226] ohne daß es zu Überfüllungskrisen wie in den 1880er Jahren kam.[227] Als besondere Wachstumsursachen sind dabei die Akademisierung neuer Berufe[228] und die Studienzulassung der Frauen zu nennen.[229]

Die Kosten des Studiums[230] einer Tochter waren allerdings häufig nicht im Familienbudget eingeplant und stellten daher ein erhebliches materielles Opfer für die Familien dar.[231] Der finanzielle Jahresbedarf eines Studenten lag um die Jahrhundertwende je nach Studienfach und Hochschulort zwischen 1.000 und 2.000 Mark[232]; das jährliche Schulgeld an den höheren Schulen betrug zwischen 80 und 120 Mark. Zum Vergleich: das Jahreseinkommen eines preußischen Volksschullehrers schwankte im Jahre 1906 zwischen 1.700 Mark auf dem Land und 2.600 Mark in der Stadt.[233] Die von Stücklen im Wintersemester 1913/14 untersuchten Berliner Studentinnen hatten durchschnittlich zwischen 168 Mark (Philologie) und 196 Mark (Medizin) im Monat zur Verfügung.[234] Für Bücher

---

224 Architektinnen, S. 70 f.

225 Siehe Niessen, S. 7.

226 Titze, Überproduktion, S. 114.

227 Titze, Überfüllungskrisen, S. 193 f.

228 Mc Clelland, Professionalization, S. 312, S. 320.

229 Jarausch, Studenten, S. 73.

230 Siehe Stücklen, S. 43 ff.

231 Siehe Peters, Mütterlichkeit, S. 24 ff.

232 Ssymank, S. 432.

233 Bölling, S. 73.

234 Stücklen, S. 45.

und Kolleggelder wendeten sie, je nach Budget und Fach zwischen sieben und 73 Mark auf; der Durchschnittssatz lag hier bei 37 Mark.[235]

Besonders zu beachten ist, neben dem gesellschaftlichen Hintergrund der Studentinnen, auch deren familiales Umfeld. Eine Untersuchung des Berliner Frauenarztes Dr. Max Hirsch[236] aus dem Jahre 1917 liefert hierzu einige nicht zu vernachlässigende Detailinformationen. Die von ihm befragten 725 Studentinnen stammten überproportional aus Familien mit mehr Töchtern als Söhnen, wobei die durchschnittliche Kinderzahl je Familie 3,3 Kinder betrug.[237] Von den insgesamt 2.628 Geschwistern ist bei 2.299 Erwachsenen das Geschlecht differenziert: 1.546 (67,2 %) Schwestern und 753 (32,8 %) Brüder. Verstärkt wird die Bedeutung dieser deutlichen geschlechtsmäßigen Diskrepanz noch dadurch, daß nach Hirsch in der allgemeinen Bevölkerungsstatistik für die betreffenden Altersjahrgänge **kein** Frauen- sondern ganz im Gegenteil ein Männerüberschuß ausgewiesen war.[238]

235 Ebd., S. 73, Tab. XVIII.

236 Max Hirsch, * 1877 Berlin, + 1948 Birmingham; Promotion 1901 in Berlin, begründete die wiss. Gynäkologie, verfaßte zahlreiche Bücher und Aufsätze zu Frauenkrankheiten. Außerdem intensive Beschäftigung und Publikationstätigkeit zu Problemen der Frauenerwerbstätigkeit und Einsatz für gesetzliche Regelungen des Frauenarbeitsschutzes. H. verlor als Jude im Dritten Reich seine Approbation und emigrierte nach England; Wer ist's, 9. Ausgabe, S. 666 f., Neue Deutsche Biographie, Bd. 9, S. 216.

237 Hirsch, S. 34.

238 Ebd., S. 35.

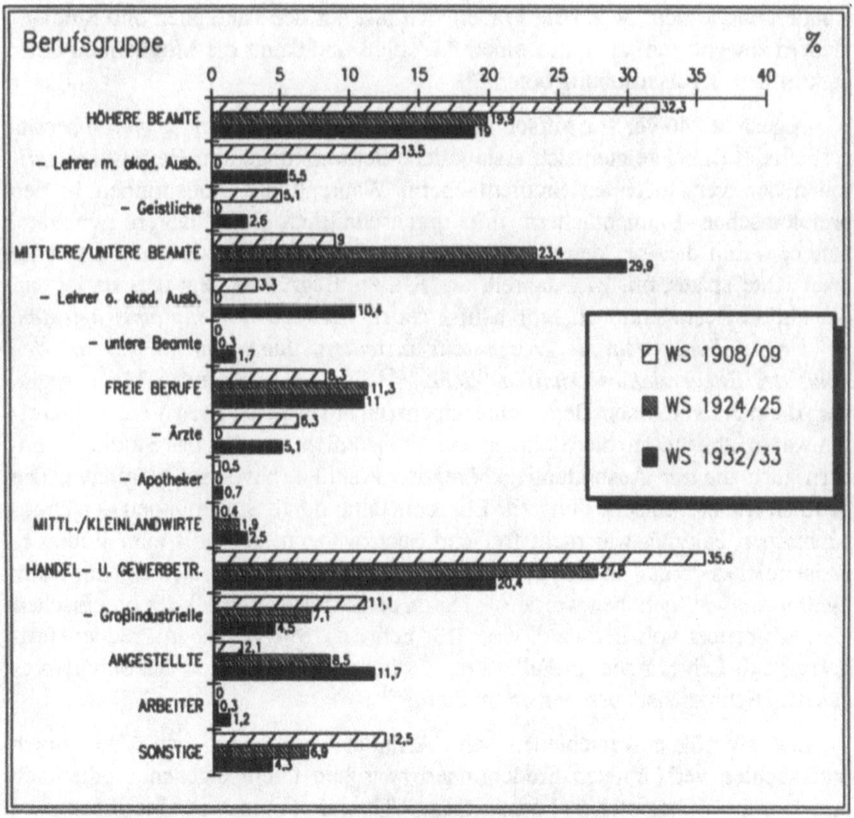

Diagramm 3: Soziale Herkunft der Studentinnen an preußischen Universitäten nach ausgewählten Väterberufen[239]

Diese Tatsache verstärkt nicht nur die Bedeutung der Abweichung in der geschlechtlichen Geschwisterverteilung (nur bei mehreren Schwestern, aber kaum bei mehreren Brüdern hatte ein Mädchen augenscheinlich Chancen auf ein Studium). Zum anderen betont sei, wie ungünstig die potentiellen Heiratschancen der Studentinnen waren (hervorgerufen durch die männlichen Verluste im ersten Weltkrieg), wie wichtig die materielle Verselbständigung dieser jungen Frauen durch eine Berufsausbildung deshalb erschien. Daß diese Frauen dabei besonders in die akademischen Berufe drängten, lag nach Hirsch in dem familialen und gesellschaftlichen Umfeld begründet, in dem sie lebten.[240] Es ver-

239 Erstellt nach Titze, Hochschulstudium, S. 266 f., Tab. 129 u. Tab. 130.

240 Ebd., S. 35 (es entsprach dem bereits oben detailliert behandelten Rekrutierungsfeld aller Studentinnen an den Universitäten).

wundert daher nicht, wenn die Frauen sich fast nur den Fakultäten und Studienfächern zuwendeten, die ihnen einen Abschluß und damit die Möglichkeit einer praktischen Berufsausübung boten.[241]

Insgesamt 246 der von Hirsch befragten 725 Akademikerinnen waren bereits verheiratet. Dabei zeigten sich erstaunliche Schwankungen im Heiratsalter zwischen den verschiedenen Studienfächern. Während die Studentinnen in den philologischen Studienfächern mit durchschnittlich 24,7 Jahren geheiratet hatten, waren dies bei den Angehörigen der Medizinischen Fakultät erst über zwei Jahre später, mit 27,1 Jahren, der Fall.[242] Begründet liegt dies darin, daß die Philologiestudentinnen sehr häufig *"noch während des Studiums heiraten, da der Lehrberuf, dem sie grössenteils zusteuern, ihnen ohnehin nur um den Preis des Eheverzichtes erhalten bliebe."*[243] Für die angehenden Medizinerinnen, die nicht von einem dem Lehrerinnenzölibat vergleichbaren Verdikt betroffen waren, absolvierte die Mehrzahl der Frauen nicht nur erst das Studium, sondern auch die zur Ausbildung gehörenden Praktika, bevor sie heirateten. Die deutlich frühere Entscheidung zur Eheschließung durch Studentinnen der Philosophischen Fakultät war nicht frei von Sachzwängen, denn bis zum Ende des Kaiserreiches[244] galt in Deutschland das Lehrerinnenzölibat, das erst im März 1920 formell aufgehoben wurde.[245] Durch den Ministerialerlaß des preußischen Kultusministers von Zedlitz[246] vom 13. Februar 1892[247] war in Preußen festgelegt, daß Lehrerinnen im Falle ihrer Verheiratung zum Ende des Schuljahres aus dem Schuldienst ausscheiden mußten.[248]

Eine signifikant verschieden hohe Affinität war bei den von Max Hirsch untersuchten verheirateten Studentinnen zwischen ihrem eigenen Studienfach und dem ihres Ehegatten zu konstatieren. Während bei den Medizinerinnen zwei Drittel auch einen Arzt geheiratet hatten, betrug die Zahl der Juristinnen, die

241 Ebd., S. 45.

242 Hirsch, S. 34.

243 Ebd.

244 Im ersten Weltkrieg war allerdings durch eine Ausnahmegenehmigung die zeitweise (Weiter-)Beschäftigung von verheirateten Lehrerinnen möglich.

245 Joest/Nieswandt, S. 256.

246 Robert Graf von Zedlitz und Trützschler, * 1837 Freienwalde, + 1914 Berlin; wurde 1886 Oberpräsident der Provinz Posen und war 1891/92 preuß. Kultusminister, stürzte über den von ihm selbst eingebrachten Entwurf eines Volksschulgesetzes, ab 1898 Oberpräsident von Hessen-Nassau und 1903-09 von Schlesien; Biographisches Wörterbuch, Bd. 3, Sp. 3300, Meyers, Personenlexikon, S. 1431, Meyer, Schule, S. 172 ff.

247 Erlaß, Ausscheiden, S. 646 f.

248 Siehe auch Hirsch, S. 62, Anm. 1.

einen Juristen geehelicht hatte, weniger als die Hälfte (44 %) und lediglich ein Viertel der Philologinnen hatte auch einen Philologen zum Ehemann.[249]

Bei der Betrachtung und Beurteilung der Studierendenzahlen im 1. Weltkrieg muß beachtet werden, daß 1914 über 39.000 und im Jahre 1918 sogar über 57.000 Studenten zwar immatrikuliert waren, aber realiter an der Front im Kriegsdienst standen. Außerdem waren 1914 ca. 400 Studentinnen im Sanitätsdienst tätig.[250] Allerdings ist es unverständlich, daß in neueren Untersuchungen zur deutschen Universitätsgeschichte der Anstieg des Frauenstudiums von 1900 bis 1914 noch immer als "dramatic increase" bezeichnet wird.[251] Hierbei wird der Ausschluß der Frauen von der "ordentlichen Immatrikulation" (**nicht** der als Hörerinnen) bis zur Jahrhundertwende nur ungenügend berücksichtigt und die logische Konsequenz der sprunghaften Zunahme nach der Öffnung des Frauenstudiums mißinterpretiert.

11. Die Religionszugehörigkeit

Die katholischen Studentinnen immatrikulierten sich in sehr großer Zahl in der philosophischen Fakultät. Für Zeitgenossen war dieser Andrang zum Lehramt *"ein untrüglicher Beweis für den wirtschaftlichen Antrieb zum Frauenstudium."*[252] Die Funktion des Lehrerberufes als sozialer Aufstiegsposition wird hier deutlich, vor allem deshalb, weil diese Studentinnen sich vorwiegend aus der unteren und mittleren Beamtenschaft sowie den Elementarlehrerinnen rekrutierten.[253] Bemerkenswert ist eine Aufteilung der Studentinnen an den zehn preußischen Hochschulen nach der Konfession. Obgleich die absolute Zahl der jüdischen Studentinnen sich fast verdoppelt, sinkt ihr prozentualer Anteil von einem Fünftel auf ein Zehntel der deutschen weiblichen Studierenden. Im Vergleich zum jüdischen Anteil an der preußischen Gesamtbevölkerung von einem Prozentpunkt ist ihr Anteil noch immer hervorragend und übertrifft sogar

249 Hirsch, S. 95.

250 Ssymank, S. 453.

251 Mc Clelland, State, S. 250.

252 Hirsch, S. 36.

253 Ebd., S. 37.

den bildungsmäßigen Anteil männlicher Juden.[254] Der überproportionale Anteil jüdischer Mädchen zeigte sich auch an ihrer großen Repräsentativität an den Schülerinnen der höheren Lehranstalten.[255] In Österreich waren gleichfalls Töchter aus jüdischem Elternhaus überproportional unter den Studentinnen vertreten.[256]

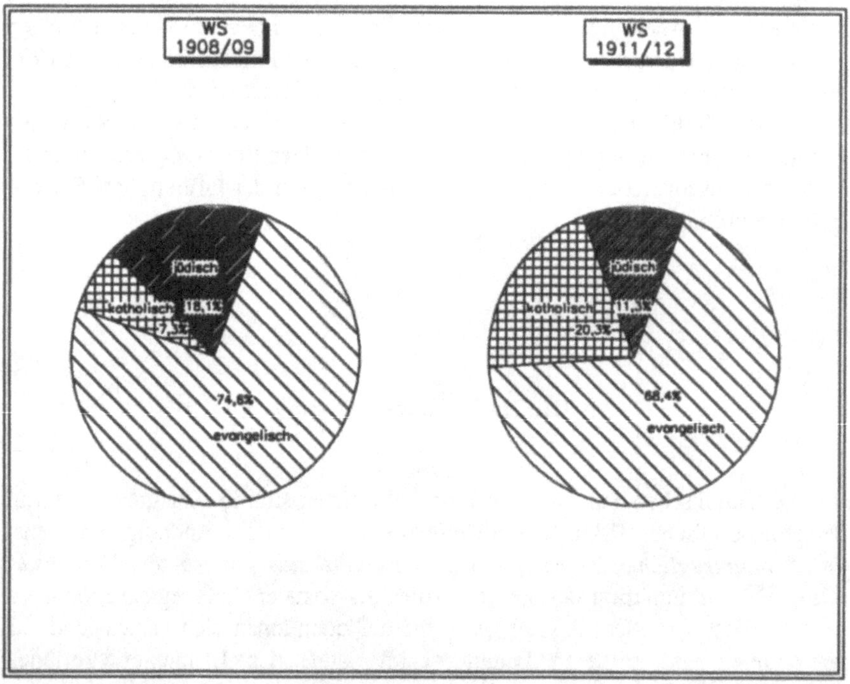

Diagramm 4: Studentinnen an preußischen Universitäten im WS 1908/09 und im WS 1911/12 nach Konfessionen[257]

Bei der Betrachtung der Religionszugehörigkeit der Studentinnen in den Jahren 1908/09 bis 1932/33 fällt auf, daß die jüdischen Frauen überproportional hoch vertreten waren, obgleich dieser Religionsgemeinschaft nie mehr als ein

254 Siehe auch Jüdisches Leben, S. 51 f., wo Monika Richarz in ihrer Einleitung davon spricht, daß in vielen jüdischen Familien die Frauen die "kulturell führende Position einnahmen.

255 Stat. Jb. Preußen, 12. Jg. (1914), S. 424.

256 Otruba, S. 87 u. S. 141, Tab. 9.

257 Berechnet nach Stat. Jb. Preußen, 12. Jg. (1914), S. 438, Tab. 11a.

Prozent der deutschen Gesamtbevölkerung angehörten.[258] Hier ist ein signifikanter Zusammenhang zu der in diesem Bevölkerungsteil durchschnittlich höheren Sozialstruktur und dem (seit der Emanzipation möglichen)[259] ausgeprägten Bildungsstreben der jüdischen Bevölkerung zu sehen.[260] Auch die Partizipation von jüdischen Mädchen an den Schülerinnen höherer Schulen lag auf einem hohen Niveau.

Die bekannte traditionelle Benachteiligung katholischer Mädchen läßt sich überraschenderweise nur für das Kaiserreich konstatieren.[261] In den 1920er Jahren studierten prozentual (im Verhältnis zu den Männern der jeweiligen Konfession) mehr katholische als evangelische Frauen. In absoluten Ziffern hingegen waren an den preußischen Universitäten (nur für diese lag die Konfessionszugehörigkeit vor) zweieinhalbfach mehr Studentinnen mit protestantischen Bekenntnis immatrikuliert.

258 Siehe Stat. Jb. Preußen, 14. Jg. (1917), S. 6; Ebd., 25. Jg. (1929), S. 24.

259 Zum Eintritt der Juden in die akademischen Berufe siehe die Studie von Richarz.

260 Siehe dazu Lowenthal, S. 76 ff.; Bennathan, S. 112.

261 Zur Diskussion um das Frauenstudium in katholischen Kreisen siehe Hafner, S. 195 ff.

Tabelle 2: Religionsbekenntnis der Studierenden an den preußischen Universitäten nach Geschlecht 1908/09 bis 1932/33[261]

Winter Seme- ster	evangelisch				katholisch				jüdisch			
	Männer		Frauen		Männer		Frauen		Männer		Frauen	
	abs.	in %	abs.	in %	abs.	in %	abs.	in %	abs.	in %	abs.	in %
1908/9	14.055	97,1	420	2, 9	5.969	99,3	41	0,7	1.540	93,8	102	6,2
1911/2	16.238	93,4	1.143	6, 6	6.671	95,2	340	4,8	1.436	88,4	189	11,6
1924/5	15.981	89,6	1.850	10, 4	7.585	88,0	1.032	12,0	1.512	79,5	389	20,5
1928/9	25.180	85,2	4.374	14, 8	11.003	82,7	2.296	17,3	1.509	75,3	495	24,7
1932/3	25.333	81,3	5.846	18, 7	10.700	79,4	2.782	20,6	1.539	67,8	732	32,2

261 Berechnet nach Titze, Hochschulstudium, S. 226, Tab. 114.

Betrachtet man die Verteilung der drei Religionsbekenntnisse an den preußischen Universitäten ausschließlich für das weibliche Geschlecht, so zeigen sich im Zeitverlauf deutliche Verschiebungen der konfessionellen Zugehörigkeit. Waren anfänglich (1908/09) drei Viertel aller Studentinnen Protestantinnen, so gehörten am Ende der Weimarer Republik (1932/33) weniger als zwei Drittel dieser Religionsgemeinschaft an. Die Katholikinnen steigerten ihre Bildungspartizipation in dieser Zeitphase von einem Vierzehntel auf fast ein Drittel der Studentinnen. Die Mädchen jüdischer Konfession, deren Zahl sich im WS 1908/09 beinahe ein Fünftel der immatrikulierten Frauen betrug, sanken auf weniger als ein Zwölftel ab bis zum Ende der Weimarer Epoche 1932/33. Die Ursache hierfür lag zum einen in der krassen Überalterung der jüdischen Reichsbevölkerung und dem daraus resultierenden fehlenden Nachwuchs[262] und zum anderen an der Ausweitung des studentischen Rekrutierungspotentials auf weitere Kreise der Bevölkerung, in denen die Juden unterproportional vertreten waren[263] bzw. aufgrund ihrer hohen anfänglichen Beteiligung an numerischer Bedeutung verloren.

Um die unterschiedlichen Bevölkerungsanteile der einzelnen Religionsgemeinschaften und ihre damit verbundenen Rekrutierungspotentiale zu verdeutlichen, sollen hier kurz die prozentualen Anteile nach den Ergebnissen der Volkszählungen vom 1. Dezember 1910 sowie vom 16. Juni 1925 erwähnt werden. Nach der Volkszählung vom Dezember 1910 gehörten im Königreich Preußen 61,7 % der Bevölkerung der evangelischen, 36,4 % der katholischen und 1,0 % der jüdischen Konfessionsgemeinschaft an.[264] Aufschlußreich für die unterschiedlichen Rekrutierungsmöglichkeiten ist auch die Verteilung der konfessionellen Zivilbevölkerung nach Altersklassen.

Die insgesamt 61,7 % Protestanten untergliederten sich wie folgt:

16,9 % waren bis 12 Jahre
7,6 % waren 12 - 18 Jahre
37,2 % waren über 18 Jahre.

Die 36,4 % preußischen Katholiken verteilten auf die Altersgruppen so:

11,4 % waren bis 12 Jahre
4,7 % waren 12 - 18 Jahre
20,3 % waren über 18 Jahre.

Am ungünstigsten war die Verteilung bei der jüdischen Bevölkerung, die zusammen ein Prozent der Zivilpopulation umfaßte:

---

262 Kaplan, S. 50. In Preußen kam es je 1.000 Einwohner zu 42,3 (Katholiken), 34,9 (Protestanten) und lediglich 19,9 Geburten bei den Juden.

263 Siehe Craig, Education, S. 220 ff.

264 Stat. Jb. Preußen, 14. Jg. (1917), S. 6. Der Anteil der "übrigen" betrug 0,9 %.

0,2 % war bis 12 Jahre
0,1 % war 12 - 18 Jahre
0,7 % war über 18 Jahre alt.

Anders ausgedrückt heißt dies, daß vierzig Prozent der evangelischen und sogar 44 % der katholischen Bevölkerungsteile **unter** 18 Jahre alt waren und damit potentiell noch einem höheren Bildungsabschluß anstreben konnten; dies war aber nur bei weniger als einem Drittel der jüdischen Wohnbevölkerung Preußens noch möglich. Die Ergebnisse der Volkszählung vom Sommer 1925 gleichen etwa den oben aufgeführten Verteilungen. Zum Protestantismus (einschließlich der evangelischen Freikirchen) gehörten in Preußen 64,9 %, zum Katholizismus 32,8 % und zum Judentum 1,0 % der Wohnbevölkerung. Im Gegensatz zum Jahre 1910 wurden die Anteile auch noch nach Geschlecht differenziert aufgeführt, so daß diese als Vergleichsgröße auch hier aufgeführt werden können. In allen Konfessionen lagen die prozentualen Werte der Frauen über denen der Gesamtbevölkerung. Die konfessionelle Zugehörigkeit der weiblichen Wohnbevölkerung am 16. Juni 1925 war wie folgt: evangelisch 12.838.136 Frauen (65,4 %), katholisch 6.158.936 (31,4 %) und jüdisch 207.521 (1,1 %).[265]

Während die Katholikinnen überwiegend dem Lehramt zustrebten, wendeten sich die Jüdinnen der Medizinischen Fakultät zu. Im WS 1911/12 studierten in Preußen zwanzig katholische, 58 jüdische und 125 evangelische Frauen Medizin.[266] Bei den Erklärungsansätzen für die hohe Partizipation jüdischer Mädchen am Hochschulstudium ist zuerst die vom Bevölkerungsdurchschnitt stark abweichende Berufs- und Sozialstruktur[267] der jüdischen Reichspopulation zu nennen; besonders deren hoher Akademisierungsgrad. Außerdem waren die deutschen Staatsbürger jüdischen Glaubens überproportional in den Bevölkerungsschichten vertreten, aus denen sich die weiblichen Studierenden im wesentlichen rekrutierten.[268] Ähnlich wie die studierenden männlichen Juden bevorzugten die Frauen mit Medizin und Rechtswissenschaft Fächer, die auch freiberuflich - außerhalb des Staatsdienstes - ausgeübt werden konnten.[269] Begründet lag dieses Verhalten in dem, ungeachtet der Emanzipation, noch immer in der staatlichen Administration herrschenden Antisemitismus und der sich daraus ergebenden Ressentiments.[270]

---

265 Ebd.

266 Preuß. Stat., H. 236, S. 194 f.

267 Siehe Lestschinsky, S. 123 ff.; Theilhaber, S. 138 ff.

268 Huerkamp, S. 207.

269 Siehe auch Prinz, S. 139 f.

270 Rürup, S. 27 ff.

12. Die Verteilung nach Fakultäten

Von der allgemeinen Zulassung der Frauen zum Studium in Deutschland im Jahre 1908 bis zum Ausbruch des ersten Weltkrieges im Sommer 1914 verzehnfachte sich die Zahl der Studentinnen von 375 (= 0,8 %) im Sommersemester 1908[271] auf 4.056 (= 6,7 %) im Sommersemester 1914,[272] während die Gesamtzahl aller Studierenden in diesen Jahren "nur" um ein Viertel von 47.600 auf 60.741 Personen anstieg. Während in der Philosophischen als auch der Medizinischen Fakultät die erkämpften Studienmöglichkeiten sogleich nach der offiziellen Öffnung der Universitäten von Frauen genutzt wurden (lediglich in Gießen und Straßburg kamen Studentinnen erst später in die Medizinische Fakultät), war ihr Zutritt zur Juristischen und den beiden Theologischen Fakultäten weitaus zögernder. Betrachtet man die Verteilung der Studentinnen auf die einzelnen Fakultäten, so ist zu konstatieren, daß die Frauen weit überproportional in der philosophischen Fakultät immatrikuliert waren. Die Rechtswissenschaft[273] und die Theologie wurden wegen der vollkommenen Perspektivlosigkeit einer späteren Berufsausübung weitgehend gemieden.

Der Zugang zu den Universitäten war also nicht nur von Hochschule zu Hochschule, sondern auch von Fakultät zu Fakultät recht unterschiedlich. So kamen in Heidelberg, das seine Pforten als eine der ersten Hochschulen geöffnet hatte, erst sehr spät (im Jahre 1912) Theologiestudentinnen an die Universität; zu der Zeit hatten die ersten der im preußischen Berlin und Halle studierenden Frauen schon fast ihr Studium beendet (wenn sie denn hätten examinieren dürfen). In Halle waren Theologiestudentinnen jedoch um einige Jahre früher anzutreffen als etwa in der Rechtswissenschaft.

Obgleich die Entscheidung für das Studium der Theologie auch entscheidend von der individuellen Einstellung und Religiösität des Einzelnen mitgeprägt ist und damit ein Neigungsfach oder "Berufungsstudium" ist, sind Frauen hier durchschnittlich einige Semester später anzutreffen als an der Juristischen Fakultät, obwohl das Studium der Rechtswissenschaft ebenfalls keine Abschlußmöglichkeiten und damit verbundene berufliche Beschäftigungschancen bot. Im Sommersemester 1908 studierte nur eine Frau (in Jena) evangelische Theologie und lediglich acht Studentinnen waren in Jura eingeschrieben: eine in München, drei in Freiburg und vier in Heidelberg, aber keine an den zehn preußischen Landesuniversitäten.[274] Sechs Jahre später, im Sommer 1914, stu-

271 Stat. Jb. Deut. Reich, 30. Jg. (1909), S. 282 f.

272 Ebd., 36. Jg. (1915), S. 312 f.

273 Siehe Bleek, Kameralausbildung, S. 190 ff., zur Exklusivität der Juristenausbildung.

274 Stat. Jb. Deut. Reich, 30. Jg. (1909), S. 282 f.

dierten achtzehn Frauen evangelische Theologie und 78 Studentinnen (davon 17 in Berlin und 27 in Freiburg) waren in der Juristischen Fakultät immatrikuliert.[275]

Tabelle 3: Die ersten Studentinnen an den Universitäten in Semestern276 nach Fakultäten unterteilt[277]

Universität	Frauen erstmals immatrikuliert in Fakultät		
	Rechtswiss.	Medizin	ev. Theol.a
Berlin	1908/09	1908/09	1908/09
Bonn	1908/09	1908/09	1910
Breslau	1911/12	1908/09	1915/16
Göttingen	1908/09	1908/09	1913
Greifswald	1915	1908/09	1910/11
Halle	1912/13	1908/09	1908/09
Kiel	1909/10	1909	1917/18
Königsberg	1909	1908/09	1914
Marburg	1908/09	1908/09	1909
Münster	1913	1909/10	
München	vor1907	vor1907	
Würzburg	1909	vor1907	
Erlangen	1913	vor1907	1919
Leipzig	1911/12	vor1907	1911/12
Tübingen	1912	vor1907	1914
Heidelberg	vor1907	vor1907	1912
Freiburg	vor1907	vor1907	
Gießen	1910/11	1910/11	1919
Jena	1909/10	vor1907	vor1907
Rostock	1917	1909/10	1912/13
Straßburg	1910	1910	1916

a An den Universitäten in Freiburg, München, Münster und Würzburg gab es keine Evangelisch-Theologische Fakultät; für die dortigen Katholisch-Theologischen Fakultäten sind vor dem Wintersemester 1914/15 keine Studentinnen nachzuweisen.

In den Medizinischen Fakultäten der Hochschulen faßten die Frauen hingegen sehr viel schneller Fuß. Hier kam es zu einem Anstieg von 158 Studentinnen (= 1,7 %) im Sommer 1908[278] auf 1.016 weibliche Studierende (= 5,8 %)

275 Ebd., 36. Jg. (1915), S. 312 f.

276 1908/09 = Wintersemester, 1909 = Sommersemester; "vor 1907" heißt, vor dem Sommersemester 1907 waren an den badischen und bayrischen Universitäten bereits Frauen in diesen Fakultäten immatrikuliert.

277 Erstellt nach Stat. Jb. Deut. Reich, 30. Jg. (1909), S. 280 ff.; ebd., 31. Jg. (1910), S. 274 f.; ebd., 32. Jg. (1911), S. 330 f.; ebd., 33. Jg. (1912), S. 306 f.; ebd., 34. Jg. (1913), S. 294 f.; ebd. 35. Jg. (1914), S. 316 f.; ebd., 36. Jg. (1915), S. 312 f.; ebd., 40. Jg. (1919), S. 192 ff.

278 Ebd., 30. Jg. (1909), S. 282 f.

im Sommersemester 1914,[279] sodaß der Frauenanteil sich hier verdreifachte. Obgleich die Frauenbewegung die Zulassung zum Medizinstudium als erstes gefordert hatte, blieb der Zustrom deutlich hinter dem der philosophischen und philologischen Disziplinen zurück. Am schnellsten stieg der Frauenanteil in den Philosophischen Fakultäten von 145 (= 0,7 %) im Jahre 1908 auf 2.825 (= 11,3 %) Studentinnen im Jahre 1914. Der Anteil der Philosophischen Fakultät am Frauenstudium stieg von einem Drittel auf zwei Drittel aller studierenden Frauen an.[280]

Bei einer Bewertung des nach Fakultäten differierenden weiblichen Studieninteresses muß allerdings berücksichtigt werden, daß in den Anfängen des Frauenstudiums vor dem ersten Weltkrieg die Studienfachwahl oftmals weniger von den eigenen Neigungen als vielmehr von den Vorbildungsverhältnissen der Frauen[281] und den entsprechenden Zulassungsmodalitäten der einzelnen Hochschulen bestimmt wurde. Von den 160 Institutionen, die im Königreich Preußen Mädchen auf die Universität vorbereiteten, waren über drei Viertel (124 = 77 %) Lehrerinnenseminare, deren Absolventinnen sich, als automatische Folge fehlender humanistischer Vorbildung,[282] nur in der philosophischen Fakultät einschreiben konnten.[283] Die seminaristisch ausgebildeten Lehrerinnen konnten durch ein Hochschulstudium die Lehrbefähigung für die höheren Schulen erwerben.[284] Da dies fast die einzige "praktische" Verwendungsmöglichkeit eines Hochschulstudiums für die Frauen war, da eigentliche akademische Berufsmöglichkeiten[285] noch nicht existierten, verwundert der hohe Lehrerinnenanteil unter den studierenden Frauen nicht.[286] Vom Wintersemester 1908/09 bis zum Sommersemester 1911 stieg in Preußen unter den immatrikulierten Studentinnen die Zahl der Abiturientinnen eines humanistischen Gymnasiums von 133 auf 167 an, die der Seminarabsolventinnen aber von 133 auf 787![287]

Eine weitere Folge der Dominanz der Schülerinnen von Oberlyzeen unter den studierenden Frauen war die Tatsache, daß bei einem Vergleich der akademischen Studienabschlüsse durch die Dissertation, auf 100 weibliche Doktorarbeiten in der Philosophischen Fakultät 122 Promotionen in Medizin kamen,

279 Ebd., 36. Jg. (1915), S. 312 f.

280 Vgl. dagegen Schlüter, Wissenschaft, S. 247, die jedoch nicht nach Immatrikulierten und Gasthörerinnen differenziert.

281 Ebd.

282 Siehe auch Klewitz, Lehrerinnenausbildung, S. 120 f.

283 Bäumer, Volkswirtschaft, S. 148.

284 Ebd., S. 247.

285 Albisetti, Berufe, S. 286.

286 Siehe auch Klewitz, Lehrerinnenausbildung, S. 122 f.

287 Treuge, S. 127.

obgleich in der Medizinischen Fakultät dreimal weniger Studentinnen immatrikuliert waren.[288] Die stetig steigende Zahl von Absolventinnen der Volkswirtschaft führte im Jahre 1916 zur Gründung einer eigenen Berufsorganisation. Der "Vereinigung der Nationalökonominnen Deutschlands" gehörten bei der Gründung bereits achtzig Frauen mit Doktortitel in Nationalökonomie an; Studentinnen konnten als außerordentliche Mitglieder vom fünften Studiensemester an, beitreten.[289]

13. Ausschluß von Förderungen und Stipendien

So wenig selbstverständlich wie das Frauenstudium selbst war die Partizipation der Frauen an den Benefizien der Universitäten. Erst zu Beginn des Wintersemesters 1910/11 entsprach der akademische Senat der Universität Leipzig einer bereits zwei Jahre früher, im August 1908, gestellten Anfrage des dortigen Vereins immatrikulierter Studentinnen über die Teilhabe von Frauen an Universitätsstipendien.[290] In den darauffolgenden Jahren wurden dann auch häufig "umfangreiche Stipendien" von der Hochschule an begabte Studentinnen vergeben.[291] Die Staatsstipendien des Königreiches Sachsen hingegen blieben den Studentinnen - ungeachtet der wissenschaftlichen Qualifikation - versagt, da diese *"im Hinblick auf die Vorbereitung junger Leute zu öffentlichen - insbesondere geistlichen oder juristischen - Aemtern begründet worden seien."*[292] Da Frauen aber von den Examina in Theologie und Rechtswissenschaft und damit den Berufskarrieren in den entsprechenden administrativen Funktionen ausgeschlossen waren, blieb ihnen auch die staatliche Förderung versagt.

---

288 Bäumer, Volkswirtschaft, S. 149.

289 Siehe Kurznotiz in Die Studentin, 5. Jg., H. 8, 20. Okt. 1916, Berlin, S. 64.

290 Heineken, S. 2.

291 Albrecht/Bretschneider, S. 3 f.

292 Heineken, S. 2.

14. Die Volkschullehrerinnen

Für Hirsch lag *"ein beschämender Widerspruch in der Tatsache, dass dieselben Stellen, welche sich gegen das Frauenstudium gesträubt haben und zum Teil noch heute sträuben, mit der Begründung, dass die Frauen durch das Studium ihrer natürlichen Bestimmung entzogen werden, dass diese Stellen mehr als die Hälfte der studierenden Frauen durch gesetzlichen Zwang von der Erfüllung eben dieser Pflicht fernhalten."*[293] Max Hirsch zeigt hier deutlich das Dilemma der studierenden Frauen, die einerseits nicht ihrer "natürlichen Aufgabe" folgen wollten, diese dann aber andererseits auch nicht erfüllen **durften**, wenn sie sich durch das Lehrerinnenzölibat nicht um ihre berufliche Tätigkeit und die damit verbundene ökonomische Absicherung bringen wollten.[294] Betrachtet man am Beispiel der Leipziger Volksschullehrerschaft die Selbstrekrutierungs- und vor allem Aufstiegschancen von Volksschullehrerkindern, so wird ungefähr klar, welches Volksbildungs- und soziales Mobilitäts-Potential durch die Zölibatsklausel hier ungenutzt blieb: von den 450 nicht mehr schulpflichtigen Söhnen der Leipziger Volksschullehrer des Jahres 1903 arbeiteten 79 schon in akademischen Berufen, während weitere 29 studierten und 226 eine höhere Schule besuchten. Lediglich 51 waren selbst Volksschullehrer geworden oder besuchten ein Lehrerseminar.[295]

Daß die Frauen überhaupt bereit waren, so weit ihre Intimsphäre und ihre "sexuelle Selbstbestimmung" (Joest/Nieswandt) preiszugeben, hing mit dem sozialen Rekrutierungsfeld der Volksschullehrerinnen zusammen. Dieser Beruf bot unverheirateten Frauen nicht nur die Möglichkeit einer gehobenen Berufstätigkeit,[296] sondern auch des gesellschaftlichen Aufstiegs.[297] Um das Phänomen gewichten zu können und seine gesellschaftliche Bedeutung seit dem 19. Jahrhundert zu verstehen, unverheirateten oder verwitweten Frauen aus den mittleren und höheren Bevölkerungskreisen eine Existenzgrundlage zu bieten, muß man die Auswirkungen der sozio-ökonomischen Veränderungen durch die Industrielle Revolution für die Familie und die (weibliche) Heimarbeit berücksichtigen. Durch die Ablösung des häuslich-familiären Manufakturbetriebes durch die Fabriken war die Beschäftigung der Töchter im Familienhaushalt immer weniger erforderlich bzw. möglich.[298] Ihre materielle Versorgung durch eine Heirat wurde überdies durch einen jahrzehntelangen Frauenüberschuß

---

293 Hirsch, S. 63.

294 Joest/Nieswandt, S. 254 ff.

295 Bölling, S. 79.

296 Brehmer, S. 97.

297 Joest/Nieswandt, S. 255.

298 Huerkamp, S. 201.

immer schwieriger. Während die Mädchen aus den unteren Sozialschichten in den neuen Fabriken Arbeit und Auskommen fanden, *"drängten die unverheirateten Töchter aus bürgerlichen Familien seit der Mitte des 19. Jahrhunderts verstärkt in einen Beruf, der ihrer gehobenen Allgemeinbildung und ihrer gesellschaftlichen Stellung adäquat erschien: eben den der Lehrerin."*[299] Das unterschiedliche, d.h. gesellschaftlich höher angesiedelte Rekrutierungsfeld der Volksschullehrerinnen gegenüber den Volksschullehrern zeigte sich deutlich in der sozialen Herkunft der Frauen. Während beispielsweise im Jahre 1903 in Leipzig ein Siebtel der Lehrer Arbeitersöhne waren, stammte keine Lehrerin aus der Arbeiterschaft der sächsischen Industriemetropole.[300]

15. Die Diskussion um den "vierten Weg"

Bemerkenswert ist eine auf dem Verbandstag der Studentinnenvereine Deutschlands im August 1912 in Weimar beschlossene Petition an den Bundesrat. Hierin wird die Ablehnung eines von den Staaten Preußen, Baden und Sachsen gestellten Antrages, der die Anerkennung der Reifezeugnisse von Oberlyzeen zum Ziel hatte, durch den Bundesrat gefordert. Die Begründung der strikten Ablehnung durch die Studentinnenvereine ähnelt in ihrer "fachlichen" Argumentationsebene dem Widerstand vieler Männer gegen das Frauenstudium eine Dekade zuvor: So könne die Ausbildung der Lehrerinnenseminare, so gut die Fachausbildung auch sein möge, **nicht** der *"Allgemeinbildung an die Seite gestellt werden"*, die die humanistischen Gymnasien und die Realgymnasien vermittelten. Den Beweis dafür, wie wenig diese eingeschränkte Vorbildung für das Universitätsstudium geeignet sei, liefere die Tatsache, daß viele Lehrerinnen sich nachträglich einer Reifeprüfung an einem Gymnasium unterzögen. Zum Schluß schließlich wurde sogar mit der früheren (und damals als chauvinistisch geltenden) These von der Überfüllung[301] argumentiert, da durch die Billigung des Antrages *"der Andrang zum Studium in einem Maße vergrößert"* würde, *"das in keinem Verhältnis zu der Nachfrage"* stünde.[302]

Wesentlich plausiblere Gründe für den Weg über die formale Reifeprüfung als Vorbildung wurden hingegen an anderer Stelle genannt:

---

299 Bölling, S. 96.

300 Ebd., S. 79 f., Tab. 8.

301 Siehe auch Tenorth, S. 160 f.

302 Beschlüsse des Verbandstages, S. 2.

*"1. Die Absolventinnen der Oberlyzeen können **nur die philosophische Fakultät** beziehen;*
*2. sie werden häufig von den Universitätsseminarien **ausgeschlossen**, deren Lehrgang ihre **Vorbildung nicht entspricht**;*
3. sie sind bei späterer Anstellung den Absolventinnen der Studienanstalt gegenüber im Nachteil.
*4. Es ist unerwünscht, den Frauen eine Vorbildungsmöglichkeit zu geben, die den Männern nicht zugänglich ist, da aus einer solchen **Sonderstellung** stets eine **Geringschätzung** weiblicher Leistungen abgeleitet wird"* (Hervorhebung, L.M.).

Darüberhinaus stehe die humanistische Vorbildung stärker im Einklang mit der weiblichen Wahl der Studienfächer, die in drei Viertel aller Fälle in die philosophische Fakultät führe.[303] Wie begründet die Ablehnung des sogenannten "vierten Weges" (dem Hochschulzugang über die Lehrerinnenseminare) durch die Frauen selber war, zeigte die Entscheidung der Berliner Friedrich-Wilhelms-Universität, welche die Oberlyzealabsolventinnen nur zu Vorlesungen zuließ, die für den Oberlehrerinnenberuf bestimmt waren.[304] Erst nach der erfolgreichen Ablegung einer Ergänzungsprüfung konnten die Abiturientinnen der Oberlyzeen auch andere Fächer außerhalb der Philosophischen Fakultät belegen. Begründet lag diese restriktive Handhabung der Berliner Universität in einem Erlaß des preußischen Unterrichtsministers vom 11. Oktober 1912, in dessen Absatz II. die zuvorige Nachprüfung zur Reifeprüfung festgelegt sowie der Prüfungsinhalt detailliert aufgeführt wurde, um so den Abiturientinnen von Oberlyzeen außer *"der Oberlehrerinnenlaufbahn auch andere auf akademischer Vorbildung beruhende Berufe zu erschließen"*.[305] Diese ministerielle Öffnung der Universitäten für die Oberlyzealabsolventinnen rief offene Empörung unter einer Vielzahl von studierenden Frauen hervor, die die *"mühsam errungene Gleichwertung des Männer- und Frauenstudiums"* durch die *"Massen einseitig und daher in kultureller Beziehung minderwertig vorgebildeter Studentinnen"* befürchteten.[306] Der Verein "Frauenbildung-Frauenstudium" drängte in einer Eingabe an das preußische Unterrichtsministerium dieses, den Erlaß nur als Übergangsmaßnahme gelten zu lassen und schnellstmöglich ministeriellerseits eine gleichwertige Vorbildung auch für Mädchen verbindlich festzulegen. Dem Protest war eine Erklärung beigefügt, die auf die "gefährlichen Wirkungen" des

303 Zorn, S. 2.

304 Zur Frage des vierten Weges, S. 17.

305 Zulassung von Frauen zum Studium, S. 794.

306 Herrmann, Mahnung, S. 9.

Ministererlasses hinwies und von 323 Professoren aus allen Fakultäten der zehn preußischen Universitäten unterzeichnet worden war.[307]

Die von der Kultusbehörde geschaffene Opportunität des "vierten Weges" wurde als "Danaergeschenk" bezeichnet,[308] da es nach einer Umfrage unter den Absolventinnen der Lehrerinnenseminare nur lediglich fünf Prozent von ihnen gelungen war, eine Stelle zur Ableistung der vorgeschriebenen zwei praktischen Jahre zu erhalten.[309] Nicht unberücksichtigt bleiben soll hier auch die Konkurrenzsituation unter den Frauen, die die entschiedene Ablehnung des "vierten Weges" und des davon begünstigten Zustromes weiterer potentieller Studentinnen erklärt.

Der Lehrerinnenberuf war für junge Frauen trotz der zölibatären Ausschlußklausel ungemein attraktiv, so daß für Bayern im Jahre 1912 1.099 und für Preußen im Jahre 1914 2.540 unbeschäftigte Lehrerinnen registriert wurden.[310] Die Wartezeit bis zur Festanstellung schwankte in den einzelnen Provinzen zwischen einem und sechs Jahren.[311] Aus dem hier durch gegebenen Konkurrenzdruck wird - neben dem individuellen Aufstiegswillen - deutlich, warum, unter Inanspruchnahme des sog. "vierten Weges",[312] so viele Lehrerinnen mittels eines Universitätsstudiums ihre Höherqualifikation anstrebten. Im Jahre 1912 standen den 772 auf Gymnasien, Realgymnasien und Oberrealschulen mit Reifezeugnis vorgebildeten Studentinnen an den preußischen Universitäten 787 Absolventinnen höherer Lehrerinnenseminare gegenüber.[313]

Von den 1.460 deutschen Studentinnen, die im Wintersemester 1911/12 in den Philosophischen Fakultäten der zehn preußischen Landesuniversitäten immatrikuliert waren, besaßen über die Hälfte (758 = 51,9 %) kein Reifezeugnis; zumeist handelte es sich um Lehrerinnen, die sich aufgrund eines Erlasses des preußischen Kultusministers aus dem Jahre 1895 weiterbilden, d.h. höherqualifizieren wollten.[314] Das Gros dieser Studentinnen (614) hörte in den Fächern Geschichte und den Philologien.[315] Von den 226 weiblichen Studierenden in den übrigen vier Fakultäten besaß lediglich eine Medizinstudentin kein Reifezeugnis.[316]

307 Ebd.

308 Ebd., S. 8.

309 Lange, Frauenkongreß, S. 403.

310 Hirsch, S. 67.

311 Ebd., S. 67, Anm. 1.

312 Siehe Albisetti, Berufe, S. 293.

313 Herrmann, Frau, S. 32.

314 Erlaß, Lehrerinnen, S. 400.

315 Stat. Jb. Preußen, 12. Jg. (1914), S. 438, Tab. 11a.

316 Ebd., Tab. 11b.

Die von staatlicher Seite durchaus erwünschten Nebeneffekte des "vierten Weges" lagen im finanziellen Bereich und einem erhöhten Konkurrenzdruck. Die Ausbildungskosten je Schülerin lagen in den Oberlyzeen - u.a. infolge geringerer Personalkosten - deutlich unter den Kosten der Studienanstalten. Das geringe Ansehen von nicht an Gymnasien tätigen Lehrern hielt überdies die höherbezahlten männlichen Lehrkräfte fern.[317] Die Überproduktion weiblicher Lehrkräfte wirkte sich preisregulierend und -dämpfend auf die Einkommen der Lehrerinnen aus. Die Lehrerinnen an den höheren Mädchenschulen mußten darüberhinaus vor allem mit dem sozialpsychologischen Stigma der Zweitrangigkeit kämpfen, dessen sichtbarer Ausdruck die geringere materielle Entlohnung war. Genährt wurde diese Rücksetzung zum einen aus (unbelegbaren) Vorurteilen gegenüber der weiblichen Berufstätigkeit und zum anderen aus der geringeren Qualifikation, die allerdings ihrerseits aus der deutlich schlechteren Ausbildung der Frauen herrührte.[318] Wie Judith Herrmann konstatiert, war *"der Beruf der Oberlehrerin von allen akademischen Berufen der einzige, in dem von der Frau genau die gleiche Leistung verlangt"*[319] wurde, die Männer jedoch deutlich höher bezahlt wurden. Das durchschnittliche Jahresgehalt einer vollbefähigten Lehrerin betrug im Jahre 1911 je nach Dienstalter zwischen 1.190 und 4.020 Mark (ihr Durchschnittseinkommen lag in Preußen bei 2.229 Mark). Das Jahresgehalt der seminaristisch gebildeten Lehrer (die akademisch gebildeten lagen deutlich darüber) schwankte hingegen zwischen 1.950 und 5.700 Mark und erreichte im preußischen Durchschnitt 3.750 Mark.[320] Die Lehrerinnen erreichten noch nicht einmal zwei Drittel (59,4 %) des jährlichen Durchschnittseinkommens ihrer männlichen Kollegen. Es verwundert daher nicht, wenn viele Lehrerinnen ein Studium und damit die Höherqualifizierung nicht nur aus ideellen und intellektuellen Motiven anstrebten, sondern vielfach auch aus materiellen Beweggründen; besonders in den rural geprägten östlichen Provinzen Preußens lagen die Grundgehälter häufig nur knapp über dem Existenzminimum.[321] Begründet wurde das geringere Durchschnittsgehalt mit dem sog. "Bedürfnis"-Prinzip, da die unverheiratete Lehrerin weniger Geld benötige als ein potentieller oder tatsächlicher Familienvater.[322]

Lehrerinnen unterlagen der sozialen und beruflichen Benachteiligung des Lehrerinnenzölibats, der eine Eheschließung zum automatischen Kündigungsgrund werden ließ und somit einen diskriminierenden Eingriff in das Privatleben

---

317 Albisetti, Berufe, S. 290.

318 Ebd., S. 291.

319 Herrmann, Mahnung, S. 9.

320 Preuß. Stat., Bd. 231, S. 83.

321 Für die Zeit vor der Jahrhundertwende und der Neuordnung der Besoldung siehe Blum, S. 66 ff.

322 Bölling, S. 100.

darstellte.[323] Symptomatisch für die berufliche Benachteiligung der Frauen im Lehrberuf waren auch ihre mangelnden Aufstiegschancen im Kaiserreich. Eine statistische Untersuchung in allen preußischen Städten mit über 4.000 Einwohnern im Jahre 1912 kam zu dem Ergebnis, daß lediglich vierzehn öffentliche und 96 private Schulen unter weiblicher Leitung standen. Männer hingegen leiteten 216 öffentliche und zehn private Schulen. Nicht nur im proportionalen Mißverhältnis in der weiblichen Berücksichtigung, sondern auch in ihrer exorbitanten Überrepräsentanz in den gesellschaftlich geringer geschätzten Privatschulen, spiegelt sich die Zurücksetzung der Frauen wider.[324]

16. Die Studentinnenvereine

Obgleich das Frauenstudium erst wenige Jahre offiziell zugelassen war, konstituierten sich an den Hochschulorten recht bald zahlreiche Vereinigungen studierender Frauen,[325] die zum Teil konfessionell ausgerichtet waren: z.B. Verein katholischer Studentinnen Hrotsvit in Bonn[326] oder Katholischer Studentinnen Verein Winefreda in Münster. Nicht in allen Hochschulstädten gab es wie in Bonn oder Münster (zeitweilig vier bzw. fünf Gruppierungen)[327] mehrere Vereine an einem Hochschulort. Die Mehrzahl der nicht konfessionell und nicht politisch gebundenen Frauenverbindungen waren in der Dachorganisation "Verband der Studentinnenvereine Deutschlands" (früher "Verband der Vereine studierender Frauen Deutschlands") zusammengeschlossen,[328] deren Mitgliederzeitschrift »Die Studentin« war. Ein eigenständiges Verbindungswesen war um so wichtiger, da Frauen von den meisten etablierten (männlichen) Verbindungen und Korporationen nur als Couleurdamen und schmückendes Zierwerk von Veranstaltungen, nicht aber als Mitglieder akzeptiert wurden.[329] Bereits im August 1906 fanden sich in Weimar Studentinnen der Universitäten Berlin, Bonn, Freiburg, Heidelberg und Marburg zu einer konstituierenden Kon-

---

323 Siehe die kontroverse Diskussion um das Für und Wider unter den Lehrerinnen in "Beamtinnenzölibat", S. 85 f.; siehe auch Joest/Nieswandt, S. 251 ff.

324 Zorn, S. 1.

325 Schopf, S. 42.

326 Siehe auch Bias-Engels, S. 46.

327 Die Studentin, 4. Jg., H. 4, 24. Juli 1915, Berlin, S. 43.

328 Siehe auch Strelitz, S. 58.

329 Weyrather, S. 27.

ferenz zusammen, um einen "Verband studierender Frauen Deutschlands" zu gründen.

Tabelle 4: Gesamtzahl studierender Frauen und Studentinnenvereinsgröße im WS 1912/13 und SS 1914[330]

Studen-tinnen-verein Hochschule	Wintersemester 1912/13 Gesamtzahl d Studentinnen	davon Mitglied im Studentinnenverein abs.	davon: aktiv	Altm.	Sommersemster 1914 Gesamtzahl d Studentinnen	davon Mitglied im Studentinnenverein abs.	davon: aktiv	Altm.
Berlin	904	54	50	3	802	37	27	8
Bonn	289	15	10	5		-a		
Hil.Bonnb	289	111	27	30	398	112	13	44
Breslau	150	44	?	?	193	36	11	18
Freiburgc	243	72	60	7	316	91	69	10
Göttingen	237	10	10	-	216	28d	22	4
Greifswald	83	57	36	14	77	49	8	17
Halle	81	32	19	10	93	59	38	18
Heidelberg	219	44	29	13	266	37	12	16
Jena	65	23	19	4	111	42	19	10
Kiel	40	25	19	6	100	22	21	1
Königsberg	107	43	19	11	129	21	8	4
Leipzig	129	49	45	-	200	76	46	11
Marburg	126	72	52	15	206	64	13	32
München	262	47	?	?	470	20	11	?
Münster	172	26	18	1	218	38	14	8
Rostocke	9	-	-	-	19	38	12	12
Straßburg	52	39	23	5	59	22	10	9
Tübingen	38	71	34	18	78	83	36	26

a Der Studentinnenverein Bonn trat zwischenzeitlich aus dem VStD aus; Die Studentin, 3. Jg., H. 4, 1. Mai 1914, S. 25.

b Hilaritas Bonn, ein weiterer Studentinnenverein an der Rheinischen Friedrich-Wilhelms-Universität Bonn, der Verbandsmitglied war.

c Die Zahlen für Freiburg beziehen sich auf das SS 1913; ebd., 2. Jg., H. 7, 16. Juli 1913, S. 5 f.

d Zu Beginn des SS 1914 trat der Wartburgbund Stud. Frauen Göttingen aus dem VStD aus, gleichzeitig aber wurde der Studentinnenverein Göttingen als Mitglied in den VStD auf genommen; ebd., 3. Jg., H. 4, 1. Apr. 1914, S. 17 f.

e Erst im August 1913 wurde Rostock Mitglied des VStD; ebd., 2. Jg., H. 9, 1. Okt. 1913, S. 1.

? Keine entsprechenden Angaben gemacht.

Nach der Erlangung des Immatrikulationsrechtes in allen Bundesstaaten wurde dann im Jahre 1909 der Organisationsname in »Verband der Studentinnenvereine Deutschlands« (VStD) geändert, da zuvor studierende Frauen

330 Erstellt nach: Die Studentin, 2. Jg., H. 3, 10. April 1913, S. 2 ff.; ebd., H. 4, 1. Mai 1913, S. 2 ff.; ebd.; ebd., H. 5, 1. Juni 1913, S. 5; ebd., 4. Jg., H. 1, 20. Feb. 1915, S. 5 ff.

sich nicht Studentinnen nennen durften.[331] Das Vereinsleben war überall von geselligem Beisammensein und gemeinsamen musischen und sportlichen Aktivitäten bestimmt.[332] Die einzelnen Studentinnenvereine untergliederten sich (mit variierenden Bezeichnungen) in "aktive" oder "ordentliche" und "inaktive" bzw. "außerordentliche" Mitglieder. Studentinnen, die zeitweilig an einer anderen Universität studierten, wurden als "auswärtige Mitglieder" geführt.[333] Examinierte blieben zumeist als "Altmitglieder" oder "alte Damen" den Vereinen verbunden.[334] Die Tabelle 4 gibt Aufschluß über die Mitgliederzahl der einzelnen Vereine im Wintersemester 1912/13 und im Sommersemester 1914. Nirgends war der Organisationsgrad so hoch wie in Tübingen, wo im WS 1912/13 von insgesamt 38 immatrikulierten Studentinnen 34 Mitglied des Vereins Tübinger Studentinnen waren.[335]

Auffallend ist bei der Mehrzahl der Studentinnenvereine der starke Mitgliederschwund, trotz der zum Teil (Breslau, Heidelberg, Kiel, Marburg und München) rapide angestiegenen Gesamtzahl studierender Frauen in den einzelnen Hochschulorten. Auch sank der Anteil von "aktiven" Mitgliedern, die den jeweiligen Verein durch die zahlreichen Aktivitäten eigentlich tragen. Mit Ausnahme von Kiel und Königsberg stieg in allen Vereinen die Zahl der Altmitglieder stark an; diese lebten zumeist nicht mehr am Hochschulort und konnten daher den Veranstaltungen nur selten beiwohnen. Wenn jedoch die Hälfte aller Registrierten Altmitglieder waren wie etwa in Breslau und Marburg, läßt dies Rückschlüsse auf Anziehungskraft und Aktivitäten der einzelnen Studentinnenvereine zu.[336] Für Straßburg ist noch die hohe Zahl der Studentinnen bemerkenswert, da Craig in seiner aufschlußreichen Untersuchung über die Universität Straßburg eine deutlich geringere Zahl angibt: *"beginning in 1909 women could matriculate in Strasbourg, but prior to the war the number of Alsatian women at the university never exceeded a dozen or so."*[337]

Sicherlich war, Marianne Weber folgend, ein Typenwandel bei den Studentinnen festzustellen,[338] die nun nicht mehr Kämpferinnen in einer feindseligen Umwelt, wie in den Anfangsjahren, waren. Die Jüngeren, die mit weniger An-

---

331 Strelitz, S. 58 f.

332 Siehe Otto, S. 19.

333 Siehe passim in Die Studentin, 2. Jg., H. 3, 10. April 1913; ebd., H. 4, 1. Mai 1913.

334 Siehe auch Breslauer-Schaefer, S. 17 f.

335 Semesterbericht Tübingen WS 1912/13 in Die Studentin, 2. Jg., H. 3, 10. Apr. 1913, S. 6.

336 Siehe zu dieser Problematik auch Otto, S. 20.

337 Craig, Scholarship, S. 182. Allerdings bestätigt er im Anhang (S. 357) in der Tabelle 1 mit 58 immatrikulierten Frauen für das Jahr 1913 die hier gemachten Angaben, wobei noch angemerkt sei, daß bei zahlreichen statistischen Angaben dieser Untersuchung differierende Zahlen zu konstatieren sind.

338 Siehe Weber, Typenwandel, S. 180 ff.

feindungen zu kämpfen hatten, suchten auch offensichtlich weniger die Gemeinsamkeit Gleichgesinnter als der "heroische Typus" (Weber) der Studentinnen der ersten Jahre; dieser Wandel gilt auch für das nun einsetzende bewußte Erregen studentischer Aufmerksamkeit durch auffällige Kleidung.[339]

Im Sommersemester 1915 bildete sich als weiterer Studentinnenverein die Vereinigung Gießener Studentinnen. Die dem Verein angehörenden sechzehn Frauen repräsentierten die Hälfte der weiblichen Studierenden an der Gießener Hochschule. Die Zulassung der Frauenvereinigung durch den Universitätssenat erfolgte aber nur unter der Bedingung, *"daß die Vereinigung bei der Besetzung der Aemter der Vorsitzenden und Schriftwarte im Engeren Ausschuß der Studentenschaft außer Betracht bleibt, und daß die Vereinigung sich an Festlichkeiten und Repräsentationsakten der Universität und der Studentenschaft nur soweit beteiligt, als es die Natur einer* ***Studentinnen-Vereinigung*** *gestattet."*[340] Auch an der ein Jahr zuvor gegründeten Frankfurter Universität wurde im November 1915 ebenfalls ein Studentinnenverein gegründet.[341] Bereits im Gründungssemester 1915/16 betrug die Mitgliederzahl achtzehn Personen, d.h. ungefähr ein Zehntel aller an der jungen Frankfurter Universität immatrikulierten Frauen (SS 1915: 170).[342]

17. Gesellschaftliches Leben in den Studentinnenvereinen

Rührig war auch das gemeinschaftliche Engagement der verschiedenen Studentinnenvereine. Kennzeichnend für das rege kulturelle Leben der Vereine war eine Vielzahl von Vorträgen, von zum Teil prominenten Zeitgenossen, zu den verschiedensten Themen wie z.B. "Die Frau und die Politik", "Das Wesen der Universität", "Thomas Mann" oder "Richard Wagner". Darüberhinaus bestanden noch zahlreiche gesellige Veranstaltungen und Zusammenkünfte vom gemeinsamen Musizieren und Stricken bis zum Turnen und Wandern - je nach Größe und Aktivität der einzelnen Vereine.[343] In Marburg an der Lahn beispielsweise bestanden neben einer Musik- und einer Turngruppe, auch Zirkel, die sich mit

---

339 Ebd., S. 193 f.

340 Bericht über das erste Semester, S. 50; (Hervorhebung im Original).

341 Semesterbericht WS 1915/16 des Studentinnenvereins Frankfurt/M. in Die Studentin, 5. Jg., H. 4, 6. Mai 1916, Berlin, S. 31.

342 Stat. Jb. Deutsches Reich, 40. Jg. (1919), S. 193.

343 Siehe passim und Die Studentin, 2. Jg., H. 4, 1. Mai 1913.

philosophischen und biblischen Texten befaßten. Gemeinsame Theater- und Konzertbesuche rundeten das Veranstaltungsprogramm allerorts ab. Die meisten Studentinnenvereine besaßen eigene Vereinszimmer, die durch die entsprechende Möbilierung "Klubraumcharakter" hatten.

In München war es den Mitgliedern darüberhinaus möglich, sich in einem bei Rosenheim gelegenen Erholungsheim von den Strapazen des Studiums zu erholen, da der "Verein studierender Frauen München" mit dem Landhausbesitzer Vorzugspreise vereinbart hatte. Im Zimmertagespreis von drei Mark war die Verpflegung (erstes und zweites Frühstück, Mittagessen mit Kaffee und ein Abendessen) eingeschlossen. Die einfache Bahnfahrt München-Rosenheim kostete siebzig Pfennig.[344]

Daß die Akzeptanz studierender Frauen auch noch Jahre nach ihrer offiziellen Zulassung zu den Universitäten nicht in allen Kreisen der männlichen Studentenschaft vollständig erreicht war, zeigten die Rücksetzungen sowie Schwierigkeiten der Studentinnen um ihre angemessene Beteiligung an der akademischen Gerhart-Hauptmann-Feier durch die studentische Jugend in Berlin am 16. Dezember 1912.[345]

Aber auch die Respektierung der Frauenvereinigungen durch die etablierten männlichen Korporationen war nicht überall gegeben. Während beispielsweise in Bonn, Breslau, Königsberg, Leipzig und Münster die Studentinnenvereine aktiv am akademischen Leben und den allgemeinen Veranstaltungen teilhaben konnten,[346] wurde in Tübingen, dem im Juli 1910 gegründeten Verein Tübinger Studentinnen,[347] die Aufnahme in den "Ausschuß der vereinigten Korporationen Tübingen" verweigert. Begründet lag diese Ablehnung sicherlich auch in der fehlenden Bereitschaft der Frauen durch Chargieren[348] und sonstiges öffentliches Auftreten bei Fackelzügen, Beerdigungen und dergleichen **aktiv** am studentischen Korporationsleben der württembergischen Landesuniversität teilzunehmen.[349]

War noch in den ersten Kriegsmonaten die Berichterstattung der »Studentin« auf den Weltkrieg und die möglichen Hilfsleistungen der Frauen gerichtet,[350] so

---

344 Plotho, S. 2.

345 Kussel, S. 2 f.

346 Siehe die entsprechenden Semesterberichte in Die Studentin, 2. Jg., H. 3, 10. Apr. 1913, S. 3 u. S. 6; ebd., H. 4, 1. Mai 1913, S. 3 u. S. 6; ebd., H. 6, 1. Juli 1913, S. 7.

347 Rupp, S. 374.

348 Chargierter: Amt in den studentischen Verbindungen. Der erste Chargierte fungierte als Sprecher der Verbindung, der zweite zumeist als Fechtwart und der dritte als Schriftführer; Fläschendräger et al., S. 270.

349 Die Studentin, 2. Jg., H. 3, 10. Apr. 1913, S. 6.

350 Siehe hierzu ausführlich Boyd, S. 113 ff.

war ein Jahr später, im Sommersemester 1915, davon nichts mehr zu spüren. In den Semesterberichten der einzelnen Verbandsvereine war nun wieder - wie in früheren Jahren - von Ausflügen in die Umgebung und geselligem Beisammensein oder sportlicher Ertüchtigung bei Turnen, Tennis oder Rudern die Rede.[351] Lediglich ein Bericht über die Heimkehr der Zivilbevölkerung nach Ostpreußen, nach der Masurenschlacht im September 1914[352], läßt die Grauen des Krieges und das Ausmaß der Zerstörungen erahnen, die die Berichterstatterin in den Worten: *"All Ihr Studentinnen, die Ihr Zeit und Lust und Freude an 'geselligen Zusammenkünften' findet, wißt Ihr denn überhaupt, was der Krieg Grausames bringen kann"*,[353] plastisch ausdrückte. Der Studentinnenverein Jena folgte einer Anregung des Prorektors der Universität Jena und verschickte zum Weihnachtsfest 1914 fast 1.000 mit Schokolade, Zigaretten und Lebkuchen gefüllte Päckchen[354] an die männlichen Kommilitonen, die im Felde standen. Finanziert wurde diese Aktion durch eine vorangegangene Spendensammlung der Studentinnen unter den Universitätsangehörigen.[355] In Straßburg, wo die Universität in ein Lazarett und das Studentinnenzimmer in einen Operationsraum umgewandelt worden war, erfreuten die Frauen die verwundeten Soldaten mit einer Nikolausfeier. Außerdem arbeiteten viele Studentinnen im Lazarett, der Verwaltung oder der Küche.[356] Einen anschaulichen Einblick in die Arbeit bietet der Bericht einer Studentin, die acht Monate in einem Hospital als Pflegerin tätig gewesen war.[357]

Andere Kommilitoninnen betätigten sich eifrig im "Ausschuß der Studentinnen für vaterländische Arbeit",[358] wo u.a. durch gemeinsame Strickabende die Versorgung der Soldaten mit warmer Wäsche betrieben wurde.[359] Obgleich es zynisch klingen mag, läßt sich hierzu noch anmerken, daß diese Frauen wieder freiwillig zu ihren "wesenseigenen" Aufgaben zurückkehrten, unter Außerachtlassung der pazifistischen Traditionen der Frauenbewegung.[360] Erst im November 1916, mit dem Wunsch der Frauen nach Ausdehnung des Zivildienstgesetzes

---

351 Siehe u.a. die Semesterberichte der Studentinnenvereine in Göttingen, Greifswald und Halle in ebd., 4. Jg., H. 7, 17. Dez. 1915, Berlin, S. 65 f.

352 Siehe dazu Ploetz, S. 62.

353 Skwarra, S. 64; Hervorhebung im Original.

354 Für ähnliche Aktionen in Göttingen und Halle siehe: Die Studentin, 4. Jg., H. 3, 5. Juli 1915, Berlin, S. 32.

355 Ebd., 4. Jg., H. 1, 20. Feb. 1915, Berlin, S. 12.

356 Ebd., S. 3; Ebd., H. 3, 5. Juli 1915, Berlin, S. 34.

357 Peters, Leichtverwundete, S. 21 ff.

358 Siehe auch den Aufruf zur Sammlung einer Kriegsspende "Deutscher Frauendank 1915" in Die Studentin, 4. Jg., H. 5, 1. Nov. 1915, Berlin, S. 46.

359 Ebd., 4. Jg., H. 3, 5. Juli 1915, Berlin, S. 30 u. S. 32.

360 Siehe auch Schlüter, Wissenschaft, S. 246 f.

auf die Studentinnen, wurde der Weltkrieg innerhalb der »Studentin« wieder stärker ins Bewußtsein der Leserinnen gerückt,[361] die dann im Frühjahr 1917 zur freiwilligen Meldung zum Vaterländischen Hilfsdienst aufgefordert wurden.[362] Und im Herbst 1917, mit Aufrufen zur Munitionsarbeit[363] und Berichten über den studentischen Hilfsdienst[364] wird der Erste Weltkrieg und die verschlechternde Kriegslage in der »Studentin«, dem Mitteilungsblatt des Verbandes der Studentinnenvereine, wieder in den Vordergrund gestellt.

In der »Studentin« wurde in den Kriegsjahren auch beredt das "weibliche Strebertum" beklagt, das ohne nach rechts und links zu sehen, sich ausschließlich auf das Studium konzentriere. Unter dem permanenten "keine Zeit haben" leide nicht nur die eigene Charakter- und Persönlichkeitsbildung, sondern auch die Beschäftigung mit den politischen, gesellschaftlichen und sozialen Fragen der Zeit.[365] Statt sich auch dem Diskurs der Theorien und Programme der Frauenbewegung (und dem Frauenwahlrecht) zu stellen, konzentrierten sich die Studentinnen lieber auf ihre Lebensziele um später im erwählten Beruf Erfolg zu haben.[366] Daß dieses Verhalten "etwas undankbar" war, da die weibliche Jugend es den Vorkämpferinnen der Frauenbewegung zu verdanken hatte, daß sie überhaupt studieren durften, war nur ein wichtiger Gesichtspunkt.[367] Ein zweiter wesentlicher Kritikpunkt war der durch dieses Verhalten der Frauenbewegung entgehende akademisch gebildete Nachwuchs,[368] d.h. der Teil der Frauen, die durch Bildung und Kompetenz so dringend benötigt wurden,[369] um die noch ausstehenden emanzipatorischen Ziele und Forderungen (z.B. Frauenwahlrecht) zu erlangen. Überdies seien alle Frauen denen der Staat *"die höchsten Bildungsmittel zur Verfügung"* stelle, zu einer aktiven Teilnahme am öffentlichen Leben dieses Staates "gerade verpflichtet".[370]

Für Marianne Weber war dieses engstirnige Verhalten aufgrund der Besonderheit des Frauenstudiums erklärlich: im Familienbudget waren die Aufwendungen für ein Studium der weiblichen Nachkommen meist nicht vorgesehen und darum ein einschneidendes materielles Opfer. Die Studienzeit war *"deshalb*

---

361 Die Studentin, 5. Jg., H. 9, 12. Dez. 1916, Berlin, S. 65 f.

362 Ebd., 6. Jg., H. 1, 12. Feb. 1917, Berlin, S. 1.

363 Ebd., 6. Jg., H. 6, 3. Okt. 1917, Berlin, S. 33.

364 Corßen, S. 44 f.; Neumann, Munitionsarbeit, S. 47; Vowinkel, 43 f.

365 Neumann, Fachstudium, S. 16.

366 Gabriele Reuter zit. in Soltmann, S. 35.

367 Vgl. Jacobi, S. 12, die für mehr "Weiblichkeit" im Kampf der Frauenbewegung plädierte.

368 Venghaus, S. 45 f.; Siehe auch Weber, Typenwandel, S. 188.

369 Soltmann, S. 35.

370 Ebd., S. 36.

eine Gnadenfrist, die man aufs gewissenhafteste ausnützen mußte."[371] Deshalb wurde schnurgerade auf das Examen hin studiert, da die meisten Frauen sich verpflichtet fühlten, dieses Ziel in möglichst kurzer Zeit zu erreichen. Der Aneignung einer vielfältigen Allgemeinbildung konnte daher, ebenso wie der Beschäftigung mit den nicht zum engeren Studienfach gehörenden Wissensinhalten, keine Zeit geschenkt werden, so daß das Studium zum Brotstudium degradiert wurde[372] und die allseitige Bildungs- und Persönlichkeitsentwicklung vernachlässigt wurde. *"Denn die meisten hatten eben in jeder Hinsicht einzuteilen: Geld, Zeit, Gesundheit und Aufnahmefähigkeit."*[373]

Auch für die Vorsitzende des Studentinnenvereins Jena war klar, daß aufgrund der "überstürzten und ungenügenden Vorbildung" viele Studentinnen glaubten, ihre Kraft und Zeit konzentrieren zu müssen: entweder auf das Studium/Beruf **oder** die *"an und für sich berechtigten Interessen auf anderen Gebieten"*.[374] Die Lösung dieses Problems müsse jede einzelne Studentin für sich selbst entscheiden, unter Berücksichtigung ihrer geistigen Begabung, ihrer körperlichen Kräfte und der ihr zur Verfügung stehenden finanziellen Mittel. Die meisten würden in diesem Konflikt wohl dem Beruf den Vorrang einräumen, um *"durch die Hingabe ihrer ganzen Persönlichkeit an dieser einen Stelle etwas Abgerundetes, Wertvolles zu leisten."*[375] Andere Studentinnen hingegen konzedierten, daß die Teilnahme an der Frauenbewegung unbedingt notwendig sei, um *"gegenseitig von einander zu lernen und im Zusammenschluß Stütze und Rückhalt zu finden."*[376]

Die Studentinnenvereine wurden im nationalsozialistischen Deutschland entweder verboten, oder lösten sich selbst "freiwillig" auf.[377]

371 Weber, Typenwandel, S. 185.

372 Neumann, Fachstudium, S. 17.

373 Weber, Typenwandel, S. 185.

374 Zeitschel, S. 43.

375 Ebd.

376 Venghaus, S. 45.

377 Siehe Rupp, S. 374, am Beispiel von Tübingen.

18. Wohnverhältnisse der Studentinnen

Eine Umfrage des Verbandes der Studentinnenvereine Deutschlands unter den zwanzig Mitgliedsvereinen über die Wohnverhältnisse der Studentinnen im Sommersemester 1913 zeigte die Mängel der Unterkünfte ebenso auf, wie die diversen Wünschen der studierenden Frauen an ihre Unterbringung. Der Preis für ein Zimmer schwankte, nicht nur je nach Ausstattung, sondern auch nach dem Hochschulort, von sechzehn (Jena) bzw. achtzehn Mark (Greifswald, Leipzig, Straßburg) bis zu fünfzig (Bonn) oder gar sechzig Mark (Heidelberg). Größtenteils war in der Miete das Frühstück enthalten; anderenfalls waren wie in Freiburg, München und Straßburg und Tübingen nochmals zwischen sechs bis zehn Mark monatlich hinzuzurechnen.[378] Darüberhinaus waren für Beleuchtung und Heizung zusätzlich zwei bis acht Mark je nach Verbrauch und Hochschulort zu entrichten.

Hervorstechender Mangel (außer in Berlin und Leipzig) war in fast allen Universitätsstädten das Fehlen eines Bades im Haus.[379] Das Ausweichen auf die zum Teil als sehr gut bezeichneten städtischen Badeanstalten konnte hierfür keinen "gleichwertigen Ersatz" bieten.[380] Mit Ausnahme der Reichshauptstadt lagen in allen Hochschulorten die Quartiere in bequemer Nähe zur Universität. In Berlin waren die Frauen zu einem Weg von über einer halben Stunde gezwungen, da, wie es in der »Studentin« hieß, die Quartiere im Universitätsviertel wegen der zahlreichen Nachtclubs im Umkreis und "wegen der Mißdeutung" (Prostitution),[381] der jede in diesem Viertel wohnende Frau ausgesetzt war, zu meiden waren. Bevorzugt wurden von den Studentinnen Einzelzimmer oder (sofern vorhanden) Plätze in Wohnheimen, da in Pensionen die Gäste häufig wechselten, mit denen man sich unterhalten mußte[382] und *"die Neugierde, mit der die 'Emanzipierte' leider noch vielfach betrachtet"* wurde,[383] die äußere Atmosphäre beeinträchtigte. Durch Aufstellung von Wohnungs- und Zimmerlisten unterstützten die einzelnen Studentinnenvereine aktiv das Bemühen ihrer Mitglieder um eine angemessene Unterkunft.[384]

---

378 Siehe dazu die Tabelle in Velsen, Wohnungsverhältnisse, S. 2 f.

379 Siehe auch Irmer, S. 10.

380 Velsen, Wohnungsverhältnisse, S. 3.

381 Siehe auch Meyer-Renschhausen, S. 84 u. S. 99, Anm. 22.

382 Irmer, S. 11.

383 Velsen, Wohnungsverhältnisse, S. 3.

384 Kurznotiz in Die Studentin, 3. Jg., H. 8, 31. Juli 1914, Berlin, S. 65. Siehe Irmer, S. 11 für Halle, wo eine Wohnungsliste mit ungefähr siebzig überprüften Unterkünften vorhanden war.

Im Juni 1914 wurde in Berlin-Charlottenburg ein aus 96 Einzelzimmern bestehendes Studentinnenhaus eröffnet. Zur modernen, Modellcharakter besitzenden Ausstattung gehörten - neben Fahrstuhl, Zentralheizung und Warmwasserversorgung - Arbeits- und Versammlungsräume, eine Bibliothek, eine Turnhalle, ein Saal mit Bühne sowie ein großer Garten mit Tennisplätzen. Der Zimmerpreis betrug je nach Lage und Größe zwischen dreißig und sechzig Mark monatlich.[385]

385 Fleer, S. 38.

III. Die Zeit der Weimarer Republik (1919 - 1932)

1. Entwicklung der Studierendenzahlen

Für die Entwicklung der **allgemeinen Studierendenzahlen** von 1907 bis 1931 sind - Schwarz folgend[1] - fünf Perioden zu unterscheiden:
1. **Vorkriegszeit 1907-1914**: langsame aber stetige Zunahme, die begründet liegt in den jährlich um zwei bis fünf Prozent zunehmenden Hochschulbesuchszahlen;
2. **Kriegsjahre 1914-1918**: starke, durch den Weltkrieg bedingte Abnahme, deren Höhepunkt im Jahre 1916 lag;
3. **Inflationsjahre 1919-1923**: deutlich erhöhter Anstieg um rund vierzig Prozent gegenüber dem letzten Vorkriegsjahr. Trotz der territorialen Gebietsverluste und der Verringerung der Ausbildungsstätten (Wegfall von Straßburg) stieg die Zahl der Studierenden durch den gleichzeitigen Zustrom von vier durch den Kriegsdienst verhinderten, wenn auch stark dezimierten Jahrgängen deutlich an:
4. **Stabilisierungsjahre 1924-1925**: plötzliche Abnahme durch den gleichzeitigen Abgang mehrerer Studierendenjahrgänge (vor allem der Kriegsteilnehmer) nach Beendigung des Studiums. Darüberhinaus kam es zu einer hohen Zahl von Studienabbrüchen durch Studierende, die in den vorangegangenen Inflationsjahren geglaubt hatten, durch ein Hochschulstudium ihre beruflichen Chancen zu verbessern, und die nun, nach der wirtschaftlichen und gesellschaftlichen Stabilisierung,[2] auch ohne akademische Ausbildung auf dem Arbeitsmarkt unterkommen konnten. Hier lag eine Doppelwirkung der Verarmung von herkömmlichen gesellschaftlichen Rekrutierungskreisen einerseits und der zunehmenden Attraktivität der außerakademischen Berufsfelder andererseits vor,[3] die den massiven Rückgang bedingte.
5. **Jahre des Wiederaufschwungs 1926-1931**: der volkswirtschaftlichen Konsolidierung folgte mit zeitlicher Verzögerung die konstante Zunahme der Stu-

---

1 Schwarz, S. 413 f.

2 Siehe Schwabe, S. 104 ff.

3 Prahl, S. 306. Für die vergleichbare Situation auf dem Arbeitsmarkt und der mangelnden Attraktivität eines Hochschulstudiums Anfang der 1980er Jahre siehe Kistler, S. 398; Turner, S. 16 ff.

dierendenziffern, die - nach überdurchschnittlichen Steigerungsraten - im Jahre 1931 einen neuen Höchststand erreichten.[4]

Auf diesen erneuten Anstieg, der im Sommersemester 1931 über 19.000 Studentinnen (von insgesamt 104.000 Studierenden) an die Universitäten des Deutschen Reiches gebracht hatte, begann ein erneuter Abstieg, der - wie Pauwels vollkommen zurecht betont[5] - bei der Bewertung der wenige Jahre später erfolgenden Restriktionsmaßnahmen des Nationalsozialismus mitberücksichtigt werden muß. Denn viele Frauen reagierten überaus sensibel auf die wirtschaftlichen Schwierigkeiten der ausgehenden Weimarer Republik und verließen die Hochschulen bzw. nahmen überhaupt kein Hochschulstudium mehr auf, noch **bevor** sie von den Quotenregelungen der NS-Diktatur weitgehend vom Studium ausgeschlossen wurden.

Für das **Frauenstudium** in der Weimarer Republik **im besonderen** lassen sich zwei Phasen deutlich erkennen. In der Periode 1919-25 wurde die Frequenz der Universitäten durch das Frauenstudium nur wenig beeinflußt[6] und hatte keine numerische Ausweitung, sondern lediglich eine prozentuale Steigerung erfahren: im Sommer 1919 studierten 8.216 (= 9,2 %) Frauen, im Sommer 1925 hingegen waren es 6.128 (= 11,1 %) aller Studierenden. Besonders im Jahre 1923 war ein Rückschlag für das Frauenstudium erkennbar, der durch die Wirtschaftskrise ausgelöst wurde. Doch schon im Wintersemester 1924/25, d.h. ein Semester vor den Männern, begann ein neuer Aufwärtstrend,[7] der vor allem aus dem großen Nachholbedarf der Frauen an der Hochschulbildung gespeist wurde.

In der zweiten Phase zwischen den Jahren 1925 und 1932 hatte das Frauenstudium sehr wohl einen deutlichen signifikanten Einfluß auf die Frequenzströme der Hochschulen.[8] So studierten im Sommer 1931 über 19.000 Frauen (= 18,7 % aller Studierenden). Während sich zwischen 1925 und 1931 die Gesamtzahl der Studierenden noch nicht einmal verdoppelt hatte, hatte sich in dieser kurzen Zeitspanne von sechs Jahren die absolute Zahl der Studentinnen verdreifacht; besonders am sprunghaften Anstieg der Studierendenziffern zwischen 1927 und 1931 waren die Frauen überproportional beteiligt. Die Gesamtzahl der Immatrikulationen stieg zwischen Sommer 1925 und Sommer 1931 von 55.121 auf 99.432 an. Der Anstieg um 44.311 Studierende beruhte mit

4 Prahl, S. 306.

5 Pauwels, S. 36 ff.

6 Petzina/Abelshauser/Faust, S. 144; Prahl, S. 307.

7 Keller, S. IX.

8 Jarausch, Studenten, S. 132; Kater, Studentenschaft, S. 68.

12.404 (= 28 %) überaus deutlich auf dem Zugang von Studentinnen, deren Gesamtzahl in diesen Jahren von 6.128 auf 18.532 hochschnellte.[9]

Nachhaltiger als die schematische Auflistung der Studierendenziffern verdeutlicht die vom Preußischen Statistischen Landesamt berechnete Tabelle über das Frauenstudium in Preußen vor und nach dem ersten Weltkrieg,[10] die stürmische Entwicklung der Studierendenzahlen, speziell der weiblichen. Allerdings muß beachtet werden, daß auch im Wintersemester 1932/33 mit 10.104 Studentinnen nur ein Fünftel der 50.682 Studierenden dieses Semesters in Preußen weiblich waren.

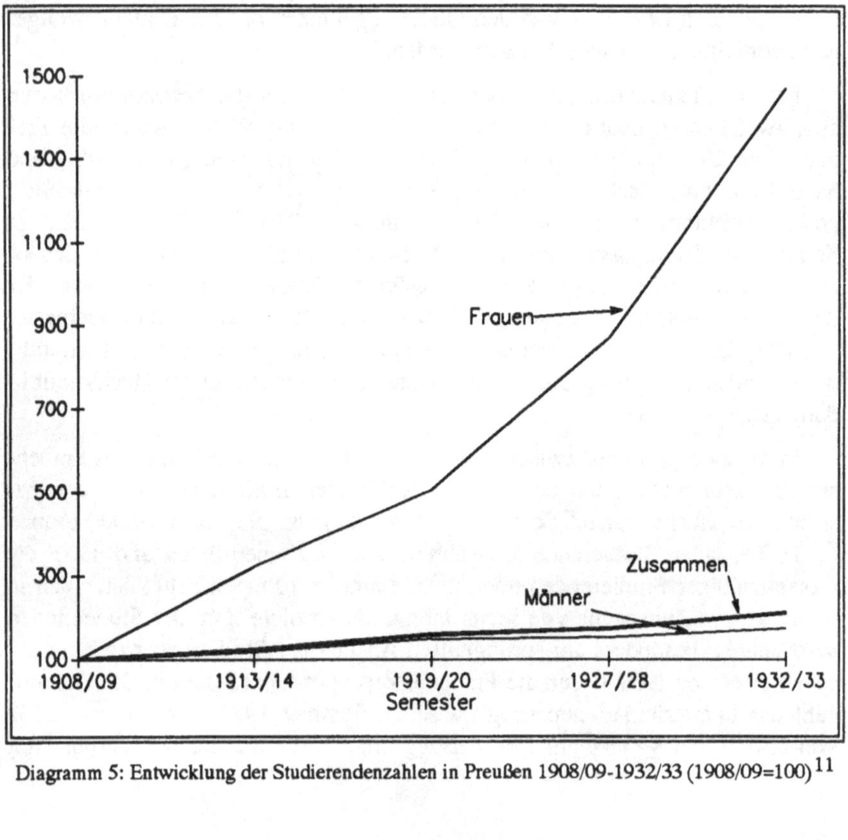

Diagramm 5: Entwicklung der Studierendenzahlen in Preußen 1908/09-1932/33 (1908/09=100)[11]

9 Titze, Hochschulstudium, S. 43, Tab. 6. Nur Studierende mit deutscher Staatsangehörigkeit.

10 Berechnungen des Preuß. Stat. Landesamtes bis 19127/28; 1932/33 eigene Berechnung.

11 Berechnet nach Preuß. Hochschulstatistik, WS 1927/28, S. IX; Deut. Hochschulstatistik, WS 1932/33, S. 38.

2. Lebens- und Studienalter

Die in der "Deutschen Hochschulstatistik, Sommerhalbjahr 1928" vorhandenen Übersichten[12] bezüglich des Lebens- und Studienalters der Immatrikulierten enthüllen bei genauerer Betrachtung einige geschlechtsspezifische Abweichungen. Deutlich weniger Frauen als Männer waren (prozentual) jünger als achtzehn Jahre, unter den 25-30jährigen sowie den über Dreißigjährigen war hingegen der Frauenanteil um ein Viertel höher. Betrachtet man diese beiden Altersgruppen zusammen, so war weniger als ein Sechstel der studierenden Männer, aber über ein Fünftel der immatrikulierten Frauen älter als 25 Jahre.

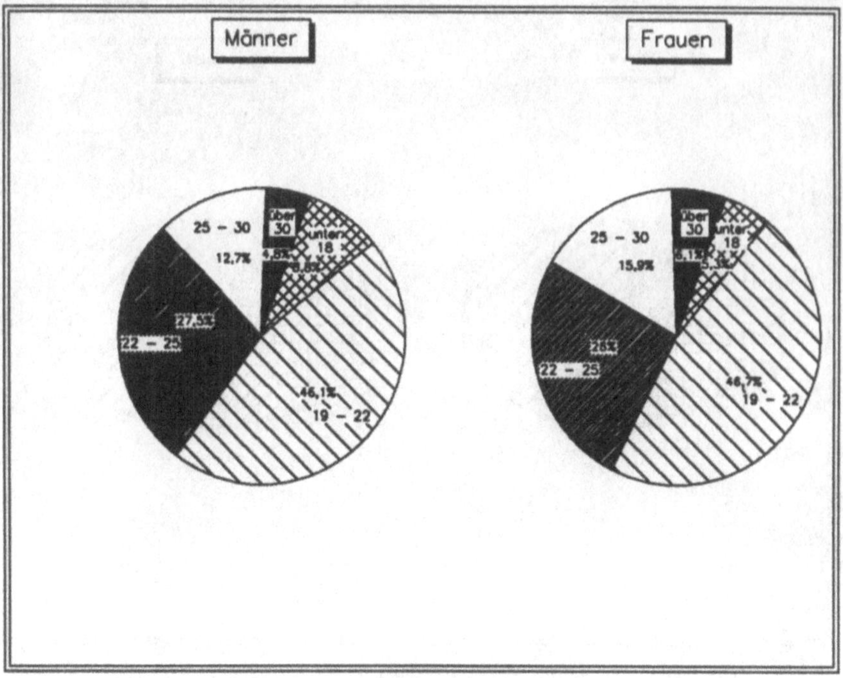

Diagramm 6: Lebensalter der Studierenden im Sommersemester 1928 nach Geschlecht differenziert[13]

12 Leider fehlen in den späteren Jahrgängen die Übersichten zum "Lebensalter" der Studierenden, so daß dieser Vergleich nicht bis in die 1930er Jahre fortgeführt werden kann.

13 Erstellt nach Deut. Hochschulstat., Bd. 1 (Sommer 1928), S. 4.

Daraus nun zu folgern, daß die Frauen auch im Studienalter, d.h. der Semesterzahl durchschnittlich älter gewesen sind, wäre falsch. Im Gegenteil: sechzig Prozent aller Frauen befanden sich im Grundstudium (1.-4. Semester), gegenüber 52 % der Männer. Erstsemester waren weniger als ein Viertel (24,1 %) aller Männer, aber fast ein Drittel (31,7 %) der studierenden Frauen. Oberhalb der allgemeinen Regelstudienzeit, d.h. hier neun und mehr Semester, sind fast ein Achtel (11,8 %) aller immatrikulierten Männer vertreten, gegenüber nur einem Zehntel (10,4 %) der studierenden Frauen. Hier zeigt sich deutlich, daß die Frauen in einem höheren Durchschnittsalter ein Studium aufnahmen als die männlichen Studierenden.

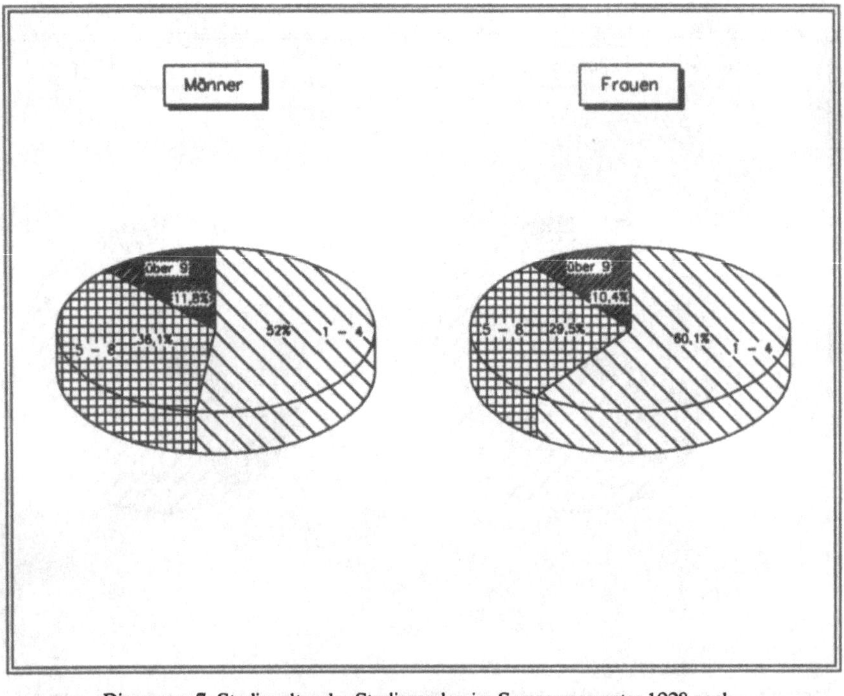

Diagramm 7: Studienalter der Studierenden im Sommersemester 1928 nach Geschlecht differenziert[14]

Wird die Kategorie "Lebensalter" der Studentinnen nach den Studienfächern differenziert, zeigen sich deutliche Unterschiede zwischen den naturwissenschaftlichen und den geisteswissenschaftlichen Disziplinen (siehe Diagramm 8).

14 Erstellt nach Deut. Hochschulstat., Bd. 1 (Sommer 1928), S. 4.

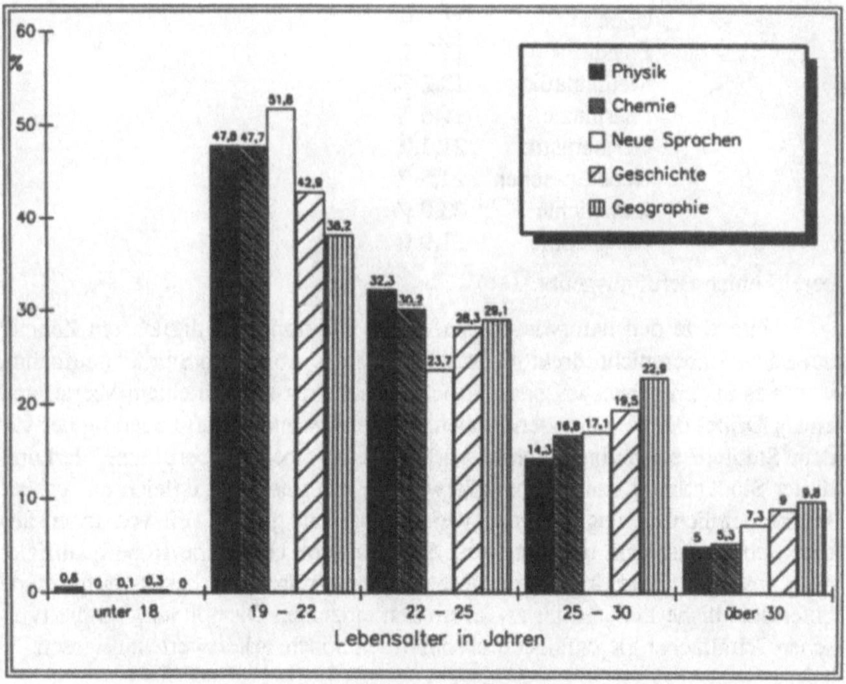

Diagramm 8: Altersmäßige Verteilung der Studentinnen im Sommer 1928 nach Studienfächern (in %)[15]

Die hier erkennbaren Differenzen scheinen mit einer vor dem Studium ausgeübten Tätigkeit in Relation zu stehen (siehe unten). Betrug der Frauenanteil[16] an der Gesamtzahl der Studierenden beim Lebensalter 14,5 % und beim Studienalter 14,4 %, so beträgt der Anteil der Frauen an denjenigen Personen, die vor dem Studium bereits einen Beruf ausgeübt haben 15,5 %, d.h. prozentual mehr Frauen als es ihrem Anteil an den übrigen Gruppen entspräche, waren vor dem Studium bereits beruflich tätig. Werden die vor dem Studium beruflich tätigen Personen nun geschlechtsdifferenziert in Relation gesetzt zur absoluten Zahl der Studierenden ihres Geschlechts, so haben 17,8 % aller Frauen gegenüber lediglich 16,5 % der Männer vor dem Studium gearbeitet. Nach Studienfächern untergliedert, hatten von den Studentinnen in

---

15 Erstellt nach Deut. Hochschulstat., Bd. 1 (Sommer 1928), S. 6 f.

16 Die geringfügige Differenz zwischen den prozentualen Angaben bei "Lebensalter" und "Studienalter" basiert auf den unterschiedlich hohen verfügbaren absoluten Angaben für die Frauen, da hier die Rubrik "unbekannt" jeweils unberücksichtigt blieb.

Chemie	11,0 %
Physik	11,7 %
Mathematik	13,2 %
Pharmazie	17,6 %
Germanistik	21,2 %
Neue Sprachen	22,5 %
Geschichte	23,0 %
Geographie	31,9 %

bereits einen Beruf ausgeübt.[17]

Während in den naturwissenschaftlichen Disziplinen lediglich ein Zehntel der Studentinnen nicht direkt im Anschluß an das Abitur ein Studium aufnahm, waren es in den geisteswissenschaftlichen Fächern zwischen einem Viertel und einem Drittel der studierenden Frauen. Da keine weitere Aufgliederung der vor dem Studium ausgeübten Berufe vorliegt, kann über die berufliche Herkunft dieser Studentinnen nur gemutmaßt werden. Aber es darf zugleich mit großer Wahrscheinlichkeit angenommen werden, daß ein großer Teil von ihnen aus dem Schuldienst kam und durch ein Studium eine berufliche Höherqualifizierung anstrebte. Bekräftigt wird diese Annahme durch das bereits aufgezeigte unterschiedliche Lebensalter zwischen den einzelnen Disziplinen, wo die typischen Schulfächer gleichfalls durchschnittlich höhere Alterswerte aufwiesen.

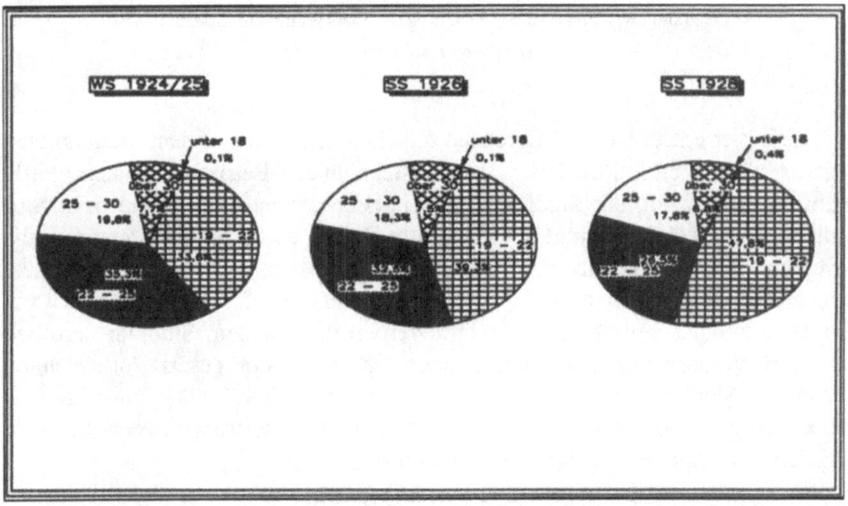

Diagramm 9: Altersstruktur der Studentinnen an preußischen Universitäten in den Jahren 1924/25 bis 1928 (in %)[18]

17 Deut. Hochschulstat., Bd. 1 (Sommer 1928), S. 22 f.

18 Berechnet nach Titze, Hochschulstudium, S. 204, Tab. 93.

Auch in dem von Hartmut Titze bearbeiteten »Datenhandbuch zur deutschen Bildungsgeschichte, Bd. I: Hochschulen« sind Altersangaben lediglich für die an den **preußischen** Universitäten studierenden Frauen in den Jahren 1924/25 bis 1928 enthalten. Zumindest für Preußen läßt sich daher zeigen, daß das historisch bedingte, überproportional hohe Durchschnittsalter der Studentinnen im Zeitverlauf sinkt.

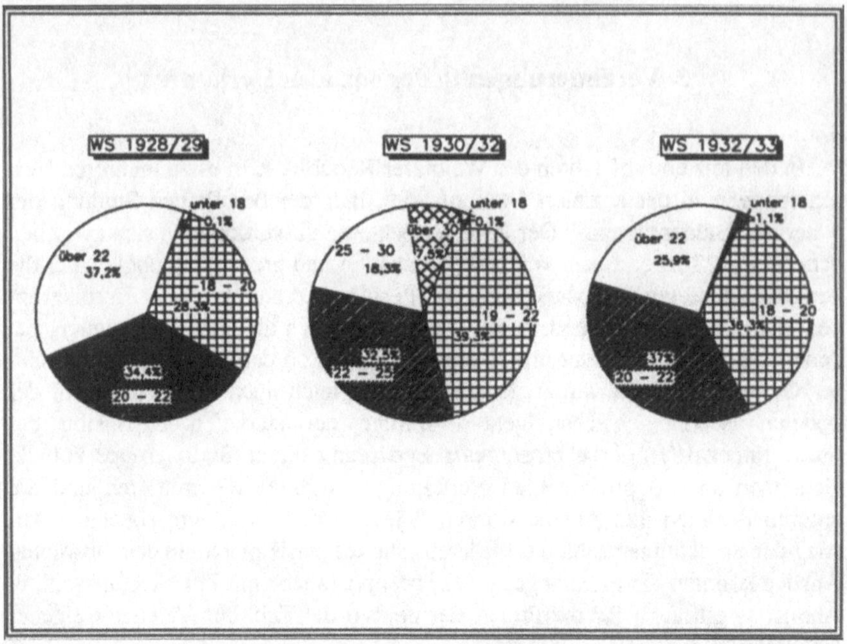

Diagramm 10: Altersstruktur der Studentinnen an den Universitäten des Deutschen Reiches in den Jahren 1928/29 bis 1932/33 (in %)[19]

Besonders die Gruppe der 19-22jährigen Studentinnen vergrößerte sich rasch. Nur geringfügig sinkt der Anteil über dreißigjährigen Frauen; ein Indiz für den oben bereits erwähnten Zugang zur Hochschule von bereits berufstätig gewesenen Personen. Für das Deutsche Reich lassen sich lediglich aufgrund der in den "Deutschen Hochschulstatistiken" enthaltenen Altersangaben über die Erstsemester noch weiter Erkenntnisse gewinnen. Da entsprechende Differenzierungen dort fehlen, kann die dort angegebene Kategorie der über 22jährigen nicht, wie im vorhergehenden, in über 25jährige bzw. über 30jährige untergliе-

19 Erstellt nach Deut. Hochschulstat., Bd. 2 (1928/29), S. 4; Bd. 6 (1930/31), S. 4; Bd. 10 (1932/33), S. 4.

dert werden; jedoch läßt sich ungeachtet dessen ein kontinuierliches Absinken von älteren Frauen unter den Studienanfängerinnen konstatieren, was wiederum der tendenziellen Entwicklung der Altersstruktur der berücksichtigten Studentinnen an den preußischen Universitäten entspricht.

3. Veränderungen in der sozialen Herkunft

In den letzten fünf Jahren der Weimarer Republik kam es zu mehreren Verschiebungen in der sozialen Herkunft, d.h. hier der beruflichen Stellung der Väter von Studentinnen.[20] Der Arbeitertöchteranteil verdoppelte sich zwischen dem WS 1928/29 und dem WS 1932/33 absolut und prozentual, obgleich er die verschwindend geringe Marke von 206 Personen, d.h. 1,3 % aller Berufsgruppen nicht überstieg. Besondere Beachtung verdienen die höheren Beamten, bei denen der Anteil der Väter mit Hochschulbildung an der Grundgesamtheit dieser Gruppe von 88 % auf 91 % ansteigt. Obgleich auch die Gesamtzahl der höheren Beamten wächst, geht - infolge der stärkeren Expansion der Studentinnenziffern - die prozentuale Bedeutung dieser Berufsgruppe zurück. Gemessen an den prozentualen Verteilungen konnten die mittleren und die unteren Beamten ihre Anteile wahren,[21] jedoch nicht von dem absoluten Anstieg der Studentinnenzahlen profitieren. Stärker partizipieren an dem absoluten Anstieg konnten die Privatangestellten; besonders jene mit Hochschulabschluß. Ähnliches gilt auch für die Freien Berufe, wo die Zahl der Väter mit eigener Hochschulbildung stark anstieg.

Einen bemerkenswerten Rückgang - sowohl absolut als auch prozentual - hatte die Teilgruppe der Handel- und Gewerbetreibenden mit akademischen Abschluß zu verzeichnen. Während die Gesamtheit der Handel- und Gewerbetreibenden gegenüber dem WS 1928/29 mit 29,6 % zwar den geringsten Anstieg aller Berufsgruppen zu verzeichnen hatte, war unter den Kaufleuten mit eigener Hochschulbildung als einziger Sparte ein reales Minus von 1,7 % zu verzeichnen. Es scheint so, als hätten - außer den Vätern, die bereits selbst über einen Hochschulabschluß verfügen - vor allem die Privatangestellten, die Landwirte und die freiberuflich Tätigen die Bedeutung der weiblichen Hochschulbildung erkannt; für die Arbeiterschaft war dies - aus finanziellen Gründen - nur eingeschränkt möglich.

---

20 Siehe auch Jansen, S. 464 ff.

21 Vgl. für die Studierenden an bayerischen Universitäten ebd., S. 462.

Tabelle 5: Soziale Herkunft der Studentinnen an den deutschen Universitäten nach ausgewählten Väterberufen am Ausgang der Weimarer Republik (WS 1928/29 - WS 1932/33)[22]

Beruf/ Berufsstellung	WS 1928/29 abs.	in %	WS 1932/33 abs.	in %	Anstieg (1928/29 = 100)
Höhere Beamte	2.608	22,5	3.438	20,9	131,8
- davon mit Hochschulb.	2.298	19,8	3.118	19,0	135,7
Mittlere Beamte	3.057	26,4	4.312	26,2	141,0
Untere Beamte	157	1,4	244	1,5	155,8
Freie Berufe mit akad. Bild.	1.063	9,2	1.584	9,6	149,0
Freie Berufe ohne akad. Bild.	184	1,6	302	1,8	164,1
Handel- und Gewerbetreibende	2.616	22,6	3.390	20,6	129,6
- davon mit Hochschulb.	172	1,5	169	1,0	98,3
Mittel- u. Kleinlandwirte	179	1,5	351	2,1	196,1
Privatangestellte	1.152	9,9	1.914	11,6	166,1
- davon mit Hochschulb.	179	1,5	286	1,7	159,8
Arbeiter	86	0,7	206	1,3	239,5
Insgesamt	11.597	100	16.453	100	141,9
- davon Personen mit Hochschulb.	3.784	32,6	5.325	32,4	140,7

4. Die Vorbildung der Studentinnen in den 1920er Jahren

Deutliche Unterschiede in der Vorbildung der Studierenden läßt die Hochschulstatistik des Wintersemesters 1932/33 erkennen. Während 68 Prozent der Männer das Reifezeugnis eines Gymnasiums oder Realgymnasiums besaßen,[23] waren es nur 38 Prozent der Frauen. Die Studentinnen hatten hingegen weitaus häufiger (59% : 29 %) ihr Reifezeugnis an einer Oberrealschule, Ober- oder Aufbauschule und natürlich dem Oberlyzeum abgelegt. Betrachtet man alle diese Schulformen "mit Reifezeugnis" zusammengefaßt, so gilt geschlechts-

22 Berechnet nach Deutsche Hochschulstatistik, Bd. 2 (WS 1928/29) u. Bd. 10 (WS 1932/33).

23 Zu den unterschiedlichen Schulformen siehe Lundgreen, S. 70 ff.; Müller, Sozialstruktur, S. 42 ff.

neutral, daß 97 Prozent der Studierenden ihre Hochschulzugangsberechtigung dort erworben hatten.

Lediglich bei der Zahl der Personen, die **ohne** Reifezeugnis durch die Immaturenprüfung der Prüfungsstellen der Universitäten die Zulassung erhalten hatten, lag der prozentuale Anteil der Frauen um die Hälfte höher als der männliche; wobei der Wert von einem Prozent aller immatrikulierten Frauen nicht aussagekräftig genug ist, um daraus eine schlechtere Vorbildung herleiten zu können. Eher handelt es hier wohl um die Reste der strukturellen Defizite, d.h. des verspäteten und regional auch unzulänglichen Auf- und Ausbau des höheren Mädchenschulwesens im frühen 20. Jahrhundert.

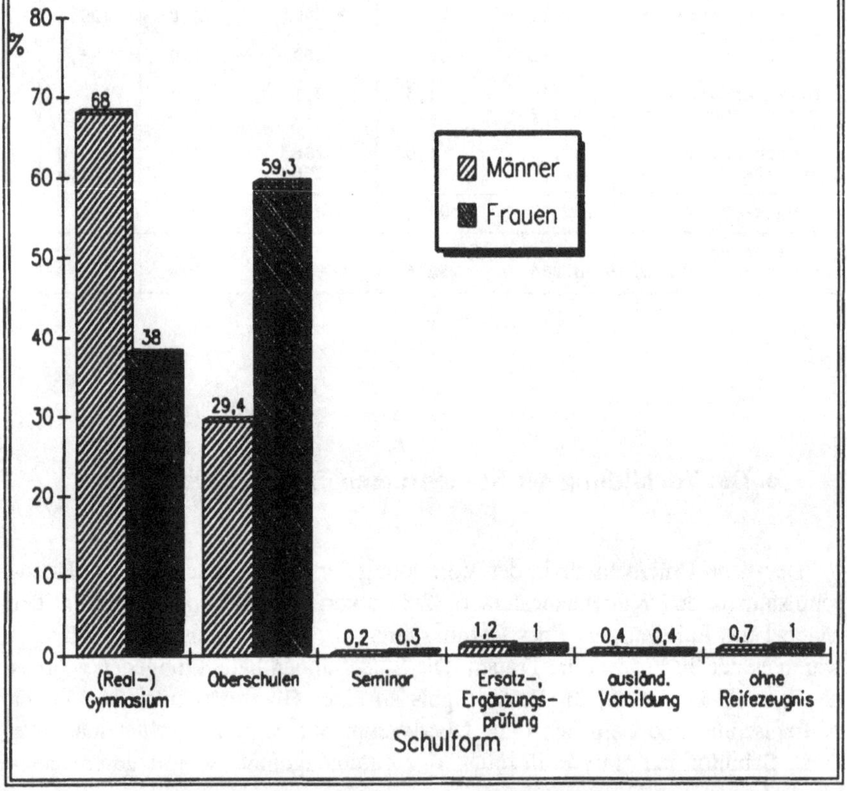

Diagramm 11: Schulische Vorbildung der Studierenden im WS 1932/33[24]

24 Berechnet nach Deut. Hochschulstatistik, WS 1932/33, S. 4.

5. Akademikerprestige und Überfüllungskrise

Zur Zeit der Weimarer Republik galten - neben dem allgemeinen Drang nach Bildung - das gesellschaftliche Ansehen des Akademikers, die - zumindest ehemals - gesicherte Lebenstellung und die hohe Bedeutung als Tradition für die entscheidenden Ursachen des unverminderten Interesses am Hochschulstudium;[25] dies wurde auch von den staatlichen Statistikern so gesehen. Die kommentierende Einleitung der Hochschulstatistik des Sommerhalbjahres 1927 schloß mit den Worten: "*Das **hohe Ansehen**, dessen sich die akademische Bildung nach wie vor in Deutschland erfreut, führt dazu, daß die meisten Schüler der höheren Lehranstalten die **ungünstigen wirtschaftlichen Aussichten**, die viele akademische Berufe bieten, lieber in Kauf nehmen als sich einem ihrer Meinung nach **sozial weniger geachteten praktischen Berufe** zuzuwenden*"[26] (Hervorhebung, L.M.).

Wie Titze betont, waren die im Kaiserreich gegebenen günstigen Wachstumsbedingungen für akademische Berufskarrieren in den Jahren der Weimarer Republik zu einer schweren Hypothek geworden, da der "*Erwartungshorizont sowohl der traditionellen bildungsbürgerlichen Schichten als auch der aufstiegswilligen Mittelschichten*"[27] auf eine weitere Prosperität eingestellt waren. Besonders Familien aus der Mittelschicht unternahmen große Anstrengungen und übten bewußt Konsumverzicht, "*um ihren bildungsmotivierten Kindern durch den Erwerb von Berechtigungen das **Hineinwachsen in die Privilegienstruktur der Gesellschaft** zu ermöglichen.*"[28] Durch die diversen Reformen der Schulpolitik in den 1920er Jahren[29] wurden überdies der Zugang zum Hochschulstudium[30] und die damit einhergehende Möglichkeit des Statuszuwachses und des sozialen Aufstieges beträchtlich erweitert und erleichtert.

Das Absinken der Studierendenzahlen nach 1931 hatte seine Gründe im gesättigten akademischen Arbeitsmarkt,[31] der die Hochschulausbildung als "geistige Währungskrise" (Titze) entwertete. Der auf dem akademischen Arbeitsmarkt benötigte Ersatzbedarf betrug ungefähr 10.000 Personen, die zu erwartenden Absolventenzahlen - unter Berücksichtigung der Studienabbrüche - ergaben jedoch eine doppelt bis dreifach so hohe Zahl von Berufseinsteigern.

---

25 Minzenmay, S. 53.

26 Keller, S. XI.

27 Titze, Überproduktion, S. 120.

28 Ebd. (Hervorhebung im Original)

29 Ausführlich in Müller, Sozialisationsfunktion, S. 106 ff. und Maskus, S. 96 ff.

30 Petrat, S. 77 ff.; Jarausch, Studenten, S. 129.

31 Siehe Benker/Störmer, S. 41 ff.

Den ungefähr 150.000 Anwärtern auf eine akademische Position standen insgesamt nur 300.000-350.000 Berufspositionen gegenüber,[32] so daß *"hinter jedem zweiten Akademiker ein in der Ausbildung befindlicher Statusanwärter stand."*[33]

6. Wirtschaftskrise und Studienfachwahl

Wie Keller für die Entwicklung des Frauenstudiums in Preußen bis Mitte der zwanziger Jahre anschaulich darlegt, war die unterschiedliche Entwicklung der einzelnen Studienfächer eng mit der gesamtgesellschaftlichen Entwicklung (Wirtschaftskrise) und den damit verbundenen negativen Implikationen für den Arbeitsmarkt gekoppelt.[34] Bis in die Kriegsjahre hinein stieg der Anteil der Philologie- und Geschichtsstudentinnen langsamer als die Gesamtzahl der Studentinnen. Erst nach der Wirtschaftskrise war eine "Rückbesinnung" auf die "typischen" Frauenstudienfächer erkennbar. Kongruent zu der Attraktivität und Disattraktivität der Sprachen, d.h. der Studienfächer die als Berufsziel den Lehrberuf hatten, verhielt sich die Studentinnenzahl in den Wirtschaftswissenschaften, deren Rückgang und Zunahme entgegengesetzt zu den Philologien verlief. Für Keller zeigt dies, daß in der Phase der Prosperität viele Frauen die Wirtschaftswissenschaften als neues Studienfach entdeckten; vor allem, da in dieser Scheinblüte der Volkswirtschaft[35] sich neue Berufe namentlich im Bankgewerbe den Frauen erschlossen.[36]

In der danach folgenden Rezessionszeit rückten die alten Lieblingsfächer wieder verstärkt in den Vordergrund, da nun dort, als Folge des verstärkten Ausbaus des höheren Mädchenschulwesens und der Akademisierung des Lehrkörpers[37] an den Oberlyzeen der Lehrberuf wieder an Attraktivität gewann.[38]

---

32 Titze, Enrollment, S. 73 ff.; bes. S. 74, Tab. 3.

33 Titze, Überproduktion, S. 118.

34 Keller, S. IX.

35 Siehe auch Schwarz, S. 413 f.

36 Keller, S. X; Bridenthal/Koonz, S. 51 ff.

37 Zur Lehrerausbildung in der Weimarer Republik siehe Sandfuchs, S. 43 ff.

38 Lundgreen, S. 72 ff.; Keller, S. X.

7. Forderungen nach Zulassungsbeschränkungen vor 1933

Der rasante Anstieg der Studierendenziffern brachte angesichts der akademischen Überfüllungskrise in einzelnen Bereichen - wie den Medizinischen Fakultäten - offene Ressentiments gegen das Frauenstudium hervor. Vom Verband Deutscher Medizinerschaften wurden dabei die radikalsten Forderungen erhoben. Dieser im Jahre 1919 gegründete Studentenverband forderte bereits am Vorabend der nationalsozialistischen Machtergreifung im Jahre 1932 die Begrenzung der weiblichen Neuimmatrikulationen auf fünf Prozent aller Erstsemester.[39] Die berufsständische Organisation des Ärzte-Vereinsbundes wollte generell klären lassen, ob nicht für Frauen Zugangsbeschränkungen möglich seien: *"Ebenso muß die Frage geprüft werden, ob Frauen ohne jede Beschränkung zum medizinischen Studium zugelassen werden sollen. Die Erfahrung hat gelehrt, daß die Betätigungsmöglichkeit der Ärztinnen im Vergleich zu derjenigen des männlichen Arztes deswegen erheblich eingeschränkt ist, weil ihre physischen Kräfte auf wichtigen und schwierigen Gebieten in der Praxis (zum Beispiel Landpraxis) nicht ausreichen, so daß sich zum mindesten eine sorgfältige körperliche Auswahl der Frauen zu Beginn des Studiums empfehlen würde."*[40] Wohlgemerkt, es wurde eine **physische** und nicht eine intellektuelle Selektion der angehenden Ärztinnen empfohlen![41]

Bereits im Jahre 1932 wurde unverhohlen eine drastische Verringerung der Zahl der Medizinstudentinnen gefordert, um die "Überfüllung des ärztlichen Standes" zu bekämpfen.[42] Der Hintergrund für diese Forderungen war die bereits angesprochene starke Zunahme der Medizinstudentinnen. Allein zwischen dem Wintersemester 1929/30 und dem WS 1932/33 hatte sich die Gesamtzahl der Frauen in den Medizinischen Fakultäten fast verdoppelt. Obgleich ihr prozentualer Anteil an den Studierenden sogar leicht gefallen war (von 17,4 % auf 17,1 %), richteten sich die Ressentiments, die vor dem Hintergrund des wachsenden Konkurrenzdrucks auf dem Arbeitsmarkt durch die drohende und allseits befürchtete "Ärzteschwemme" in die Fakultäten hineingetragen wurden, gegen Minderheiten, wie die jüdischen Kommilitonen und das "schwache Geschlecht".

---

39 Bussche, S. 28.

40 Ebd.

41 Dies ist wohl auch ein versteckter Hinweis darauf, daß große Teile der Ärzteschaft frühzeitig und vorbehaltlos dem Nationalsozialismus und seiner Rassenpolitik gegenüberstanden. Siehe dazu ausführlich Bock, S. 23 ff.; Klee, S. 34 ff.; Kudlien, S. 18 ff.

42 Bussche, S. 44.

Tabelle 6: Zahl der Medizinstudierenden im WS 1929/30 und WS 1932/33[43]

Geschlecht	WS 1929/30		WS 1932/33	
	abs.	in %	abs.	in %
männlich	12.204	82,6	22.862	82,9
weiblich	2.574	17,4	4.731	17,1
insgesamt	14.778	100	27.593	100

Dramatischer und wohl noch mehr die chauvinistischen Ängste der Verbandsvertreter schürend war die geschlechtsdifferenzierte Verteilung der Erstsemester. Obwohl die Gesamtzahl der Neuimmatrikulierten bemerkenswerterweise im Wintersemester 1929/30 und im Winter 1932/33 gleich groß war, waren im Winter 1929/30 von den 339 Erstsemestern 245 männlich und 94 (27,7 %) weiblich, im WS 1932/33 dagegen waren von den ebenfalls 339 neuimmatrikulierten Medizinstudierenden 208 männlich und 131 (38,6 %) weiblich.[44] Derart diskriminierende Forderungen nach einer restriktiven Beschränkung des medizinischen Frauenstudiums lösten seitens der Betroffenen energische Gegenreaktionen aus. Die Vorsitzende des Bundes Deutscher Ärztinnen, Luzie Hoffa, konterte im März 1933 im Deutschen Ärzteblatt dieses Zurückdrängen der Frauen, das dem vorherrschenden Denk- und Argumentationsmuster vieler Männer folgte, die sich noch immer (bzw. schon wieder) dafür aussprachen, das Frauenstudium und die weibliche Erwerbstätigkeit auf die "wesenseigenen" Bereiche der Frauen einzuschränken.[45]

8. Der wachsende Konkurrenzdruck

Die Vorbehalte der Männer gegen die berufstätige weibliche Konkurrenz zeigten sich unter dem Eindruck der Weltwirtschaftskrise schon Mitte der zwanziger Jahre,[46] als verheirateten Ärztinnen aufgrund ihres Familienstandes

43 Berechnet nach Deut. Hochschulstat., Bd. 4 (WS 1929/30), S. 5; ebd., Bd. 10 (WS 1932/33), S. 9.

44 Deut. Hochschulstat., Bd. 4 (WS 1929/30), S. 5; Ebd., Bd. 10 (WS 1932/33), S. 5.

45 Bussche, S. 44.

46 Siehe auch Weyrather, S. 30 ff.; Benker/Störmer, S. 49 f.

die Zulassung als Kassenärzte verweigert wurde.[47] Die Kampagnen gegen die Doppelverdiener, besonders in den überfüllten akademischen Berufen, erreichten ihren Höhepunkt im Mai 1932 (!), als der deutsche Reichstag mit den Stimmen aller Parteien (außer der KPD) ein »Gesetz über die Rechtsstellung der weiblichen Beamten« verabschiedete.[48] Die vorgesetzte Dienstbehörde konnte danach die Entlassung aus dem Beamtenverhältnis *"verfügen, wenn die wirtschaftliche Versorgung des weiblichen Beamten nach der Höhe des Familieneinkommens dauernd gesichert erscheint."*[49]

Durch das »Gesetz zur Änderung von Vorschriften auf dem Gebiete des allgemeinen Beamten-, des Besoldungs- und des Versorgungsrechts«[50] vom 30. Juni 1933 wurden im Dritten Reich von den neuen Machthabern diese Bestimmungen noch verschärft und ausgeweitet.[51] Richterinnen wurden seit dem Jahre 1935, Rechtsanwältinnen seit der Jahreswende 1935/36 nicht mehr zugelassen,[52] und verheiratete Ärztinnen verloren die Krankenkassenzulassung, wenn ihre Ehe als ökonomisch versorgt galt.[53] Von dieser Maßnahme waren immerhin 115[54] der 4.200 Ärztinnen betroffen;[55] vom Reichsärztebund hingegen war ein Rückgang um 600 bis 700 Frauen erwartet und wohl auch gewünscht worden.[56] Infolge der faktischen Berufsverbote für Juristinnen sank rasch die Zahl der Studentinnen in den Rechtswissenschaftlichen Fakultäten des Deutschen Reiches von 1.108 Frauen im Sommer 1932 auf 65 Studentinnen im SS 1937; dies war ein Rückfall noch unter die Quote des Sommersemesters 1914, als insgesamt 78 Studentinnen in Jura immatrikuliert waren.[57]

---

47 Huerkamp, S. 217.

48 Gesetz über die Rechtsstellung, S. 245 f.

49 Ebd., S. 245, § 1, Abs. 2. Die ausscheidenden Beamtinnen erhielten eine Abfindungssumme, die je nach Dienstalter zwischen zwei und 16 Monatsgehältern schwankte (ebd., S. 246, § 3).

50 Gesetz zur Änderung, S. 433 ff.

51 Siehe ebd., S. 434, § 6b, Abs. 8 u. S. 435, § 7. Zum Bündel der frauendiskriminierenden Maßnahmen im Bereich der Justiz im NS-Staat siehe Bajohr/Rödiger-Bajohr, S. 131 f.

52 Bajohr/Rödiger-Bajohr, S. 133 f.; Deutscher Juristinnenbund, S. 17 f.

53 Pauwels, S. 24.

54 Vgl. ebd., S. 24: Pauwels spricht von "only 115".

55 Bridenthal, S. 164 f.

56 Pauwels, S. 24.

57 Titze, Hochschulstudium, S. 110 f., Tab. 29.

IV. Die Zeit des Nationalsozialismus (1933 - 1945)

1. Der "Neue Geist" richtet sich ein

Im Jahre 1933, sogleich nach der nationalsozialistischen Machtergreifung, wurde durch das »Gesetz gegen die Überfüllung deutscher Schulen und Hochschulen« vom 25. April 1933[1] der Hochschulzugang gedrosselt und damit "die politisch-pädagogische Breitenwirkung der Universitäten beschränkt".[2] Für das Jahr 1934 wurde überdies vom Reichsinnenministerium die Zahl der Abiturienten mit Hochschulreifezeugnis (Studienerlaubnis) auf maximal 15.000 begrenzt, von denen nur 10 % weiblichen Geschlechts sein sollten.[3] Fast 10.000 Schülerinnen bestanden 1934 das Abitur, 1.699 von ihnen erhielten jedoch die Hochschulreife zuerkannt.[4] Tatsächlich ein Studium nahmen hingegen nur 774 von ihnen auf.[5] Bereits im Februar 1935 wurde jedoch die Zulassungsbeschränkung für Frauen vom Reichsministerium für Wissenschaft, Erziehung und Volksbildung wieder aufgehoben.[6] Nach den Deutschland-Berichten der Sopade[7] vom Juni 1935 wurde die sogenannte Klausel der "Hochschulreife" insgesamt stillschweigend fallengelassen, *"so daß heute jeder Abiturient ohne Rücksicht darauf, ob er die besondere Hochschulreife erhalten hat, studieren kann."*[8] Die Ursache dafür lag darin begründet, daß sich in den vorangegangenen Monaten soviele Studenten freiwillig zur Reichswehr gemeldet hatten, daß die Gesamtzahl der Studierenden wesentlich stärker zurückgegangen war, als man dies ursprünglich erwartet hatte.[9]

---

1 Reichsgesetzblatt 1933, Teil I, Nr. 43, S. 225.

2 Möller, S. 69. Siehe auch Thalmann, S. 104 f.

3 Adam, S. 96; Schulz, Anfänge, S. 241 u. S. 499.

4 Pauwels, S. 21.

5 Eilers, S. 19 f.

6 Pauwels, S. 29; Kleinberger, S. 18 f. Es ist jedoch verwunderlich, wie häufig in Publikationen über das Dritte Reich und speziell das Hochschulstudium in dieser Zeit nur die Einführung nicht aber die Aufhebung der Bestimmung erwähnt wird.

7 Unter dem Titel »Deutschland-Bericht der Sopade« erschienen von April/Mai 1934 bis April 1940 Nachrichten und Meinungsbilder über die Lage in Deutschland, die vom Exilvorstand der Sozialdemokratischen Partei Deutschlands (SPD) erst in Prag und ab April 1938 in Paris herausgegeben wurden.

8 Deutschland-Berichte, 2. Jg. (1935), S. 704.

9 Ebd.

In den folgenden Studiensemestern verfügte das Reichsministerium lediglich für die studienmäßig und kulturell attraktiven Großstadtuniversitäten Zulassungshöchstzahlen. Diese Maßnahme hatte weniger eine bildungspolitische, als vielmehr eine infrastrukturelle und kommunalpolitische Dimension. Auf diese Weise sollten die Studierenden gleichmäßiger auf das Reichsgebiet verteilt und gleichzeitig die wirtschaftlichen Ausfälle[10] des massiven Studierendenrückgangs für den Mittelstand der kleineren, oft stark universitär strukturierten Gemeinden abgemildert werden.[11]

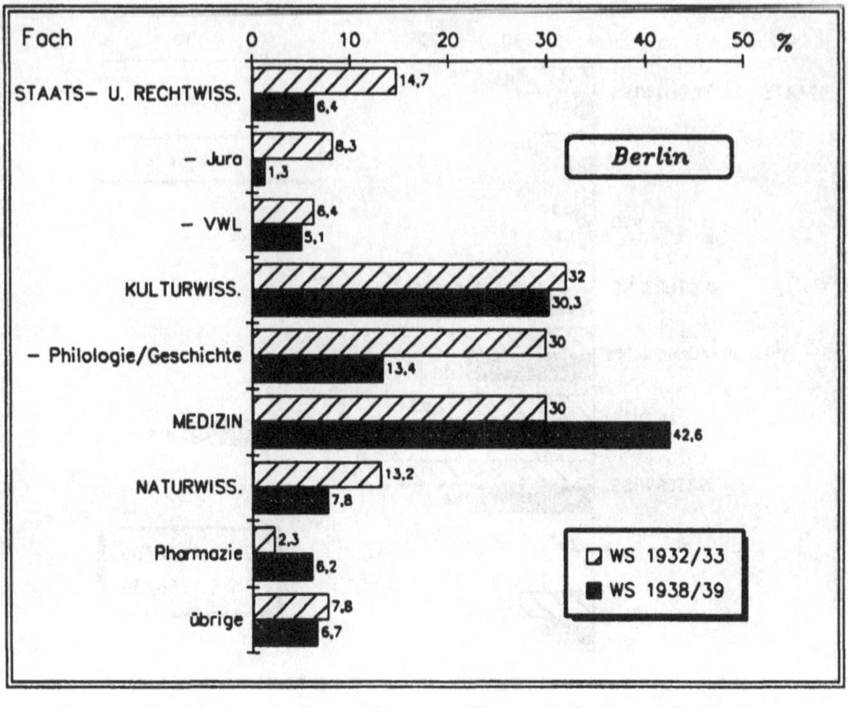

Diagramm 12: Verteilung der Studentinnen an der Universität Berlin nach Studienfächern (WS 1932/33-WS 1938/39)[12]

Charlotte Lorenz konstatiert, daß der gravierende Entwicklungsumschwung bei den Studierendenziffern begründet liegt, "*in der allgemeinen Veränderung der Berufsneigungen, die schon vor dem politischen Umbruch unter dem Druck*

10 Zur ökonomischen Bedeutung der Universitäten für die Städte siehe Höroldt, S. 60 ff.

11 Bussche, S. 53, Anm. 40.

12 Erstellt nach Lorenz, Hochschulbesuch, S. 212 ff.

der fortschreitenden Wirtschaftskrise und später nach der Machtübernahme im Verlauf der wirtschaftlichen und sozialen Neuordnung ausgelöst worden ist."[13] Außerdem habe die *"Unterbesetzung der Geburtenjahrgänge des ersten Weltkrieges 1915 bis 1919 die Tendenz des allgemeinen Besuchsrückganges an den Hochschulen weiter verschärft."*[14] Und schließlich führten die Verpflichtungen im Reichsarbeitsdienst[15] und in der Wehrmacht zu einer Verschiebung dieser verringerten Jahrgangsbesetzungen beim Hochschulbesuch in die Jahre nach 1935.

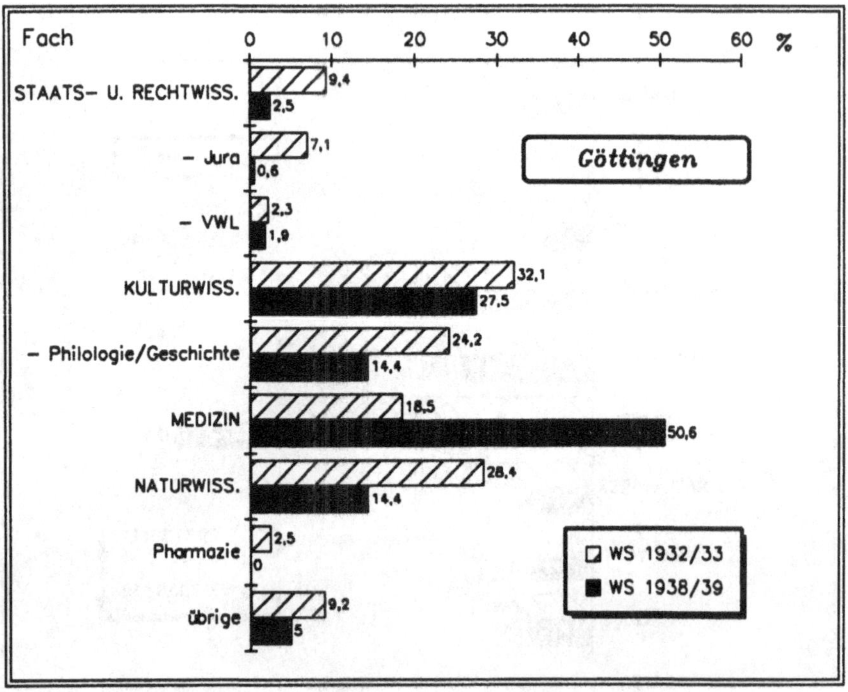

Diagramm 13: Verteilung der Studentinnen an der Universität Göttingen nach Studienfächern (WS 1932/33-WS 1938/39)[16]

Der volkswirtschaftlich verheerende Ausmaße annehmende Mangel an Akademikern, der sich bereits bei der Umsetzung des Vierjahresplans gezeigt

13 Lorenz, Hochschulbesuch, S. 20.

14 Ebd.

15 Siehe Zypries, S. 77 ff.

16 Erstellt nach Lorenz, Hochschulbesuch, S. 212 ff.

hatte, führte dazu, daß im August 1938 mittels zweier Erlasse der Hochschulzugang "für Begabte" auch **ohne** Reifezeugnis eröffnet wurde.[17] Allerdings war die Zahl der durch diese Maßnahme gewonnenen Studentinnen sehr gering; im Sommersemester 1939 studierten lediglich vier Frauen, ohne ein Reifezeugnis erworben zu haben.[18] Die weiblichen Quoten bei den Studienanfängern sind im übrigen sehr unterschiedlich und schwankend. Die niedrigsten prozentualen Anteile von Studentinnen (WS 1933/34: 13,9 %; SS 1939: 11,9 %) wechseln unsystematisch mit den Semestern, die die höchsten Zulassungsziffern aufweisen (SS 1935: 21,8 %; WS 1938/39: 22,1 %). Kriegsbedingt schnellt der Prozentsatz der weiblichen Studienaufnahmen 1940 auf über 40 % und 1941 auf 59 % aller Neuimmatrikulationen hoch,[19] wobei es absolut gesehen zu einer Verdoppelung der (geringen) Studentinnenzahlen kam.[20]

Das mangelnde Interesse der Machthaber im Dritten Reich an den weiblichen Studierenden verwundert überhaupt nicht, wenn Aussagen wie die von Hans Schemm, dem NS-Lehrerbundführer, kennt. Dieser forderte im Bezug auf die Mädchenschulbildung: "*Lieber zehn Pfund Wissen weniger und zehn Kalorien an Charakter mehr!*".[21] Allerdings hielten die NS-Ideologen auch nicht viel von männlichen Intellektuellen,[22] es sei denn, sie waren für die eigenen Pläne nützlich (z.B. als Ingenieure oder Chemiker). Das Verdikt traf die Studentinnen also doppelt, da sie nach nationalsozialistischer Anschauung ihre eigentliche Bestimmung zweifach verrieten.[23] Gleichzeitig wurden jedoch der staatliche Dirigismus[24] und die praktische Anwendbarkeit des Studiums betont,[25] ja geradezu gefordert: "*Es geht heute nicht mehr an, ziellos zu studieren. Aber gerade die Studentin bedarf der Führung, die ihr aufzeigt, Studium und spätere Einsatzmöglichkeit auf einen gemeinsamen Nenner zu bringen*".[26] Aus der Sicht der NS-Reichsfrauenführung war ein Studium für Frauen nur noch dann gerechtfertigt, "*wenn ihr genau wißt, daß ihr nur auf jenem und auf keinem anderen Platz Bestes für euer Volk leisten könnt.*"[27] Alle unberechtigten Studien galten als "Vergeudung des Volksvermögens".

17 Klinksiek, S. 44.

18 Lorenz, Hochschulbesuch, S. 21.

19 Titze, Hochschulstudium, S. 189, Tab. 89.

20 Ebd., S. 33, Tab. 3.

21 Zit. in Lück, S. 64.

22 Kotowski, S. 209 f.; Möller, S. 65 ff.

23 Miller, S. 190.

24 Zum Einsatz im Frauendienst siehe Betz, S. 103 ff. Außerdem Kottenhoff, Aufgaben, S. 81 ff.

25 Kottenhoff, Studium, S. 98 f.

26 Ellingen, S. 5. Siehe auch Daniels, S. 79.

27 Daniels, S. 79.

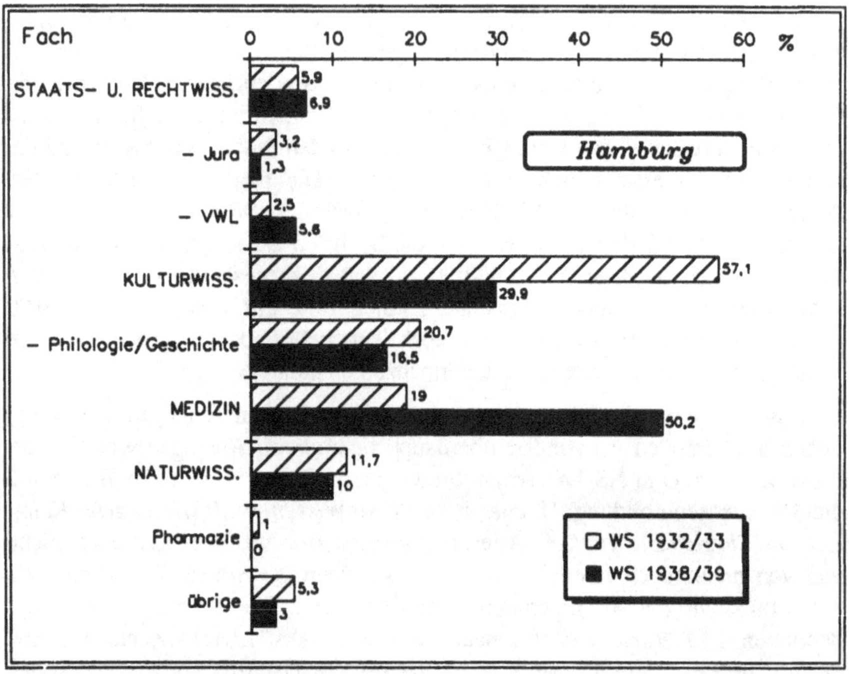

Diagramm 14: Verteilung der Studentinnen an der Universität Hamburg nach Studienfächern (WS 1932/33-WS 1938/39)[28]

Der absolute Rückgang der Studentinnenzahlen im Dritten Reich zeigte sich nicht in allen Studienfächern gleich stark. Die Volkswirtschaftslehre (VWL)[29] konnte - prozentual gesehen - ihren Anteil halten. Am deutlichsten werden der Rückgang der Studentinnenzahlen und die Umstrukturierung der Studienfachwahl in der Medizin. Obgleich die Zahl der Medizinstudentinnen auch absolut zurückging, konnte diese Disziplin ihren prozentualen Anteil gegenüber den anderen Disziplinen mehr als verdoppeln. In Relation zum Fächerkanon studierte statt einem Fünftel, wie im Wintersemester 1932/33, im WS 1938/39 die Hälfte aller Frauen Medizin. Aus NS-Sicht war die Frauen *"als praktische Aerztin und als Kinderärztin ganz besonders geeignet und notwendig."*[30]

Ungewöhnlich hoch ist der Rückgang in den geisteswissenschaftlichen Fächern - besonders deutlich zeigt er sich an der Universität Hamburg mit

28 Erstellt nach Lorenz, Hochschulbesuch, S. 212 ff.

29 Zur Bedeutung von Wirtschaftswissenschaften für Frauen aus NS-Sicht siehe Vermehren-Goering, S. 77.

30 Ebd.

ihrem im Reichsvergleich sehr hohen Studentinnenanteil. Extrem ist der Rückgang der Frauen in den Studienfächern, die in der Statistik unter Kulturwissenschaft zusammengefaßt wurden: von 520 Personen (57 % aller Studentinnen) im WS 1932/33 auf 69 (30 %) im Winter 1938/39. Für Hamburg ist noch anzumerken, daß durch die Verlagerung der Volksschullehrerausbildung von den Universitäten an die Hochschulen für Lehrerbildung[31] eine zusätzliche weibliche Domäne verlorenging, die im Winter 1932/33 knapp ein Drittel aller studierenden Frauen umfaßte.

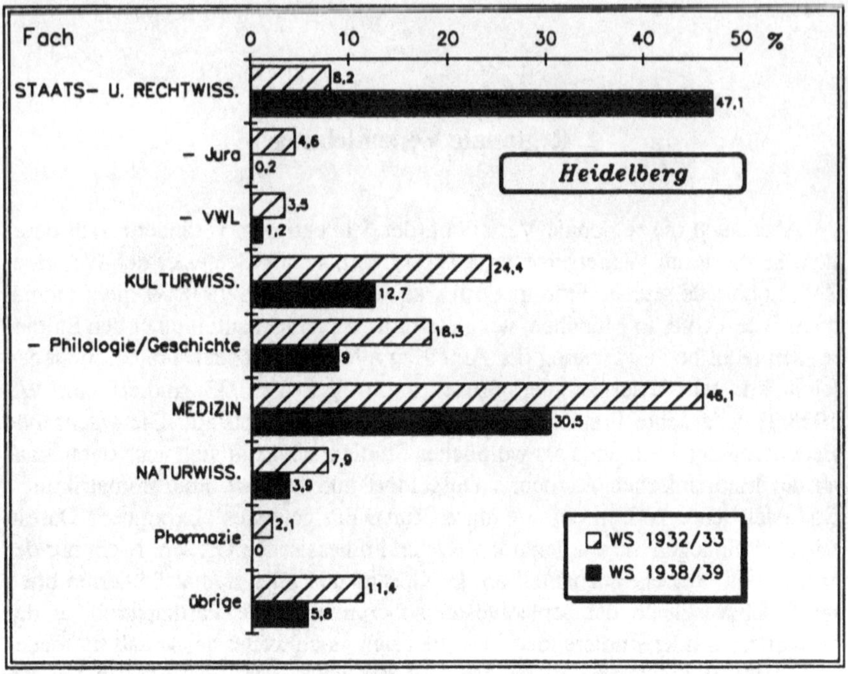

Diagramm 15: Verteilung der Studentinnen an der Universität Heidelberg nach Studienfächern (WS 1932/33-WS 1938/39)[32]

Die Gegenüberstellung der vier Universitäten Berlin, Göttingen, Hamburg und Heidelberg, an denen die Veränderungen und fachlichen Umstrukturierungen besonders ausgeprägt waren, soll die genannten Konzentrationen veranschaulichen (Diagramme 12 bis 15), die besonders deutlich an der steigenden prozentualen Bedeutung der in den entsprechenden Tabellen in der Rubrik

31 Siehe Scholtz/Stranz, S. 116 ff; Deutschland-Berichte, 4. Jg. (1937), S. 1062.

32 Erstellt nach Lorenz, Hochschulbesuch, S. 212 ff.

"Anteil der Frauenfächer" zusammengefaßten Disziplinen Medizin, Kulturwissenschaft, Volkswirtschaftslehre und Pharmazie erkennbar wird. Deutlich zeigt sich die zunehmende Konzentration auf wenige Studienfächer, deren Anteil an der Gesamtzahl aller Studentinnen stark anwächst. Vor allem die Medizin kann die prozentuale Beteiligung in der Regel stark ausbauen wie beispielsweise in Göttingen (Diagramm 13) und Hamburg (Diagramm 14); lokale Unterschiede, wie in Heidelberg (Diagramm 15) durch die Dolmetscherausbildung, negieren nicht den allgemeinen Trend.

2. Regionale Verschiebungen

Aber auch die regionale Verteilung der Studentinnen veränderte sich deutlich. Studierte im Wintersemester 1932/33, d.h. letzten Semester der Weimarer Zeit, noch jede sechste Frau in Berlin, so war es im WS 1938/39 nicht einmal mehr jede siebte. In München, wo gleichfalls der Frauenanteil unter den Studierenden recht hoch war, stieg der Anteil an allen studierenden Frauen hingegen leicht an: statt jeder zehnten Studentin im WS 1932/33 studierte im WS 1938/39 jede achte Frau in der bayrischen Landeshauptstadt. Die wachsende Bedeutung der Heilkunde als weibliches Studienfach zeigt sich auch daran, daß an der Medizinischen Akademie Düsseldorf nun jede 90. Frau immatrikuliert war (statt jeder 200. in der Weimarer Zeit). Ein gewisses "Exotinnen"-Dasein fristeten hingegen die studierenden Frauen im hessischen Gießen. Nicht nur der prozentuale Studentinnenanteil an der Gesamtzahl aller Immatrikulierten blieb im Reichsvergleich der schlechteste, sondern auch die Partizipation an der Gesamtziffer aller studierenden Mädchen sank noch weiter ab, so daß statt jeder 111. (WS 1932/33) im Winter 1938/39 nur noch jede 166. Frau in Gießen studierte.

Noch erwähnenswert ist, daß im Wintersemester 1932/33 an immerhin fünf Universitäten (Berlin, Bonn, Köln, Leipzig und München) über eintausend Frauen studierten; wobei es in der Reichshauptstadt allein dreitausend waren, d.h. fast die Hälfte **aller** Studentinnen des Vergleichssemesters 1938/39. Lediglich an einer Hochschule, der Medizinischen Akademie Düsseldorf, studierten weniger als einhundert Frauen (die kleinste Universität war Gießen mit 162 Studentinnen). Im WS 1938/39 hingegen hatten alle Universitäten weniger als eintausend Studentinnen. An sechs Hochschulen lag die Zahl der immatrikulierten Frauen unter einhundert.

3. Das tatsächliche Ausmaß der Zulassungsbeschränkungen

In der feministischen Literatur wird immer wieder und beharrlich die Zulassungsklausel für Frauen, die die Zahl der Studentinnen auf zehn Prozent der Abiturientinnen des jeweiligen Altersjahrganges beschränkte, als Indiz für die frauenfeindliche Hochschulpolitik der Nationalsozialisten angeführt. Allerdings ist hier festzuhalten, daß diese These so verkürzt nicht stimmt. Sicherlich richtete sich ein großer Teil der restriktiven Hochschulzugangspolitik auch gegen die Frauen, jedoch bleibt zu betonen, daß die Immatrikulationen von Frauen - infolge der sich verschlechterenden Wirtschaftslage - bereits **vor** dem 30. Januar 1933 sanken. Überdies belegt die folgende Auflistung, daß sehr wohl auch vor der - wiederum (kriegs)wirtschaftlich bedingten - Stimulierung des Frauenstudiums die Frauen in einzelnen Studienfächer eine Majorität darstellten oder die aus der Weimarer Zeit herrührende numerische Dominanz behielten. Dies dokumentiert die folgende Auflistung, die nach den in Lorenz enthaltenen Immatrikulationsziffern erstellt wurde und lediglich das erste Semester angibt, in dem zwischen Sommer 1933 und Winter 1939/40 mehr Frauen als Männer in dem betreffenden Studienfach in der jeweiligen Universität immatrikuliert waren; auch wenn oftmals dieses Übergewicht sich in den nächsten Semestern fortsetzte.

Festzuhalten bleibt daher, daß die tradierte Rolle der Frauen als arbeitsmarktpolitischer Ausgleichs- und Pufferfaktor[33] eine sehr wichtige Rolle bei der Entwicklung der Studentinnenfrequenz spielten[34] und die Frauen sensibler auf die rezessiven Tendenzen des akademischen Beschäftigungsmarktes reagierten und z.T. auch ganz bewußt von den männlichen Konkurrenten am Ausgang der Weimarer Republik als unerwünschte Konkurrenz auf dem Arbeitsmarkt gesehen wurden.[35] Darüberhinaus war die nationalsozialistische Arbeitsmarktpolitik heterogen und teilweise divergent zur NS-Ideologie gegenüber Frauen.[36] Diese Ausführungen sollen **keineswegs** die NS-Hochschulpolitik[37] glorifizieren, sondern lediglich die objektive historische Entwicklung dokumentieren und erläutern.

---

33 Siehe auch Tröger, S. 250 ff. für die NS-Arbeitsmarktpolitik.

34 Siehe auch Thalmann, S. 106 f.

35 Siehe Bussche, S. 43 ff. zu den Diskussionen in der Ärzteschaft im Jahre 1932(!) um Zulassungsquoten für Frauen.

36 Dammer/Sachse, S. 110.

37 Siehe ausführlich Kleinberger, S. 9 ff.

Tabelle 7: Semester, in denen jeweils mehr Frauen als Männer diese Disziplin studierten, differenziert nach Universitäten und Studienfächern[38]

Universität	Semester	Studienfach
Berlin	SS 1935	Neue Sprachen
"	SS 1935	Germanistik
"	WS 36/37	Leibeserziehung
Bonn	SS 1934	Neue Sprachen
"	WS 37/38	Leibeserziehung
Breslau	SS 1933	Neue Sprachen
Erlangen	SS 1933	Germanistik
"	WS 32/3	Neue Sprachen
Frankfurt	SS 1937	Leibeserziehung
Freiburg	SS 1933	Germanistik
"	SS 1933	Leibeserziehung
"	SS 1933	Neue Sprachen
"	WS 34/35	Biologie
"	WS 38/39	Pharmazie
Göttingen	WS 38/39	Leibeserziehung
Greifswald	SS 1933	Neue Sprachen
Halle	WS 35/36	Neue Sprachen
"	WS 36/37	Leibeserziehung
Hamburg	SS 1936	Neue Sprachen
"	SS 1939	Leibeserziehung
Heidelberg	SS 1933	Neue Sprachen
"	WS 33/34	Leibeserziehung
Jena	SS 1936	Neue Sprachen
Kiel	SS 1936	Neue Sprachen
"	WS 38/39	Leibeserziehung
Köln	SS 1936	Neue Sprachen
"	WS 33/34	Biologie
"	WS 37/38	Leibeserziehung
Königsberg	SS 1933	Neue Sprachen
"	SS 1934	Germanistik
"	SS 1935	Leibeserziehung
Leipzig	WS 36/37	Leibeserziehung
Marburg	SS 1936	Germanistik
"	SS 1933	Neue Sprachen
"	WS 35/36	Leibeserziehung
München	SS 1933	Germanistik
"	SS 1933	Neue Sprachen
Münster	SS 1933	Germanistik
"	SS 1934	Biologie
"	WS 35/36	Neue Sprachen
"	WS 36/37	Leibeserziehung
"	SS 1939	Pharmazie
Rostock	SS 1933	Neue Sprachen
"	SS 1935	Germanistik
"	SS 1936	Pharmazie
Tübingen	SS 1933	Germanistik
"	SS 1933	Neue Sprachen
Würzburg	SS 1933	Germanistik
"	SS 1933	Neue Sprachen

Diese Auflistung wird von wenigen Disziplinen dominiert; dies ist wiederum ein deutlicher Beleg für die These, daß es in der NS-Zeit neben dem Absinken der Studentinnenziffern zugleich auch zu einer Konzentration der

38 Erstellt nach Lorenz, Hochschulbesuch, passim.

Studierenden in einigen wenigen Fächern kam. Im wesentlichen waren es die Neuen Sprachen, die Germanistik und die Leibeserziehung, so wie vereinzelt Biologie und Pharmazie, in denen Frauen eine Mehrheit bildeten. Als besonders krasse Beispiele für die weibliche Dominanz und Konzentration in einzelnen Studienfächern seien hier noch kurz angeführt:[39]

- die Neuen Sprachen im WS 1936/37 in Heidelberg, als dort 26 Männer und 160 Frauen immatrikuliert waren;
- die Germanistik im Wintersemester 1936/37 in Würzburg, mit 8 Männern und 29 Frauen;
- die Neuen Sprachen im WS 1934/35 in München mit 45 männlichen und 104 weiblichen Studierenden oder die Germanistik in München im Sommer 1937, wo den 82 Männern 127 Frauen gegenüberstanden.

Wurden Frauen im allgemeinen schon durch die nationalsozialistische Bildungspolitik benachteiligt, so war die Situation für jüdische Studentinnen, auf Grund der rassistischen Restriktionen noch viel schwerer. Wie das Beispiel der Universität Heidelberg zeigt, genügten Denunziationen und unwahre Anschuldigungen mißliebiger Bürger, die vom Universitätsrektor eilfertig an die Polizei weitergeleitet wurden, um bei Studentinnen, die vermeintlich jüdischer Herkunft waren, Hausdurchsuchungen und Gestapoverhöre zu veranlassen.[40] Dies ist ein Beleg für die bereitwillige Selbstgleichschaltung der deutschen Universitäten.[41] Aber auch die unter rigider Anwendung der Zulassungsbeschränkungen für jüdische Studierende erfolgten universitären Zurückweisungen von jüdischen Studentinnen, die in Heidelberg ihr Studium fortführen wollten, werfen ein bezeichnendes Licht auf die Hochschule.[42]

4. Schwankungen der Studierendenfrequenz und ihre Ursachen

Der Höchststand der Studierendenziffern fand sich im Sommer 1931, danach sank die Zahl bereits langsam ab, ehe es durch die restriktiven hochschulpolitischen Eingriffen der Nationalsozialisten Mitte der dreißiger Jahre zu einer Halbierung der Studierendenzahlen kam. Aber nicht **nur** die administrativen

39 Ebd., S. 212 ff.

40 Carmon, S. 322 f.

41 Bracher, S. 126; Siehe auch Seier, S. 146 ff.

42 Detailliert in Carmon, S. 327 ff.

Auflagen und Eingriffe im Dritten Reich bedingten diesen starken Rückgang. Ein weiterer wichtiger Grund für die absinkenden Ziffern war die geringe Zahl von Studienanfängern. So lag im Studienjahr 1933 (SS 1933, WS 1933/34) die Zahl der Neuimmatrikulationen um 22 Prozent niedriger als im Jahre 1932.[43] Der Hauptgrund für diesen vorzeitigen, nicht administrativ bedingten Rückgang des Hochschulbesuchs lag in der demographischen Entwicklung des Deutschen Reiches begründet. Nun erreichten die geburtenschwachen Jahrgänge des Ersten Weltkrieges das Hochschulreifealter. Nach Ansicht von Bussche ist etwa die Hälfte des bis zum Jahre 1938 zu verzeichnenden Studierendenschwundes **allein** auf diese Ursache zurückzuführen.[44]

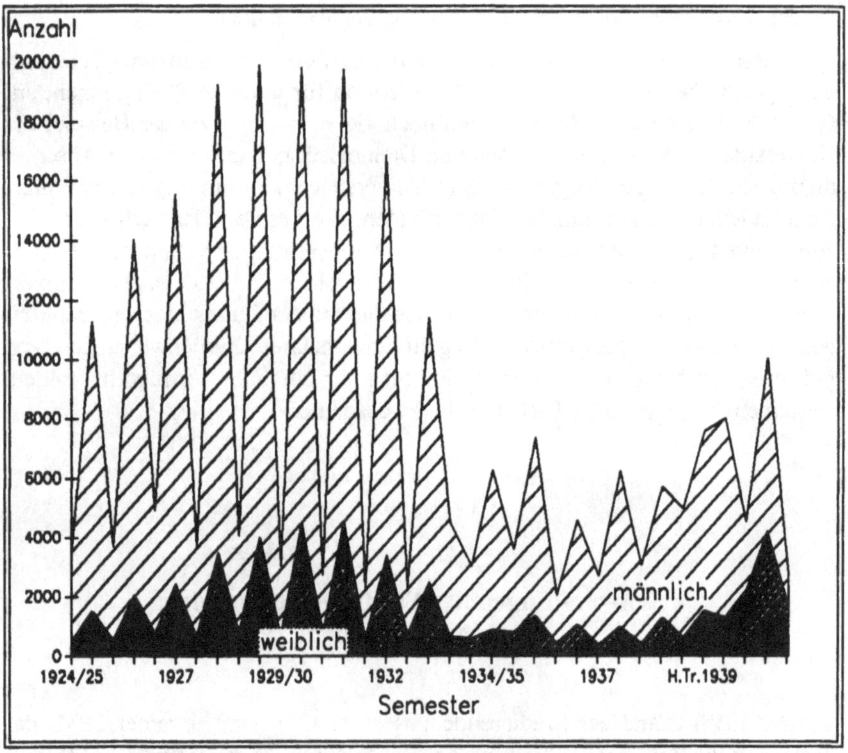

Diagramm 16: Zahl der Studienanfänger an den Universitäten in den Jahren 1924/25 - 1941/1. Trimester[45]

43 Bussche, S. 33.

44 Ebd. Vgl. Setzler, S. 218 f., der lediglich ein Viertel konzediert.

45 Erstellt nach Titze, Hochschulstudium, S. 189, Tab. 89.

Eine Gegenüberstellung des Indexes der Industrieproduktion je Einwohner mit dem Anteil der Studierenden im Verhältnis zur Altersgruppe der 18-25jährigen, wie es Quetsch in ihrer Untersuchung machte,[46] weist zumindest für die Zeit der Weimarer Republik eine signifikante Übereinstimmung auf.

Berücksichtigt man die Kosten eines Studiums[47] - Studiengebühren, Bücher etc. - und vergleicht sie mit der Tatsache des stark abgesunkenen Lohnniveaus, das selbst im Jahre 1943/44 noch nicht wieder die Höhe der Jahre 1928/29 erreicht hatte, werden vor allem zwei Dinge deutlich:

Erstens war die Entscheidung für ein Frauenstudium, wie es Helene Lange bereits in den frühen zwanziger Jahren erkannt hatte,[48] primär eine Frage der sozioökonomischen Familiensituation;[49] vor allem wenn man im Hinblick auf den "typischen Frauenberuf" Lehrerin[50] berücksichtigt, daß viele Lehrer in die Wirtschaft wechselten, da sie dort *"neben besserer Bezahlung* [eine] *besonders gerechte Anerkennung der Arbeitsleistung"*[51] fanden. Dieses vom NS-Lehrerbund in seiner Zeitschrift "Der Deutsche Erzieher" aufgezeigte Phänomen dürfte kaum zugunsten eines Hochschulstudiums gewirkt haben.

Zweitens waren aufgrund der schwierigen volkswirtschaftlichen Lage und der nur langsam sinkenden Arbeitslosigkeit eher bildungsnahe als bildungsferne Schichten zu einer derartigen "Investition" in die Ausbildung des weiblichen Nachwuchses bereit (eine Bevorzugung der männlichen Nachkommen, die gleichfalls von Frauenrechtlerin Helene Lange schon für die frühen zwanziger Jahre konstatiert worden), so daß es zu der verstärkten Akademisierung der sozialen Herkunft der weiblichen Studierenden im Dritten Reich kam. In der Zeitschrift "Der deutsche Erzieher" hieß es im Jahre 1938 unter der Überschrift "Die Leistung der deutschen Schule ist eine Lebensfrage der Nation" zu der Problematik der Ausbildungskosten: *"Bei den Eltern, die um die Berufswahl ihrer Kinder bemüht sind, dürfte sich längst herumgesprochen haben, daß der deutsche Erzieher, besonders der Volksschullehrer, heute in wirtschaftlicher und sozialer Hinsicht kaum mehr auf Rosen gebettet ist.* ***Niemand kann einem Vater übelnehmen,*** *seinen Sohn oder* ***seine Tochter von diesem Beruf fernzuhalten,*** *wenn er weiß, daß zum Beispiel eine 28jährige Volksschullehrerin* ***weniger Gehalt*** *empfängt als eine bedeutend jüngere Stenotypistin* ***ohne*** *Berufsausbildung"*[52] (Hervorhebung, L.M.).

---

46 Quetsch, S. 25, Bild 9.

47 Siehe Lorenz, Abschlußprüfungen, S. 252 ff.

48 Lange, Frauenbewegung, S. 63.

49 Siehe auch Huerkamp, S. 212.

50 Siehe auch Vermehren-Goering, S. 77.

51 Arnold, S. 441; siehe auch Meldungen aus dem Reich, Bd. 3 (1939/40), S. 867 f.

52 Arnold, S. 441.

Bei der Entscheidung für oder gegen ein Hochschulstudium waren nicht nur die späteren Verdienstmöglichkeiten zu berücksichtigen,[53] sondern auch die mit einer Universitätsausbildung verbundenen, nicht unerheblichen Kosten. In Medizin beispielsweise mußte in den dreißiger Jahren neben den Semestergebühren von 250 RM noch mit weiteren Kosten von 150 RM für Bücher, Instrumenten und Materialien gerechnet werden. Allein die Prüfungsgebühr betrug weitere 80 RM.[54] Unter Berücksichtigung der in den Zulassungsbedingungen festgelegten Mindestzahl von zehn Pflichtsemestern kostete ein Medizinstudium zwischen (mindestens) 2.600 RM und 4.100 RM. Hinzu kamen meist noch die Kosten für die auswärtige Unterbringung und die Verpflegung. Aber auch ein vergleichsweise "preiswertes" Studium der Rechtswissenschaft, wo lediglich Kosten in Höhe von 175 RM für Studiengebühren und ca. 40 RM für Bücher je Semester entstanden und die Prüfungsgebühr bei 75 RM lag, kostete bei nur sechs sechssemestriger Pflichtstudienzeit noch mindestens 1.200 RM. Die Kosten eines sechssemestrigen Philologie- oder Geschichtsstudiums (175 RM Semestergebühr, 50 RM für Bücher und Material, 60 RM Prüfungsgebühr) betrugen 1.400 RM.[55] Berücksichtigt man, daß die Mehrzahl der Studierenden einige Semester mehr als die vorgeschriebene Pflichtzahl benötigte (in den Neueren Sprachen waren Mitte der dreißiger Jahre über ein Drittel aller Studentinnen in einem höheren als dem sechsten Fachsemester immatrikuliert).[56] So konnten die tatsächlichen Kosten (ohne den Aufwand für Verpflegung, Kleidung und Unterkunft!) sich oftmals um fast die Hälfte auf dann über 2.000 RM erhöhen. Zur Einordnung dieser enormen Kosten seien kurz noch einige durchschnittliche **Wochen**verdienste in den Jahren 1938/39 angeführt: Buchdrucker 48 RM,[57] Hauer im Bergbau 60 RM, Berliner Bauarbeiter (Akkord im Vierschichtensystem) 85 RM.[58] Ein lediger Lehrer erhielt **monatlich** 209 RM (die Lehrerin nur 185 RM).[59]

---

53 Kriegseinsatz, S. 123.

54 Siehe Lorenz, Abschlußprüfungen, S. 252.

55 Ebd., S. 256.

56 Lorenz, Hochschulbesuch, S. 180.

57 Deutschland-Berichte, 6. Jg. (1939), S. 85.

58 Ebd., S. 304.

59 Ebd., S. 321.

5. Arbeitsdienst und ideologische Schulung

An den streng nach dem Führer-Prinzip[60] gleichgeschalteten Universitäten setzte mit dem ersten Semester für die Studentinnen die frauenspezifische Schulung ein.[61] Neben hauswirtschaftlichen Kursen wurde die Universitätserziehung im Lehrplan auf Volkstanz und Heimatkunde ausgeweitet. Überdies wurden - ganz im Sinne der militärischen Mobilmachung[62] der "Volksgenossenschaft" - Kurse in Erster Hilfe, Nachrichtendienst und Luftschutz abgehalten.[63] Den Deutschland-Berichten der Sopade zufolge, mußten die Studentinnen, wie ihre männlichen Kommilitonen, ständig an Schießübungen teilnehmen. Wenn die dabei erzielten Schießleistungen nicht ein bestimmtes Mindestmaß erfüllten, führte das angeblich dazu, daß die Immatrikulation annuliert wurde und die Frauen nicht mehr weiterstudieren durften.[64] Konkrete Belege, d.h. Klagen über etwaige Exmatrikulationen, fanden sich in der Literatur allerdings nicht. Ebensowenig konnte festgestellt werden, inwieweit derartige Vorgaben das Universitätsleben und das Studium von Frauen beeinflußten und ob sie tatsächlich praktisch durchgeführt wurden.

Vor der Immatrikulation hatte ab Februar 1934 die Teilnahme am zehnwöchigen "freiwilligen" Arbeitsdienst zu erfolgen. Seit 1935 war die Ableistung des nun sechsmonatigen Reichsarbeitsdienstes der weiblichen Jugend (RADwJ) obligatorisch.[65] Während im Frühjahr 1934 ca. 1.400 Abiturientinnen mit Hochschulreife ihrer Arbeitsdienstpflicht nachkamen, verdoppelte sich 1935, als Folge der bereits oben erwähnten Aufhebung der weiblichen Zulassungsquotierung, die Zahl der studierwilligen Abiturientinnen auf mehr als 3.000.[66]

Da nur eine beschränkte, für den großen Andrang unzureichende Anzahl von Einsatzstellen im RADwJ zur Verfügung stand, wurde die allgemeine Dienstzeit im weiblichen RAD im Jahre 1935 auf 13 Wochen halbiert, um allen die Ableistung zu ermöglichen. Im Jahre 1936 wurden von den nun 2.500 Bewerberinnen 1.900 im Frühsommer zur Ableistung "herangezogen". Die übrigen unberücksichtigt gebliebenen Abiturientinnen wurden bis zum Herbst

---

60 Seier, S. 150.

61 Siehe ausführlich Kottenhoff, Aufgaben, S. 82 ff.

62 Zum Einsatz von Studentinnen im Krieg in den verschiedenen Hilfsdiensten siehe Giles, S. 272 u. S. 310.

63 Betz, S. 103; Klinksiek, S. 45.

64 Deutschland-Berichte, 3. Jg. (1936), S. 1342.

65 Klinksiek, S. 45 f.; Wiggershaus, S. 43 f.

66 Dreißig, Abiturientinnen, S. 11. Siehe auch Miedzinski, S. 108.

des gleichen Jahres zurückgestellt und konnten deshalb ihr Studium erst im Sommersemester 1937 aufnehmen.[67] Alle bei den medizinischen Untersuchungen für den weiblichen RAD dienstuntauglich erklärten Abiturientinnen wurden zum Dienst im "Arbeitsdank" verpflichtet.[68] Den Ausgleichsdienst mußten sie im NS-Hilfswerk "Mutter und Kind" der NS-Volkswohlfahrt ableisten.[69]

Bemerkenswert war die Neuregelung des Arbeitsdienstes vom Jahre 1939 an. Dem offiziellen (rein wirtschaftspolitischen) Interesse nach Steigerung des Frauenanteils entsprechend, brauchten die Studentinnen seit dem Frühjahr 1939 zum Arbeitsdienst nicht mehr **vor** dem Studienbeginn anzutreten, sondern sie konnten die Ableistung auf die Semesterferien oder sogar auf das Ende des Studiums[70] verschieben! Tatsächlich stiegen - wenn auch nur prozentual[71] - die Studentinnenziffern im Herbsttrimester 1939 sprunghaft an (von 11,1 % im SS 1939 auf 16,2 % aller Studierenden).[72] Da die gesamtgesellschaftlichen ökonomischen Notwendigkeiten nicht länger unbeachtet bleiben konnten, ist nach Dorothee Klinksiek diese Neuregelung des weiblichen RAD "*ein Zeichen dafür, daß das Festhalten an der idealtypischen Frauenrolle nur durch wirtschaftspolitische Zwänge aufgegeben wurde*".[73] Als konkretes Ergebnis dieser rein ökonomisch bedingten Relativierung der Frauenrolle[74] im NS-Staat ist der absolute Anstieg der Studentinnenziffer zu werten, der prozentual gesehen - durch die kriegsbedingte Einberufung vieler männlicher Kommilitonen[75] - noch deutlich höher ausfällt.

---

67 Nach Miedzinski, S. 106, lag der Prozentsatz der Studentinnen im Landdienst über dem, der männlichen Kommilitonen.

68 Pagel, S. 4.

69 Dreißig, Ausgleichsdienst, S. 8.

70 Klinksiek, S. 43.

71 In absoluten Ziffern sank die Zahl der Studentinnen von 6.249 im SS 1939 auf 5.875 im Herbsttrimester 1939 (die Gesamtzahl aller Studierenden sank sogar von 56477 auf 36239; die Hauptursache dafür waren die Einberufungen der Männer zur Wehrmacht durch den zweiten Weltkrieg).

72 Petzina/Abelshauser/Faust, S. 169. Statt des WS 1939/40 folgte auf das SS 39 ein Herbsttrimester, da das Kalenderjahr 1940 in drei Trimester unterteilt wurde. Im Jahre 1941 gab es dann noch ein Trimester vor dem Sommersemester 1941 (Titze, Hochschulstudium, S. 20).

73 Klinksiek, S. 46.

74 Miller, S. 179 f.

75 Zum Anteil der immatrikulierten Studenten, die als Studenten an der Front kämpften, siehe - am Beispiel Hamburgs - Giles, S. 282 ff.

6. Konzentration auf einzelne Studienfächer

In der "Deutschen Studentenschaft" wurde schon Mitte der dreißiger Jahre versucht, der zu beobachtenden Abwanderung der Mädchen in einige wenige Disziplinen, in denen die Verdrängung noch nicht so dominant war, propagandistisch entgegenzuwirken.[76] Die tradierte Einteilung der Studiengebiete in rein männliche und/oder gemischte Fachgebiete sei viel "zu mechanisch". *"Zu sagen: eine Frau studiert nicht Jura oder nicht Physik ist Unsinn"*.[77] Und zumindest in "familien- und eherechtlichen Fragen" wurde der Juristin bereits Mitte der dreißiger Jahre *"eine segensreiche Tätigkeit"*[78] zugebilligt. Realer Hintergrund derartiger Aussagen war das deutliche Absinken der Studentinnenzahlen besonders in diesen Fachbereichen.[79] In den rechtswissenschaftlichen Fakultäten sank der Frauenanteil von 6,1 % (981 der 16175 Studierenden) im Wintersemester 1932/33 auf ein Prozent im WS 1938/39, wo lediglich 43 der 4924 Jura-Studierenden weiblich waren. Diese 43 Studentinnen des Herbsttrimesters 1939 bedeuteten zwar ein prozentualen Anstieg um die Hälfte auf 1,5 % aller Studierenden, da sich die Zahl der männlichen Jura-Studierenden innerhalb eines Jahres (WS 1938/39 - Herbsttrimester 1939) von 4881 auf 2783 Studenten) fast halbiert hatte. In der Physik sank die Zahl der Studentinnen von 145 (= 9,3 % der 1.562 Studierenden) im WS 1932/33 auf lediglich 25 (= 5,8 % der 428 Studierenden) im Winter 1938/39 ab. Erst im Herbst 1939, als die männlichen Immatrikulierten kriegsbedingt auf 217 Personen zusammengeschmolzen waren, war der Frauenanteil auf 8,1 % angestiegen, durch die insgesamt noch neunzehn Studentinnen an allen Hochschulen des nun "Großdeutschen Reiches".[80]

Gleichzeitig wurden jedoch der staatliche Dirigismus und die praktische Anwendbarkeit des Studiums betont, ja geradezu gefordert: *"Es geht heute nicht mehr an, ziellos zu studieren. Aber gerade die Studentin bedarf der Führung, die ihr aufzeigt, Studium und spätere Einsatzmöglichkeit auf einen gemeinsamen Nenner zu bringen"*.[81] Nachhaltige Verschiebungen sind bei der Studienfachwahl zu konstatieren. Besonders das Medizinstudium[82] und die benachbarte Pharmazie übten eine gesteigerte Anziehungskraft auf die Studen-

---

76 Kottenhoff, Studium, S. 97 f.

77 Dreißig, Frauenarbeitsdienst, S. 11. Siehe auch Gamm, S. 290.

78 Vermehren-Goering, S. 77.

79 Zu den Arbeitsbedingungen siehe Deutscher Juristinnenbund, S. 16 ff.

80 Lorenz, Hochschulbesuch, S. 153 u. S. 155.

81 Ellingen, S. 5.

82 Otto/Graehn, S. 23.

tinnen aus.[83] Der Anteil der Medizinstudentinnen an der Gesamtzahl der weiblichen Studierenden stieg von 24,6 % (Sommersemester 1932) auf 41,3 % im Sommer 1939 an.[84]

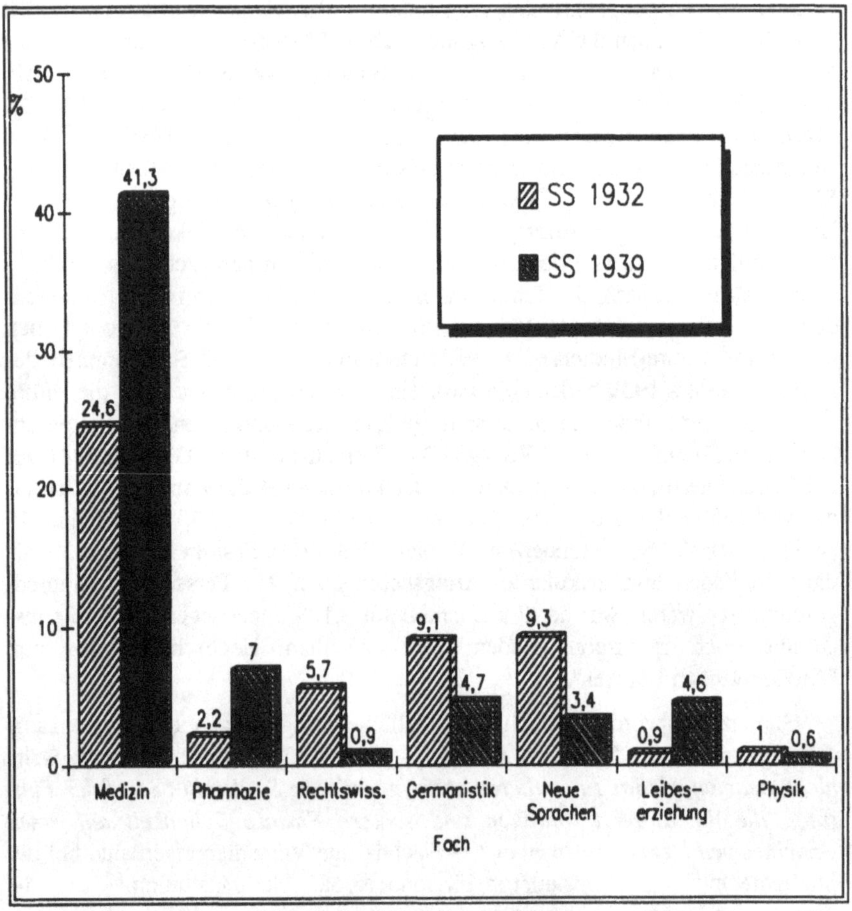

Diagramm 17: Verteilung der Studentinnen nach Studienfächern im Sommer 1932 und im Sommer 1939[85]

83 Dies gilt auch für die Männer. Der prozentuale Anteil der allgemeine Medizin studierenden Personen stieg von 19,6 % (SS 1932) auf 30,8 % (SS 1939) aller Immatrikulationen an den Universitäten.

84 Lorenz, Hochschulbesuch, S. 148 ff., Tab. 7a.

85 Erstellt nach Lorenz, Hochschulbesuch, S. 148 ff., Tab. 7a.

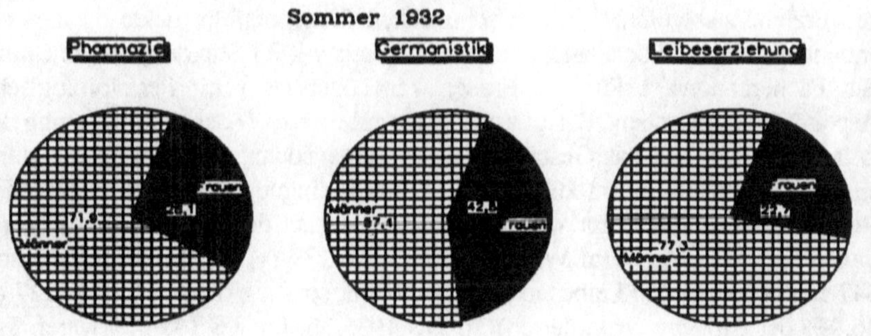

Diagramm 18: Frauenanteil in ausgewählten Studienfächer im Sommer 1932[86]

Nach Pauwels[87] sind die Ursachen für diesen Boom in den verbesserten ökonomischen Bedingungen zu suchen. Denn neben dem weitgehenden Ausschluß von jüdischen Ärzten[88] ist auch die stärkere Orientierung der Männer auf medizinische Karrieren[89] im Staats- und Parteiapparat zu nennen (neben dem wachsenden Bedarf der Wehrmacht auch in den einzelnen Parteiorganisationen, so waren z.B. 3000 Ärzte in der SS, der HJ[90] oder den Konzentrationslagern tätig und dort auch an den menschenverachtenden Versuchen beteiligt), so daß der gesundheitlich-medizinische Sektor den Frauen ein berufliches Tätigkeitsfeld bot, da sie, aus Sicht der NS-Ideologie, für "Pflegeberufe" wie geschaffen seien.[91] Überdies wurden die pflegerischen und erzieherischen Berufe (z.B. Lehrerin) als "fraulich" angesehen.[92] Für die Leibeserziehung ist die gesteigerte Bedeutung des Sports im Dritten Reich zu berücksichtigen.

86 Erstellt nach Lorenz, Hochschulbesuch, S. 148 ff., Tab. 7a.

87 Pauwels, S. 42.

88 Siehe Kudlien, S. 32 f.

89 Kater, Nazi Party, S. 13 f.

90 Kater, Doctors, S. 71 ff.

91 Kater, Fakultäten, S. 96.

92 Kleinberger, S. 18.

Genährt aus der NS-Ideologie ("völkische" und "körperliche Auslese") und wegen seiner Bedeutung für das vormilitärische Kampf- und Ausdauertraining für den sich abzeichnenden Krieg, transformierte das Faches zu einem wichtigen Erziehungsbereich.[93] In den schulischen Stundentafeln rückte die Leibeserziehung mit 40 Wochenstunden (vor Deutsch mit 33 Stunden) an die Spitze des Fächerkanons.[94] Für die Frauen kam überdies noch der "biologische Aspekt" der "rassischen" Fortpflanzungsaufgabe hinzu,[95] der die Bedeutung der Leibeserziehung auf das Gesundheitsverhalten ausdehnte. Darüberhinaus dürften die verkürzten und modifizierten Studienbedingungen (z.T. Studium ohne Reifezeugnis möglich) zur wachsenden Attraktivität des Studienganges beigetragen haben.[96] Waren im Winter 1932/33 nur 139 (= 21,5 %) von insgesamt 647 Studierenden der Leibesübungen weiblich, so stieg diese Zahl auf 227 (= 36,9 % der 615 Immatrikulierten) im WS 1935/36. Im WS 1938/39 waren 311 Frauen für Leibesübungen eingeschrieben, aber nur noch 282 Männer, d.h. der Frauenanteil betrug über die Hälfte (52,4 %) aller Studierenden in diesem Fach.

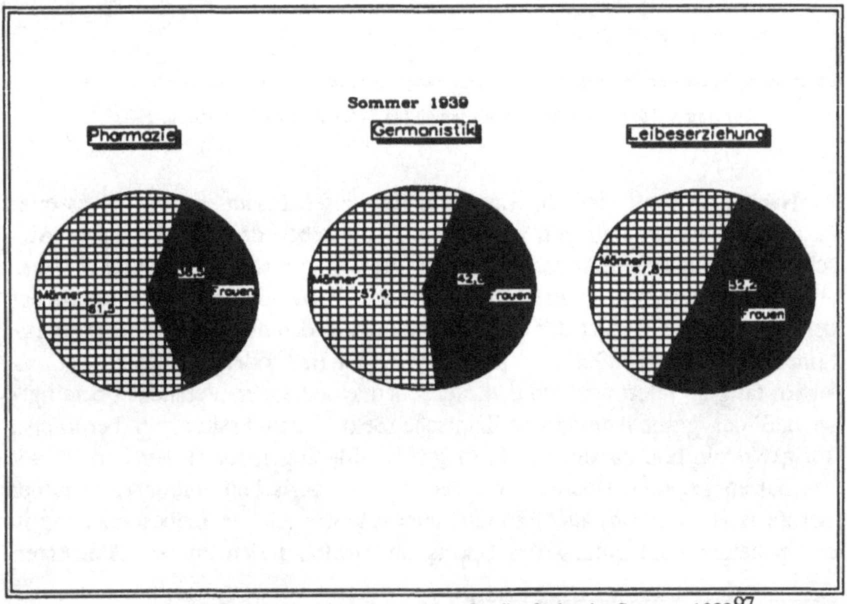

Diagramm 19: Frauenanteil in ausgewählten Studienfächer im Sommer 1939[97]

93 Joch, S. 713.

94 Ebd., S. 732.

95 Pfister/Langenberg, S. 986 ff.

96 Ebd., S. 990.

97 Erstellt nach Lorenz, Hochschulbesuch, S. 148 ff., Tab. 7a.

7. Akademisierung der sozialen Herkunft

Das starke Absinken der Studierendenziffern in der nationalsozialistischen Zeit ging mit einer Akademisierung der sozialen Herkunft, d.h. einer gestiegenen Selbstrekrutierungsrate einher. Während im Sommersemester 1932 bei 32,1 % aller weiblichen Studierenden der Vater eine abgeschlossene Hochschulbildung besaß (männlicher Anteil 20,8 %), stieg die Zahl der Väter mit eigenem Hochschulstudium bis zum Wintertrimester 1941 auf 34,1 % aller Studentinnen (bzw. 23,9 % der Studenten) an. Dies zeigt, daß im Dritten Reich sich der Hochschulzugang noch stärker auf die "höheren Töchter" beschränkte.[98] Außerdem kamen in den Kriegsjahren noch verheiratete Studentinnen hinzu, die aus Angst vor dem möglichen Kriegstod ihres Mannes noch die eigene Berufsausbildung abschließen wollten.[99]

Das hat vor allem zwei Ursachen. Zum einen konnten Mädchen, die in akademischen Kreisen aufgewachsen waren (bzw. ihre Eltern), den Wert einer solchen - nun nicht mehr staatlich geschätzten - Ausbildung eher erkennen. Das Gleichschaltungsprinzip galt nämlich auch für geistige Leistungen ("Arbeiter der Stirn und der Faust"); hier zeigt sich der Nationalsozialismus beklemmend "modern". Zum anderen bot die Partei mit all ihren Nebenorganisationen für Karrieristen aus nicht-akademischen Familien weniger anstrengende und mit geringeren Kosten verbundene Möglichkeiten des sozialen Aufstiegs als ein Hochschulstudium,[100] dessen berufsvorbereitende Funktion minimiert wurde. "Ausschlaggebend" für das Studium einer Frau war nun *"in erster Linie das Bedürfnis nach geistiger Schulung und Erkenntnis und der Vorsatz, sich ein ihren geistigen Fähigkeiten entsprechendes Können anzueignen, um es zu gebrauchen, wenn die Lebensumstände es fordern."*[101]

Wie Charlotte Lorenz[102] lapidar bemerkte, kam es innerhalb des Untersuchungszeitraumes (Sommersemester 1932 - Wintertrimester 1941) zu "tendenzmäßigen Verschiebungen". Prägnante Veränderungen betreffen insbesondere die Beamtenschaft; hier sank der Anteil der mittleren und unteren Bediensteten bei den Vätern der Studentinnen, der Anteil der höheren Beamten stieg jedoch. Dies bedeutet, daß die Verbreiterung der sozialen Rekrutierung, die sich vor allem in der Weimarer Zeit vollzogen hatte, minimiert bzw. revidiert wird.

---

98 Siehe auch Meldungen aus dem Reich, Bd. 7, S. 2509.

99 Ebd., Bd. 9, S. 3321.

100 Kotowski, S. 219 ff.

101 Kriegseinsatz, S. 123.

102 Lorenz, Hochschulbesuch, S. 91.

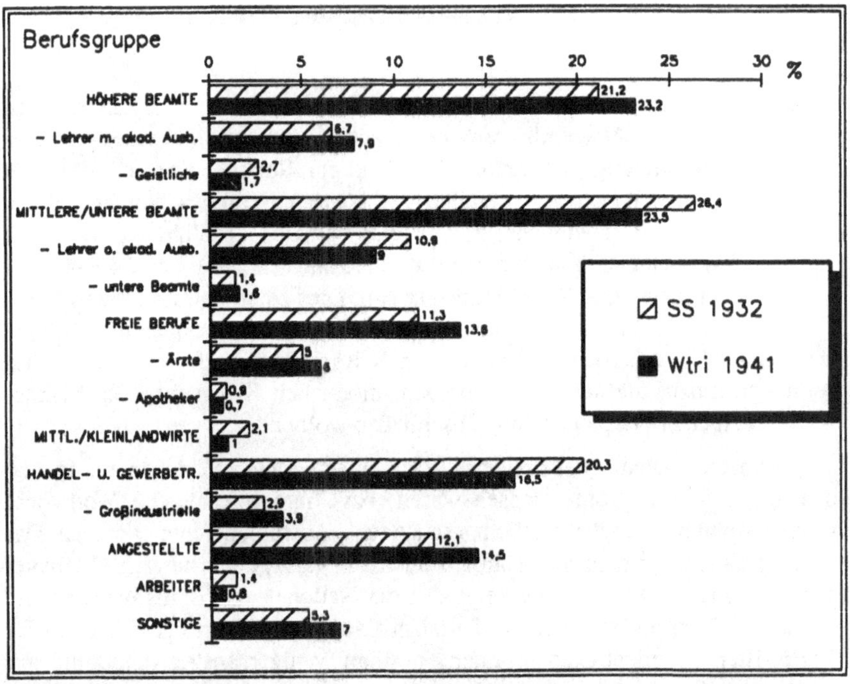

Diagramm 20: Soziale Herkunft der Studentinnen an den deutschen Hochschulen nach Väterberufen[103]

Obgleich die Bedeutung der Handel- und Gewerbetreibenden als sozialem Rekrutierungsfeld nachhaltig an Bedeutung verlor (u.a. durch die Ausgrenzung jüdischer Studierender), wuchs die prozentuale Beteiligung der Großindustriellen stark; auch die absoluten Zahlen für diesen Personenkreis weisen die geringsten Verluste aller Berufsgruppen auf. Die Relevanz der Arbeiterschaft als beruflich-sozialem Herkunftsmilieu sank[104] und war in ihrer Bedeutung als Rekrutierungsfeld der weiblichen Studierenden der Apothekerschaft gleichzusetzen, d.h. einem Berufsstand, dessen männliche Erwerbstätige lediglich ein Promille der gesamten Arbeiterschaft darstellten!

Zur Kontrastierung dieser Diskrepanz sollen kurz die Anteile einiger ausgewählter Berufsgruppen an den hauptberuflichen Erwerbstätigen aus der Weimarer Republik mit ihrem jeweiligen Anteil an der sozialen Herkunft der Studentinnen gegenüber gestellt werden.

---

103 Erstellt nach Lorenz, Hochschulbesuch, S. 356 ff., Anlage XVI.

104 Ebd., S. 91.

Tabelle 8: Anteile männlicher Erwerbstätiger ausgewählter Berufsgruppen in der Gesamtbevölkerung und in der sozialen Herkunft von Studentinnen[105]

Berufsgruppe	abs. Zahl	Zahl d. Studentinnen
Arbeiter	10.929.928	264
Volksschullehrer	141.584	2.090
Geistliche	19.126	520
Ärzte	45.441	957
Apotheker	11.070	179

Anders ausgedrückt: während auf je 41.000 Arbeiter eine Studentin aus dieser Sozialschicht kam, sind die Proportionen bei den übrigen Berufsgruppen deutlich kleiner. So entfiel bereits auf je 68 Volksschullehrer, je 62 Apotheker, je 47 Ärzte und je 37 protestantische Geistliche eine studierende Frau aus der jeweiligen Berufsgruppe. Ungeachtet der gewaltigen Diskrepanz und Diskriminierung der Arbeiterschaft, zeigen diese Differenzen zwischen Volksschullehrern und Apothekern einerseits sowie Ärzten und Geistlichen andererseits deutlich den Fortbestand tradierter Bildungs- und Sozialwerte.

8. Die Benachteiligung der Frauen in der Lehrerschaft

Im Mai 1939 unterrichteten an den öffentlichen höheren Schulen des sogenannten Altreichs, d.h. Deutschlands in den Grenzen von 1937, insgesamt 28871 festangestellte Lehrkräfte: 24505 Männer und 4366 Frauen.[106]

Überdeutlich ist die Benachteiligung der Frauen bei den Beförderungen zu erkennen, so daß fast die Hälfte der Frauen auf der untersten Stufe der Berufshierachie als Oberschullehrerinnen tätig waren, gegenüber nur einem Zehntel der Männer. In den oberen Rangpositionen waren Frauen fast gar nicht vertreten: während jeder fünfzehnte Mann eine Direktorenposition bekleidete, war dies bei weniger als einem Prozent aller Frauen der Fall! Werden nun die

105 Berechnet nach Stat. Jb. Deutsches Reich, 54. Jg. (1933), S. 23, S. 502, S. 519; Statistik des Deutschen Reiches, Bd. 453/II. (1936), S. 23 f.

106 Oberle, S. 292.

absoluten Zahlen in den einzelnen Stufen zusammengefaßt, so kommt man zu folgendem Ergebnis: 48,0 % der Oberschullehrer waren weiblich, aber nur 9,8 % der Studienräte, 6,8 % der Oberstudienräte und lediglich 2,3 % der Direktoren.

Tabelle 9: Dienstgrade der festangestellten Lehrkräfte an den öffentlichen höheren Schulen des "Altreichs" im Mai 1939[107]

Dienstgrad	Männer		Frauen	
	abs.	in %	abs.	in %
Direktor	1.615	6,6	38	0,9
Oberstudienrat	752	3,1	55	1,3
Studienrat	19.841	81,0	2.151	49,3
Oberschullehrer	2.297	9,4	2.122	48,6
Insgesamt	24.505	100	4.366	100

Bei den festangestellten Lehrkräften bestanden überdies im Dritten Reich die alten frauendiskriminierenden Gehaltsunterschiede weiter: während beispielsweise ein lediger Volksschullehrer in der Reichshauptstadt Berlin im Jahre 1939 237 RM monatlich verdiente, erhielt eine unverheiratete Kollegin nur 217 RM.[108] Zu berücksichtigen ist dabei überdies, daß bei den unvermeidlichen "freiwilligen" Abgaben wie etwa für die Winterhilfe oder dem obligatorischen Abzug von 10 RM vom Märzgehalt für das Geschenk der Lehrerschaft zum Führergeburtstag,[109] hingegen bereits die "Chancengleichheit" bestand.

Daß die Rücksetzung der Frauen fast ausschließlich politisch-ideologische und nicht etwa - potentiell mögliche - intellektuelle Gründe hatte, zeigt sich bei einem Blick auf die Versetzungsstatistik der höheren Schulen. Im Schuljahr 1938/39 wurden an den höheren Schulen des sog. "Altreichs" insgesamt 10,1 % der Jungen und lediglich 4,9 % der Mädchen nicht in die nächste Jahrgangsstufe versetzt. Im schulpolitisch strengeren Preußen stiegen die Werte auf 11,8 % (Jungen) bzw. 5,5 % (Mädchen) an. Aber auch im liberaleren Baden lag die Quote der Sitzenbleiber bei den Jungen mit 5,7 % mehr als doppelt so hoch als bei den Mädchen (2,3 %).[110] Ähnlich sahen die geschlechtsdifferenzierten Ergebnisse bei den bestandenen Reifeprüfungen im Frühjahr 1939 aus. Von den zum Abitur gemeldeten Jungen erhielten fast ein Zehntel (9,3 %) das Reife-

107 Erstellt nach ebd.

108 Deutschland-Berichte, 6. Jg. (1939), S. 321.

109 Ebd.

110 Oberle, S. 290.

zeugnis nicht, während es bei den Mädchen nur ein Viertel (2,4 %) dieser Quote war, denen das Abitur nicht zuerkannt wurde. Insgesamt bestanden im Schuljahr 1938/39 auf dem Gebiet des "Altreichs" 36.281 Jungen und 9.080 Mädchen (oder ein Fünftel der Gesamtzahl) das Abitur.[111] Im Vergleich zum vorangegangenen Schuljahr 1937/38 war die absolute Zahl der Abiturienten um 21 % und die der Abiturientinnen um 18,5 % angestiegen. Einer der Gründe hierfür war *"zweifellos der Anstieg der Geburtenzahlen in den Nachkriegsjahren."*[112] Die Abiturientinnen des Schuljahres 1938/39 waren zumeist in den Jahren 1920/21 geboren worden. Diese Geburtenjahrgänge erreichten bereits wieder zwischen 85-90 % der Friedensgeburtenzahlen in den letzten Vorkriegsjahren. Der starke Geburtenrückgang in den Kriegsjahren hatte dazu geführt, daß in den Jahren 1917 und 1918 nur halb soviele Geburten registriert wurden, wie in den Jahren vor 1914. Der Geburtenanstieg der Jahre 1920/21 hatte sich bereits Ostern 1930/31 deutlich bemerkbar gemacht, als die Abiturientinnen des Schuljahres 1938/39 in die höheren Schulen übertraten und die Gesamtzahl der Schülerinnen an den höheren Mädchenschulen von 17.000 auf 26.000 (1930) bzw. 24.000 (1931) hochschnellte.[113]

Von den männlichen Abiturienten des Frühjahres 1939 wollten 58,8 % und von den weiblichen 40,3 % ein Hochschulstudium aufnehmen. Gegenüber dem Vorjahr 1937/38, als nur 38,5 der Mädchen studieren wollten, kam es auch hier zu einer absoluten und prozentualen Steigerung. In der Zeitschrift des NS-Lehrerbundes "Die Deutsche höhere Schule" hieß es dazu im Jahre 1941: *"Das Frauenstudium zeigt also schon kurz vor dem Kriege wieder eine aufsteigende Tendenz. Ursache war wohl der ganz allgemein steigende Bedarf an wissenschaftlich gebildeten Arbeitskräften und besonders die günstiger werdende Beschäftigungslage im Lehramt."*[114] Symptomatisch für den grossen Lehrermangel am Ende der dreißiger Jahre, der durch den Arbeitskräftebedarf der auf Kriegsproduktion expandierenden Volkswirtschaft verschärft wurde,[115] war die Äußerung des Reichserziehungsministers Rust auf einem NS-Frauenkongreß in Hannover im Jahre 1938, wonach der auf Jahre hinaus noch herrschende Lehrermangel ihn **zwingen** (!) werde, in den beiden unteren Volksschulklassen *"generell nur Lehrerinnen einzustellen."*[116] Den geheimen Lageberichten des Sicherheitsdienstes der SS vom September 1943 ist zu entnehmen, daß ein verstärktes Frauenstudium in den kommenden Jahren "erforderlich ist", da in den

---

111 Ebd., S. 291, Tab. 2.

112 Ebd.

113 Ebd., S. 292.

114 Ebd.

115 Zum Fabrikeinsatz der Studentinnen im 2. Weltkrieg siehe Kriegseinsatz, S. 122 ff.

116 Zit. in Deutschland-Berichte, 6. Jg. (1939), S. 325.

akademischen Berufen, besonders unter der Lehrerschaft an höheren Schulen, *"ohnehin ein schwerwiegender Nachwuchsmangel"* bestehe und außerdem die Zahl der Kriegsgefallenen unter den Studenten und Abiturienten besonders hoch sei, so daß *"diese Lücken auch nach dem Kriege mit männlichen Bewerbern nicht zu schließen sind."*[117]

9. Benachteiligungen bei den Prüfungszensuren

Welch diffizile Methoden zur beruflichen Ausgrenzung der Frauen angewendet wurden, zeigt sich am Beispiel der Volkswirtschaftslehre und den geschlechtsdifferenzierten Prüfungsergebnissen.

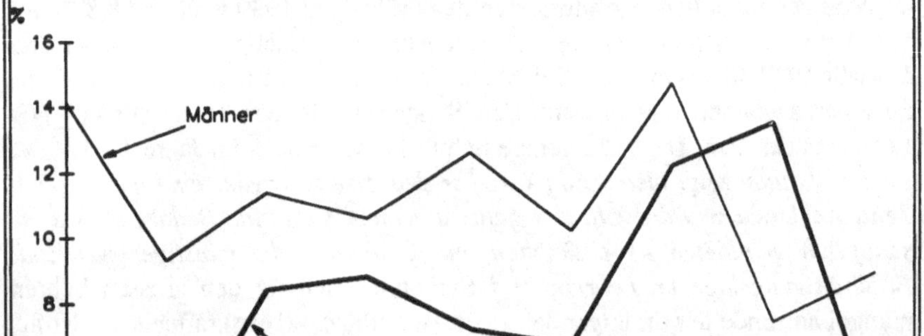

Diagramm 21: Prozentuale Durchfallquote in Volkswirtschaftslehre 1932-1940 nach Geschlecht differenziert[118]

117 Meldungen aus dem Reich, Bd. 15, S. 5783; (Hervorhebung im Original).

118 Erstellt nach Lorenz, Abschlußprüfungen, S. 78 ff.

Während bei den Männern die Durchfallquote bei etwa einem Zehntel aller Prüflinge verharrte, war bei den Frauen eine bemerkenswerte Kurve zu konstatieren (Diagramm 21). Noch deutlicher tritt wohl beim Studiengang Handelslehramt mit dem Abschluß Diplom-Handelslehrer die Bedeutung des Geschlechts für das Bestehen der Diplomprüfung zutage. Dem Absinken der männlichen Durchfallquote Mitte der dreißiger Jahre steht der ab dem Jahre 1935 erhöhte Durchschnitt der Frauen gegenüber, der in den Jahren 1939/40 rasch wieder absinkt, als Frauen wieder verstärkt als Arbeitskräfte benötigt wurden (Diagramm 22).

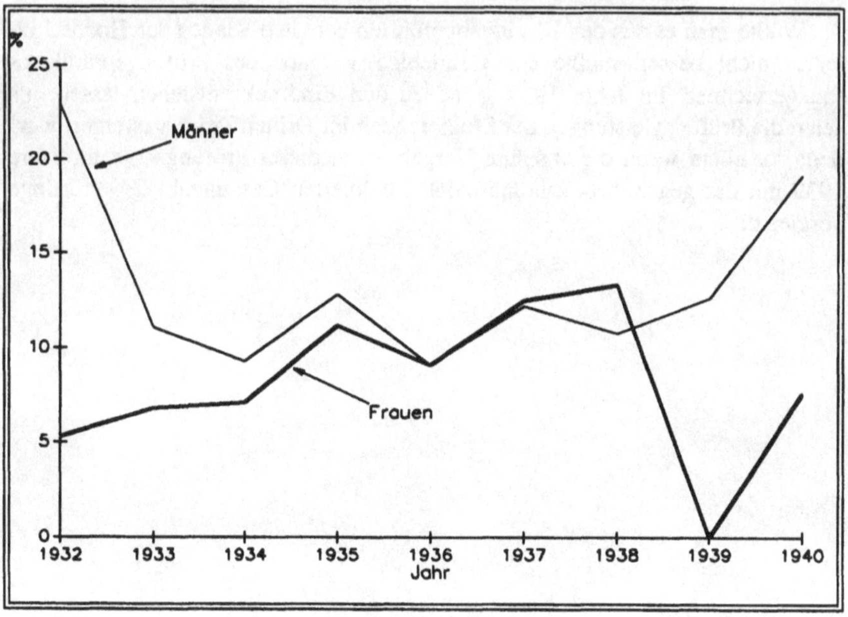

Diagramm 22: Prozentuale Durchfallquote im Handelslehramt 1932-1940 nach Geschlecht differenziert[119]

Obgleich die Professorenschaft permanent und mit Dauer des Dritten Reiches immer lauter Klage über den unzureichenden Kenntnisstand der Studierenden führte,[120] sank geschlechtsunabhängig zwischen den Jahren 1932

119 Erstellt nach ebd.

120 Meldungen aus dem Reich, Bd. 5, S. 1765 f.; ebd., Bd. 6, S. 2140 f.; ebd., Bd. 9, S. 3322.

und 1939 die Durchfallquote bei den Staatsprüfungen in Philologie[121] um ein Drittel ab. Hier ist, neben den Diskusionen um eine Verkürzung der Studiendauer,[122] ein Zusammenhang zum spürbaren Arbeitskräftemangel zu vermuten,[123] der die professoralen Entscheidungen über das Bestehen von Prüfungen sicherlich wohlwollend beeinflußte. Die geringere Zahl der mit "ausgezeichnet" oder "sehr gut" beurteilten Staatsprüfungen und das bei den Männern zu konstatierende Anwachsen des "genügend" als Prüfungsprädikat lassen Rückschlüsse auf die nachlassenden individuellen Prüfungsleistungen zu. Möglicherweise erhöhten die Prüfer den allgemeinen Notendurchschnitt, wie es sich auch beim Vergleich der Beurteilungen in den Fächer Englisch und Französisch in den Jahren 1932 und 1939 zeigt.

Wüßte man es aus den bereits angeführten beredten Klagen der Hochschullehrer nicht besser, müßte die freigiebige Vergabe des Prüfungsprädikates "ausgezeichnet" im Jahre 1939 geradezu den Eindruck entstehen lassen, als seien die Prüfungsleistungen der Studierenden im Dritten Reich gesteigert worden; vor allem wenn die absolute Vergabeziffer dieser Prüfungsnote im Jahre 1939 mit der gegenüber dem Jahre 1932 halbierten Gesamtzahl der Prüflinge vergleicht.

---

121 Für die meisten anderen Disziplinen fehlen geschlechtsdifferenzierte Prüfungsergebnisse.

122 Meldungen aus dem Reich, Bd. 2, S. 90.

123 Ebd., Bd. 2, S. 83 f.; ebd., Bd. 12, S. 4673 ff.

V. Bundesrepublik Deutschland

1. Auswirkungen der NS-Bildungspolitik

Die Nachwirkungen der frauenfeindlichen Reglementierungen im Bildungswesen während der nationalsozialistischen Gewaltherrschaft sind auch noch in den Anfangsjahren der Bundesrepublik Deutschland zu konstatieren. Die allgemeinen hochschulpolitischen Entscheidungen der ersten Nachkriegsjahre, mit denen die Rückkehr zum "Status quo ante" (Raiser) bewirkt wurden, waren restaurativ, wodurch die Chance einer grundlegenden Reformierung und Liberalisierung der Universitäten vertan wurde.[1] Die von einer amerikanischen Sozialwissenschaftlerin mit Unterstützung der US High Commission for Germany im Jahre 1950 an sechs deutschen Universitäten durchgeführten Befragungen belegen dies nachdrücklich. Auf die Frage, ob Studentinnen (im Sommersemester 1950!) an ihrer Universität "willkommen", "toleriert" oder gar "unwillkommen" seien, antworteten zwar nur zwei Prozent der Frauen (in Tübingen waren es immerhin 10 %),[2] daß sie sich als unerwünscht fühlten. Aber 42 % betrachteten sich nur als toleriert; selbst von den als Kontrollgruppe befragten Männern konzedierten dies ein Fünftel.[3]

Die "Tolerierung" ist gleichfalls beim Hochschulzugang zu erkennen. Gemessen an ihrem Anteil an der Gesamtbevölkerung lag die Zahl der Mädchen an den Gymnasien in den fünfziger Jahren deutlich unter dem Erwartungswert, der einen weiblichen Anteil von 49 % aller 10- bis 24jährigen ausweist. Von den Gymnasien besuchenden Schülern waren jedoch nur 40 % Mädchen.[4] Besonders in den oberen Klassen war - bedingt durch vorzeitige Abgänge[5] - ein deutlich geringerer Prozentsatz gegeben. Ähnliches ist Ende der fünfziger/Anfang der sechziger Jahre für die Studentinnen festzustellen. Die Zahl der Studienanfängerinnen erhöht sich zwar rasch von 18 % (1950) auf 30 % aller Neuimmatrikulationen im Jahre 1965, so daß der Frauenanteil an den wissenschaftlichen Hochschulen insgesamt anstieg. Jedoch lag die Quote

---

1 Raiser, S. 187.

2 Zur reaktionären und z.T. antisemitischen Haltung der Tübinger Professorenschaft schon vor 1933 siehe Adam, S. 30 f.

3 Fackt, S. 12 f.

4 Peisert, S. 100 f.

5 Pross, S. 30 f.

des vorzeitigen Studienabbruchs[6] unter den Frauen, wie aus den Untersuchungen von Gerstein[7] und Börsch[8] bekannt ist, deutlich höher als unter den Männern. Das folgende, Peisert entlehnte Diagramm 23 veranschaulicht deutlich die vorzeitigen Ausbildungsabbrüche von Mädchen auf dem Weg zum Universitätsexamen.

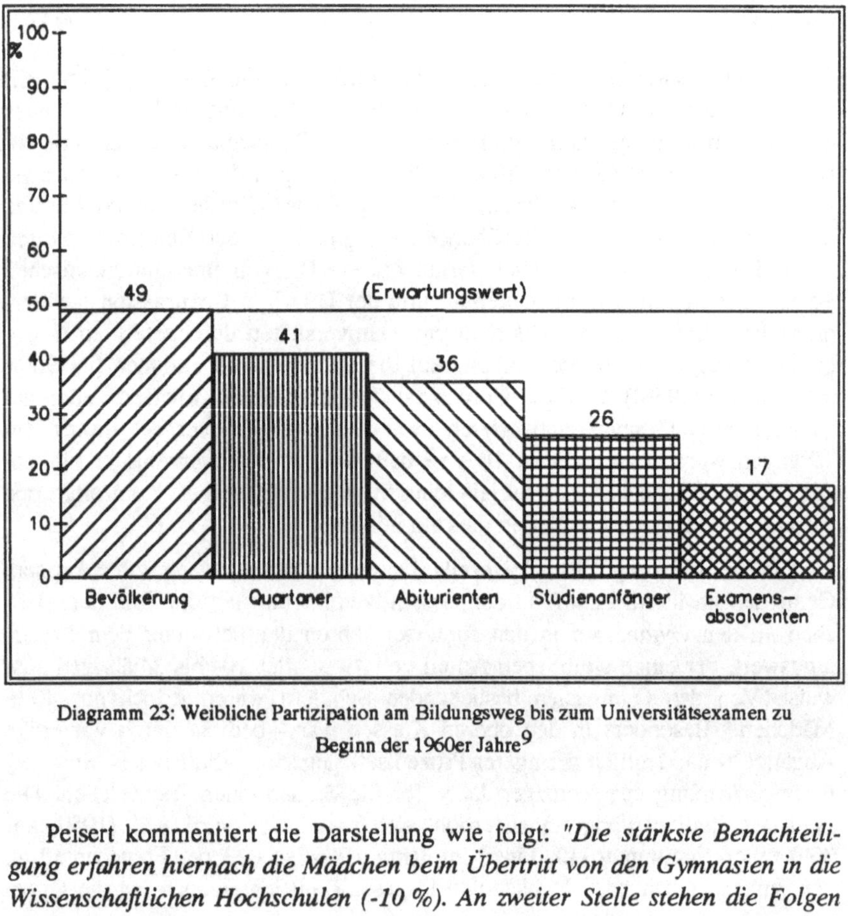

Diagramm 23: Weibliche Partizipation am Bildungsweg bis zum Universitätsexamen zu Beginn der 1960er Jahre[9]

Peisert kommentiert die Darstellung wie folgt: *"Die stärkste Benachteiligung erfahren hiernach die Mädchen beim Übertritt von den Gymnasien in die Wissenschaftlichen Hochschulen (-10 %). An zweiter Stelle stehen die Folgen des überproportionalen Abganges während des Studiums (-9 %). An dritter*

6 Zu den Problemen im Studium und zur geschlechtsdifferenzierten unterschiedlichen Beurteilung der Studiensituation siehe Herwig, S. 139 ff. u. S. 172 ff.

7 Gerstein, S. 16.

8 Börsch, S. 3.

9 Erstellt nach Peisert, S. 108.

Stelle folgt die Verminderung des Mädchenanteils beim Übergang von der Volksschule zur Höheren Schule (-8 %), und schließlich wirkt sich auch der vorzeitige Abgang von den Höheren Schulen in besonderem Maße auf die Mädchen aus (-5 %)".[10]

Die in der empirischen Untersuchung von Anger dokumentierten eher ablehnenden Haltungen von Professoren gegenüber dem Frauenstudium manifestierten sich in dem tradierten Trugbild einer von Frauen als Eheanbahnungsinstitut mißbrauchten Universität: *"Die Studentinnen suchen einen Ehepartner und hören auf zu studieren, wenn sie einen gefunden haben."*[11] Das Heiratsmotiv[12] als angebliche Triebfeder des Studiums steht im Vordergrund der vorurteilshaften Einwände der Dozenten. Wenn dies aber - z.B. wegen fehlender Attraktivität - nicht gilt, wird der Versuch des gesellschaftlichen Aufstiegs aus eigener Kraft als Negativum abgetan: *"Wenn Sie nicht hübsch genug ist, um mit Sicherheit **Heiratsaussichten** zu haben, geht sie auf die Universität."*[13] Den Studentinnen wird dabei unterstellt, sie seien *"untauglich für die Heirat, aber es soll ein bestimmtes Niveau erreicht werden."*[14] Da viele Professoren andererseits konzedierten, daß Frauen die besseren Referate ablieferten und im Durchschnitt auch fleißiger seien als die Männer,[15] wurden die Vorurteile von ihnen selbst ad absurdum geführt!

2. Soziale Herkunft

Bei der Beurteilung der geringen Zahl von Studentinnen an den westdeutschen Hochschulen in den fünfziger Jahren darf nicht außer acht gelassen werden, daß der Frauenanteil speziell aus den unteren Sozialschichten (Angestellte, Arbeiter) sehr klein war.[16] Dabei wirkten vor allem traditionelle und finanzielle Ursachen zusammen.[17]

10 Ebd., S. 108 f.

11 Zit. in Anger, S. 459.

12 Siehe auch ebd., S. 465 f.

13 Zit. in ebd., S. 459 (Hervorhebung im Original).

14 Zit. in ebd.

15 Ebd., S. 470 f.

16 Siehe Pross, S. 56 ff.; Schopf, S. 126 ff.; Schnelle, Bildungsnotstand, S. 207.

17 Ausführlich dargestellt in der Arbeit von Bublitz.

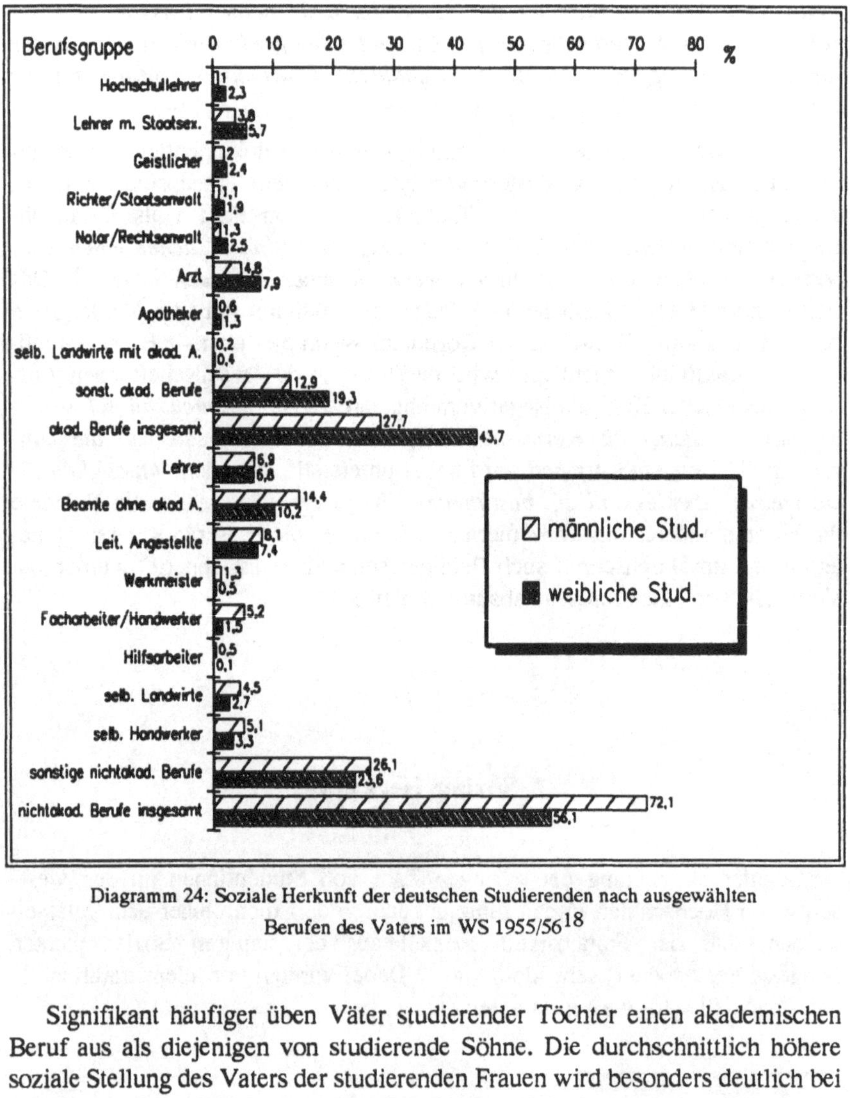

Diagramm 24: Soziale Herkunft der deutschen Studierenden nach ausgewählten Berufen des Vaters im WS 1955/56[18]

Signifikant häufiger üben Väter studierender Töchter einen akademischen Beruf aus als diejenigen von studierende Söhne. Die durchschnittlich höhere soziale Stellung des Vaters der studierenden Frauen wird besonders deutlich bei der Gegenüberstellung von akademischen und nichtakademischen Berufen in der gleichen Berufsgruppe (wie z.B. Beamte, freie Berufe, Handel- und Gewerbetreibende). Der Frauenanteil an den einzelnen Sozial- und Berufsgruppen differiert erheblich. Bezogen auf je 100 männliche Studenten aus der betreffenden Kategorie variiert die Zahl der Studentinnen zwischen der Hälfte und einem Zwanzigstel.

18 Erstellt nach Kath, S. 28 f.

Während bei den Professoren- und Apothekerkinder auf je 100 studierende Söhne 48 Töchter mit einem Hochschulstudium entfallen, sind es bei den freiberuflich tätigen Vätern mit Hochschulabschluß nur 33. Von den Vätern ohne eine akademische Ausbildung haben (wiederum je 100 studierende Söhne) die Töchter der Facharbeiter und unselbständigen Handwerker sowie die der Hilfsarbeiter die geringsten Aussichten auf ein Hochschulstudium. Die zehnte Sozialerhebung des Deutschen Studentenwerks von 1982, eine repräsentative Stichprobe der Studierenden an den wissenschaftlichen Hochschulen,[19] weist signifikante geschlechtsdifferenzierte Unterschiede beim Schulabschluß des Vaters auf. Noch immer besitzen die Väter der Studentinnen einen qualitativ höheren Bildungsabschluß als die der Studenten. Anders ausgedrückt bedeutet dies, je höher das väterliche Bildungsniveau desto besser sind die weiblichen Ausbildungschancen.

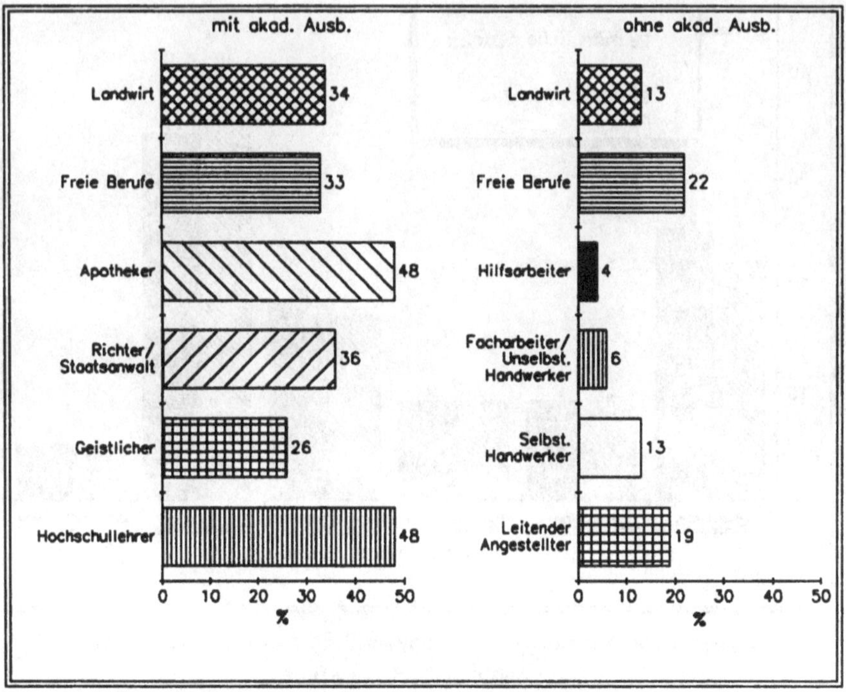

Diagramm 25: Zahl der Studentinnen je 100 männliche Studierende im WS 1955/56 nach dem Beruf des Vaters[20]

19 Schnitzer/Isserstedt/Narten, S. 18 f.

20 Erstellt nach Kath, S. 102 f.

Bestätigt werden die Befunde durch die ersten vorliegenden Ergebnisse einer komplexen Untersuchung über Wissenschaftseliten in Deutschland.[21] Die empirischen Erkenntnisse dieser detaillierten und repräsentativen Studie über das Bildungsniveau der Eltern von Promovierten belegen, daß die promovierten Frauen im Durchschnitt einer höheren Sozialschicht entstammen als die promovierten Männer.[22] Besonders eklatant sind die signifikanten geschlechtsspezifischen Differenzen bei der Frage der Selbstrekrutierung promovierter Akademiker. Während bei 22,8 % der promovierten Söhne der Vater ebenfalls einen Doktorgrad besitzt, ist das bei einem Drittel der Väter promovierter Töchter der Fall.[23]

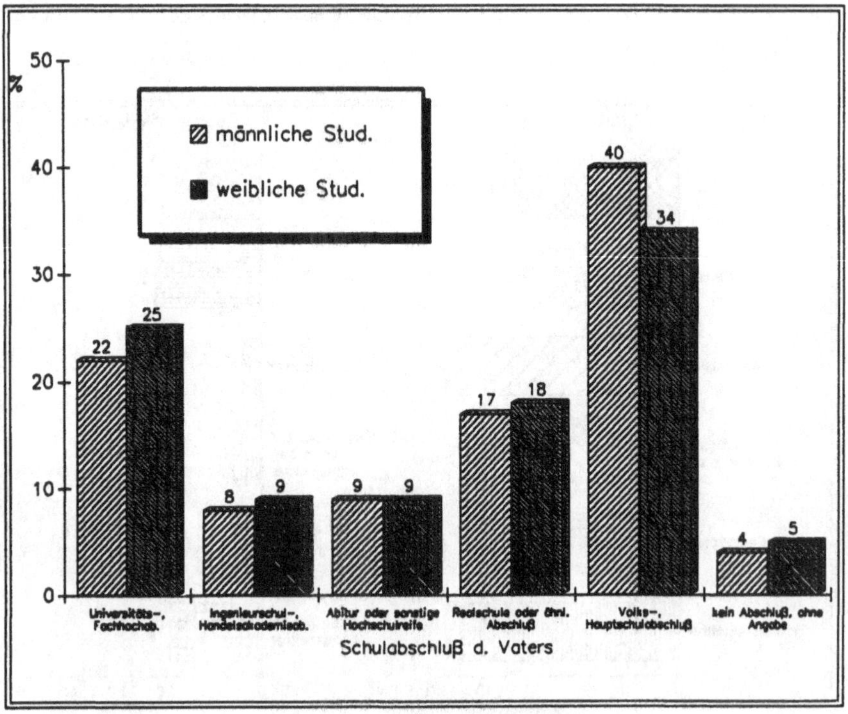

Diagramm 26: Studierende an wissenschaftlichen Hochschulen 1982 nach Geschlecht und Schulabschluß des Vaters (in %)[24]

21 Siehe Voigt et al. passim.

22 Voigt/Belitz-Demiriz, S. 79, Tabelle 9.

23 Ebd., S. 81.

24 Erstellt nach Schnitzer/Isserstedt/Narten, S. 111.

3. Bildungschancen contra soziale Herkunft

Die geringsten Studienchancen haben anscheinend Mädchen - und das konstant für die 1980er Jahre -, deren Vater Arbeiter und deren Mutter Beamtin ist; da die weitgefaßte arbeitsrechtliche Einordnung "Beamtin" keinerlei Aussagen über die individuelle Dienstbezeichnung und Laufbahnposition zuläßt, liegt es aber hier nahe, Tätigkeiten im unteren Bereich der Beamtenhierarchie zu vermuten.[25] Töchter aus reinen Arbeiterhaushalten wie auch aus Arbeiterfamilien mit nicht erwerbstätigen Müttern sind deutlich häufiger an den Universitäten vertreten. Besonders häufig haben Studentinnen Mütter, die als Angestellte tätig sind. Diese Frauen scheinen auch mehr am Studium und dem damit erhofften sozialen Aufstieg des weiblichen Nachwuchses interessiert zu sein.

Vergleicht man die in den nachfolgenden Tabellen 10 bis 12 dargestellten sozialen Rekrutierungsbereiche der studierenden Frauen mit der Struktur der Erwerbstätigen in der Bundesrepublik Deutschland im Jahre 1984, so zeigen sich zahlreiche Verschiebungen. Zu allererst muß festgehalten werden, daß lediglich 51,7 % der 15- bis 65jährigen Frauen erwerbstätig sind, gegenüber 81,4 % der gleichaltrigen Männer,[26] wobei die Erwerbsquote der verheirateten Frauen von 40,6 % (1980) auf 42,5 % im Jahre 1984 geringfügig angestiegen ist.[27] Deutliche Unterschiede zwischen den erwerbstätigen Männer und Frauen sind auch nach deren Stellung im Beruf festzustellen (siehe Diagramm 27).

25 Siehe Bleek, Verwaltung, S. 70 ff.

26 Datenreport, S. 80.

27 Ebd., S. 80, Tab. 2.

Tabelle 10: Soziale Herkunft der Studienanfängerinnen im WS 1978/79 differenziert nach der arbeitsrechtlichen Stellung der Eltern[26]

Mutter ist	Vater ist: Arbeiter abs.	Arbeiter in %	Angestellte abs.	Angestellte in %	Beamter abs.	Beamter in %	Selbständig abs.	Selbständig in %	sonstiges abs.	sonstiges in %	Mutter ist gesamt abs.	Mutter ist gesamt in %
Arbeiterin	942	50,0	567	30,1	211	11,2	114	6,1	49	2,6	1883	100
Angestellte	888	8,1	5.242	47,9	2.537	23,2	2.064	18,9	202	1,8	1.0933	100
Beamtin	32	2,6	350	28,4	655	53,2	164	13,3	30	2,4	1231	100
Selbständig mithelf. Fam.	80	4,2	464	24,1	246	12,8	1.081	56,2	51	2,7	1922	100
nie erwerb.	1.127	14,8	3.049	40,1	2.076	27,3	1.227	16,1	123	1,6	7602	100
sonstiges	797	8,3	2.672	18,4	1.756	18,4	3.054	31,9	1.283	13,4	9562	100
Vater ist gesamt	3.866	100	12.344	100	7.481	100	7.704	100	1.738	100		
Insgesamt	3.866	11,7	12.344	37,3	7.481	22,6	7.704	23,3	1.738	5,2	33.133	100

26 Berechnet nach Stat. Bundesamt, Fachserie 11, Reihe 4.1, WS 1978/79, S. 142.

Tabelle 11: Soziale Herkunft der Studienanfängerinnen im SS 1982 differenziert nach der arbeitsrechtlichen Stellung der Eltern[27]

Mutter ist	Vater ist: Arbeiter abs.	Arbeiter in %	Angestellte abs.	Angestellte in %	Beamter abs.	Beamter in %	Selbständig abs.	Selbständig in %	sonstiges abs.	sonstiges in %	Mutter ist gesamt abs.	Mutter ist gesamt in %
Arbeiterin	339	53,3	200	31,4	53	8,3	28	4,4	16	2,5	636	100
Angestellte	331	9,0	1.756	47,7	781	21,2	743	20,2	74	2,0	3.685	100
Beamtin	8	2,0	121	29,8	201	49,5	63	15,5	13	3,2	406	100
Selbständig mithelf. Fam.	22	3,5	173	27,5	79	12,6	335	53,3	20	3,2	629	100
nie erwerb.	269	14,1	848	44,4	473	24,8	281	14,7	38	2,0	1.909	100
sonstiges	178	7,4	737	30,8	428	17,9	741	31,0	309	12,9	2.393	100
Vater ist gesamt	1.147	100	3.835	100	2.015	100	2.191	100	470	100		
Insgesamt	1.147	11,9	3.835	39,7	2.015	20,9	2.191	22,7	470	4,9	9.658	100

27 Berechnet nach Stat. Bundesamt, Fachserie 11, Reihe 4.1, SS 1982, S. 147.

Tabelle 12: Soziale Herkunft der Studienanfängerinnen im Studienjahr 1986/87 differenziert nach der arbeitsrechtlichen Stellung der Eltern[28]

	Vater ist										Mutter ist gesamt	
Mutter ist	Arbeiter abs.	in %	Angestellte abs.	in %	Beamter abs.	in %	Selbständig abs.	in %	sonstiges abs.	in %	abs.	in %
Arbeiterin	1.098	48,5	705	31,1	234	10,3	105	4,6	122	5,4	2.264	100
Angestellte	1.285	6,8	9.022	48,0	4.145	22,0	3.634	19,3	726	3,9	18.812	100
Beamtin	85	2,4	1.034	28,8	1.803	50,1	455	12,7	219	6,1	3.596	100
Selbständig	102	3,0	1.002	29,4	484	14,2	1.607	47,2	212	6,2	3.407	100
mithelf. Fam.												
nie erwerb.	979	12,8	3.299	43,3	2.051	26,9	1.053	13,8	239	3,1	7.621	100
sonstiges	787	5,2	3.869	25,4	2.120	13,9	3.166	20,8	5.315	34,8	15.257	100
Vater ist gesamt	4.336	100	18.931	100	10.837	100	10.020	100	6.833	100		
Insgesamt	4.336	8,5	18.931	37,2	10.837	21,3	10.020	19,7	6.833	13,4	50.957	100

28 Berechnet nach Stat. Bundesamt, Fachserie 11, Reihe 4.1, SS 1987, S. 166.

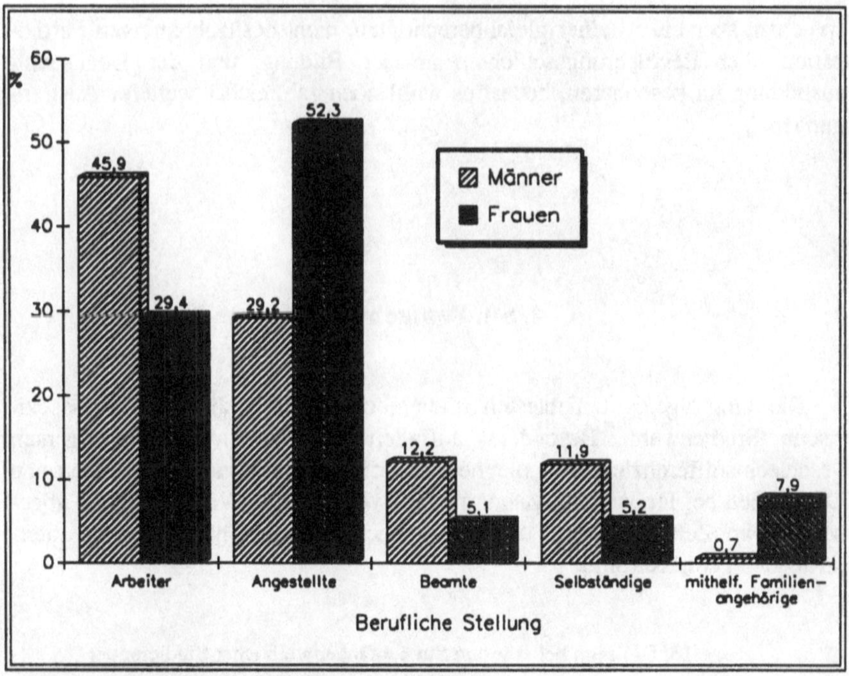

Diagramm 27: Erwerbstätige im Jahresdurchschnitt 1984 nach der Stellung im Beruf und dem Geschlecht[31]

Das Diagramm 27 weist laut Datenreport *"für Männer und Frauen typische Unterschiede auf."*[32] Zum einen den deutlich höheren Frauenanteil bei den "mithelfenden Familienangehörigen" und zum anderen die höheren Anteile der Männer bei den Beamten und den selbständig Tätigen. Darüberhinaus steht die berufliche Stellung in *"einem Zusammenhang zum Ausbildungsstand der Erwerbstätigen."* Personen mit einem qualifizierten Ausbildungsabschluß sind unter den Selbständigen und Beamten *"wesentlich häufiger vertreten als in den übrigen Berufsgruppen."*[33] Ob diese Ergebnisse die These einer "Demokratisierung von Bildung"[34] in der Bundesrepublik Deutschland verifizieren, hängt von der **subjektiven** Sichtweise des Beobachters ab. Sicherlich läßt sich im Vergleich mit dem Kaiserreich oder der Weimarer Republik von einer Öffnung und größeren Beteiligung aller Sozialschichten an der Hochschulbildung

31 Erstellt nach Datenreport, S. 84, Abb. 6.

32 Ebd., S. 84.

33 Ebd., S. 85.

34 Becker, S. 330.

sprechen, aber bis zu einer gleichberechtigten, nicht besitzabhängigen Partizipation aller Bevölkerungsschichten an der Bildung, und der Hochschulausbildung im besonderen, bedarf es wohl noch zahlreicher weiterer Anstrengungen.

4. Studienfachwahl

Die Rangfolge der beliebtesten Studienfächer bestätigt die geschlechtsspezifische Studienwahl. Besonders auffallend ist, neben der divergenten geschlechtsdifferenzierten Studienneigung, die hohe Konstanz der beliebtesten Disziplinen bei Frauen und Männern, die - von geringen Veränderungen abgesehen - im Zeitverlauf von 25 Jahren nahezu gleich, d.h. signifikant unterschiedlich geblieben sind.

Tabelle 13: Die zehn beliebtesten Studienfächer weiblicher Studierender im Wintersemester 1960/61[a] und 1985/86[35]

Rang	Wintersemester 1960/61 Studienfach	abs.	Wintersemester 1985/86 Studienfach	abs.
1.	Humanmedizin	6.643	Wirtschaftswiss.	48.380
2.	Germanistik	4.704	Germanistik	35.505
3.	Anglistik	3.816	Humanmedizin	33.978
4.	Romanistik	3.224	Rechtswiss.	33.125
5.	Pharmazie	2.402	Erziehungswiss.	30.786
6.	Wirtschaftswiss.	2.248	Biologie	18.576
7.	Rechtswiss.	1.802	Anglistik	16.642
8.	Latein	1.023	Architektur	15.422
9.	Biologie	973	Romanistik	14.790
10.	Geschichte	946	Politik/Sozialw.	14.606
	Zusammen	27.781	Zusammen	261.810
	Insgesamt (alle Studienfächer)	39.130	Insgesamt (alle Studienfächer)	481.867
	Anteil von Zusammen an Insgesamt (%)	71,0	Anteil von Zusammen an Insgesamt (%)	54,3

a Bundesgebiet ohne Berlin.

35 Erstellt nach Stat. Jb. Bundesrepublik 1962, S. 106; 1987, S. 367, S. 370.

Außerdem ist zu beachten, daß viele der von den Studentinnen bevorzugten Studienfächer nicht gewählt werden, um später in diesem Fachbereich wissenschaftlich oder gewerblich zu arbeiten, sondern weil ihr Studium die Voraussetzung für das eigentliche Berufsziel, Lehrerin an einer weiterführenden Schule ist, - damit wiederum für einen klassischen Frauenberuf.[36]

Tabelle 14: Die zehn beliebtesten Studienfächer männlicher Studierender im Wintersemester 1960/61[a] und 1985/86[37]

Rang	Wintersemester 1960/61 Studienfach	abs.	Wintersemester 1985/86 Studienfach	abs.
1.	Wirtschaftswiss.	16.476	Wirtschaftswiss.	106.017
2.	Rechtswiss.	15.039	Elektrotechnik	67.771
3.	Humanmedizin	12.362	Maschinenbau	57.776
4.	Maschinenbau	9.140	Rechtswiss.	51.541
5.	Chemie	6.802	Humanmedizin	44.255
6.	Germanistik	6.626	Informatik	27.171
7.	Physik	6.434	Physik	26.488
8.	Elektrotechnik	6.360	Bauingenieurwesen	25.329
9.	Bauingenieurwesen	5.091	Chemie	24.828
10.	Anglistik	4.045	Architektur	24.210
	Zusammen	88.375	Zusammen	455.386
	Insgesamt (alle Studienfächer)	134.034	Insgesamt (alle Studienfächer)	779.954
	Anteil von Zusammen an Insgesamt (%)	65,9	Anteil von Zusammen an Insgesamt (%)	58,4

a Bundesgebiet ohne Berlin.

Im Wintersemester 1985/86 stand geschlechtsneutral sowohl bei den Studentinnen als auch bei den Studenten das Fachgebiet Wirtschaftswissenschaften (inklusive Betriebs- und Volkswirtschaft) an der Spitze der Beliebtheitsskala der am meisten studierten Fächer, wobei dieser Spitzenplatz bei den Männern schon 1960/61 erreicht worden war. Die Humanmedizin (ohne Dentalmedizin) hat hingegen an Studienrelevanz verloren; besonders bei den weiblichen Studierenden, wo ein deutliches Absinken vom ersten auf den dritten Rang erfolgt. Während bei den Männern ein verstärkter Drang in die technischen Bereiche zu konstatieren ist, streuen im Zeitverlauf die Studienneigungen der Frauen breiter, wie auch deutlich am stärkeren Absinken der prozentualen Bedeutung der zehn am häufigsten studierten Disziplinen gegenüber dem Gesamtfächerkanon zu erkennen ist. Dies dokumentiert die Aufhebung der vormaligen Konzentration auf

36 Siehe auch die Studie von Schefer über den Aufsteigerberuf "Studienrat".

37 Erstellt nach Stat. Jb. Bundesrepublik 1962, S. 106; 1987, S. 367, S. 370.

einen engen Fächerkanon, "*der dem herrschenden Weiblichkeitsstereotyp entspricht: sei es in Form einer kurzen Studiendauer wie im Fall der Erziehungswissenschaft oder der Pharmazie, oder/und sei es in Form einer sozialen Ausrichtung, die Berufsperspektiven im Gesundheits-, Erziehungs- und Unterrichtswesen aufweist*".[38]

Außerdem festzuhalten bleibt noch, daß die Bedeutung der philologischen Fächer bei den Studentinnen deutlich nachläßt. Waren 1960/61 noch 18 % der immatrikulierten Frauen in Anglistik bzw. Romanistik eingeschrieben, so lag dieser Anteil im Wintersemester 1985/86 nur noch bei 6,5 % aller Studentinnen. Die sinkende Attraktivität ist wohl auch eine indirekte Auswirkung der seit Ende der siebziger Jahre schlechter werdenden Berufschancen im Lehramtsbereich. Auf dem elften Platz der weiblichen Beliebtheitsskala lag 1960 wie auch 1985 das Fach Psychologie; ein weiteres Indiz für die hohe Konstanz der Studienneigungen innerhalb der vergangenen 25 Jahre.

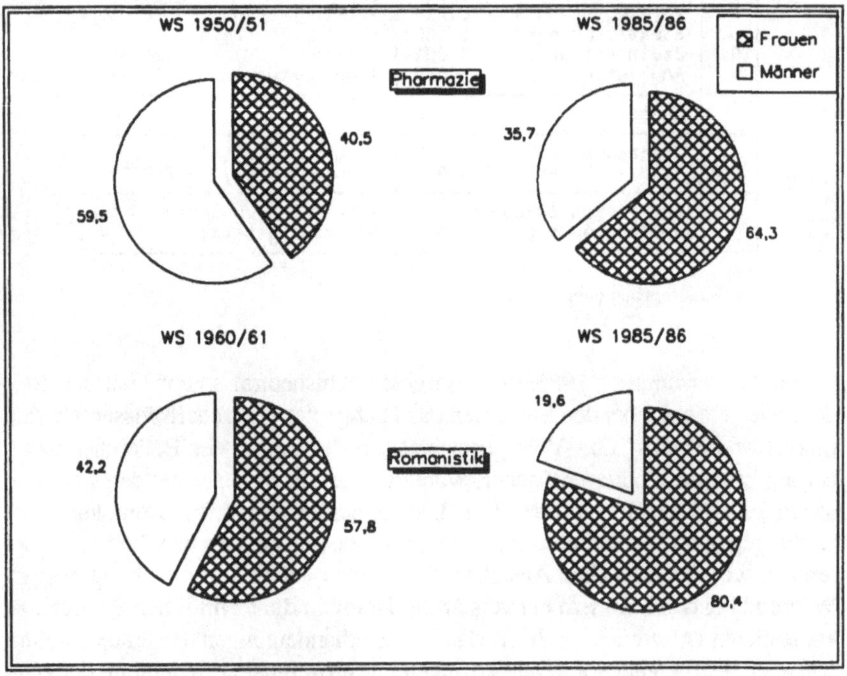

Diagramm 28: Frauenanteil in Pharmazie und Romanistik im WS 1950/51 und im WS 1985/86[39]

---

38 Börsch, S. 22.

39 Erstellt nach Stat. Jb. Bundesrepublik 1952, S. 71; 1987, S. 367, S. 370.

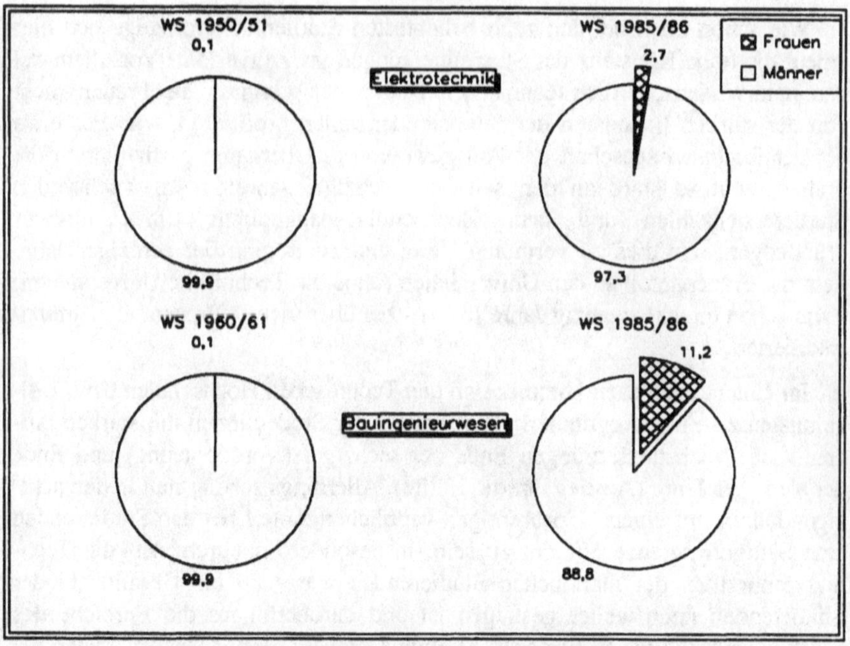

Diagramm 29: Frauenanteil in Elektrotechnik und Bauingenieurwesen im WS 1950/51 und im WS 1985/86[40]

Bei der differenzierten Neigung zu Naturwissenschaft und Technik bleibt zu berücksichtigen, daß - besonders in den fünfziger und sechziger Jahren - durch die schulische Sozialisation und den damit eng verbundenen geschlechtsdifferenzierten Lerninhalten (z.B. Handarbeit statt Werken) bestimmte zukünftige Berufsziele und "geschlechtstypische" Berufswünsche vermittelt wurden, wie z.B. "*Mädchen sollen Hausfrauen werden, nicht Ingenieure*".[41] Entgegen aller Erwartungen sind die höchsten prozentualen Zunahmen von Studentinnenzahlen nicht in den Fachgebieten erzielt worden, in denen die Frauen stets vollkommen unterrepräsentiert waren (Bauingenieurwesen, Elektrotechnik). Auffallend ist auch, daß die Fachrichtungen mit einem überproportionalen Frauenanteil (gemessen an der Gesamtzahl der Studierenden) - mit der Ausnahme von Musikwissenschaft - überdurchschnittliche Steigerungsraten erzielen konnten, wie z.B. Pharmazie, Biologie, Germanistik und Romanistik, und im Wintersemester 1985/86 deutlich mehr weibliche als männliche Studierende aufweisen.

40 Erstellt nach Stat. Jb. Bundesrepublik 1952, S. 71; 1987, S. 367, S. 370.

41 Gingold, S. 75.

Wie schon oben bei den zehn beliebtesten Studienfächern, zeigt sich hier erneut die hohe Konstanz der Studienneigungen im Zeitverlauf. Vor allem bei den naturwissenschaftlich-technischen Disziplinen konnten die Frauen nicht von der starken Expansion der Studierendenzahlen profitieren, wie dies etwa bei der Rechtswissenschaft der Fall gewesen ist. Überhaupt partizipierten die Frauen nicht so stark an den seit den sechziger Jahren rasch wachsenden Studierendenzahlen und dem Hochschulausbau durch Universitätsneugründungen, wie dies zu vermuten wäre; erst zu Beginn der achtziger Jahre liegt der Frauenanteil an den Universitäten (ohne die Technische Universitäten) - wie schon einmal zwanzig Jahre früher - bei über vierzig Prozent aller Immatrikulierten.

Im Unterschied dazu kommt es an den Technischen Hochschulen bzw. Universitäten zu einem kontinuierlichen Anstieg der Studentinnen mit starken prozentualen Wachstumssprüngen Ende der sechziger (Verdoppelung) und Ende der siebziger Jahre (Anstieg um die Hälfte). Allerdings scheint nun in den achtziger Jahren mit einem 45prozentigen weiblichen Anteil bei den Studierenden eine Sättigungsgrenze erreicht zu sein; insbesondere dadurch, daß die Technikorientiertheit der männlichen Studierenden wie auch die Gesamtzahl der Studierenden noch weiter gestiegen ist und darüberhinaus die Bereiche des naturwissenschaftlich-technischen Studiums bessere Berufschancen bieten als beispielsweise die philologischen Disziplinen, die ein traditioneller Zweig des Frauenstudiums sind.[42]

Tabelle 15: Immatrikulierte deutsche Studierende an Universitäten und wissenschaftlichen (Gesamt-)Hochschulen[+] (ohne Technische Universitäten und Hochschulen)[43]

Semester	Uni-zahl	Studierende		
			davon weiblich	
		abs.	abs.	in %
SS 1951	17	61.435	16.593	27,0
SS 1956	18	74.931	24.163	32,2
SS 1961	19	115.897	47.130	40,7
SS 1966	20	199.484	56.048	28,1
WS 1970/1	27	257.361	75.172	29,2
WS 1976/7	33+16	437.868	160.390	36,6
WS 1981/2	36+17	596.192	257.436	43,2
WS 1986/7	36+23	707.514	319.678	45,2

42 Börsch, S. 22 f.

43 Erstellt nach Stat. Jb. der Bundesrepublik Deutschland 1952, S. 71; 1962, S. 106; 1972, S. 81; 1982, S. 356; 1987, S. 367.

Am Rande soll noch ein kurzer Blick auf die zwei westdeutschen Privatuniversitäten geworfen werden. An den beiden ersten seit wenigen Jahren bestehenden privat finanzierten Institutionen in Flensburg und Witten-Herdecke studierten im Wintersemester 1986/87 insgesamt 240 Bundesbürger, davon waren 79 (32,9 %) Frauen, d.h. deutlich weniger als an den staatlichen Hochschulen. Ungeachtet ihrer (noch) viel zu geringen personellen Aufnahmekapazitäten haben auch diese Lehranstalten den prozentualen Anteil studierender Frauen nicht heben können.

VI. DDR

1. Einleitung

Kennzeichnend für die totalitäre Ausrichtung des Staates »Deutsche Demokratische Republik« (1949 bis 1990) waren im hochschulpolitischen Bereich die selektive Planung und Lenkung des Hochschulstudiums,[1] die dirigistische Gängelung und die permanente Indoktrination der Studierenden[2] sowie die Ideologisierung und Verschulung des Hochschulstudiums. Die frühzeitige Selektion zukünftiger Studenten erfolgte bereits in den oberen Klassen der Erweiterten Oberschule.[3] Dabei waren weniger Leistungskriterien und intellektuelle Fähigkeiten als vielmehr die politische Zuverlässigkeit und das "gesellschaftliche" Engagement des Schülers und seiner Eltern die angewandten Selektionskriterien.[4] Neben dem Dirigismus an der Hochschule waren das gemeinsame Lernen in den Seminargruppen, die regelmäßige Teilnahme an den Veranstaltungen der staatlich gelenkten FDJ und die Unterbringung in den Mehrbettzimmern der Studentenheime wichtige Instrumente für die ideologischen "Erziehungs"-Maßnahmen von Partei und Staat nach der Immatrikulation.[5] Außerdem gewährleisteten die "gesellschaftlichen" Verpflichtungen, wie etwa die Teilnahme am vierwöchigen "FDJ-Studentensommer" mit Arbeitseinsätzen bei der Ernte oder auf dem Bau, die ideologische Beeinflußung des Privatlebens.[6] Die Klage eines Chemiestudenten über die Belastung der Studienvorbereitung durch den Studentensommer ist bezeichnend: *"... und dann beginnt das große Staunen, wenn wir besser Unkraut jäten und Wege planieren können, als unbekannte chemische Vorgänge richtig zu deuten."*[7]

Die Ideologisierung des Studiums und die politische Indoktrination im Sinne der "klassenmäßigen sozialistischen Erziehung" durch die SED war Auf-

---

1 Siehe Rytlewski/Husner, S. 137 ff.

2 Siehe beispielhaft Thimm, S. 17 u. S. 96.

3 Zur Bildungskonzeption und politischen Implikationen der Erweiterten Oberschule (EOS) siehe Bode.

4 Bode, S. 230 ff.; Deja-Lölhöffel, S. 92 f.; Husner, S. 30 f.; Leonhardt, S. 106 ff.; Voigt/Voß/Meck, S. 247.

5 Vgl. auch Waterkamp, Handbuch, S.365.

6 Deja-Lölhöffel, S. 169.

7 Zit. in Thüt, S. 191.

gabe und Ziel des marxistisch-leninistischen Grundlagenstudiums,[8] das selbst in den ingenieurwissenschaftlichen Studiengängen ein Viertel des Lehrplanes beanspruchte.[9] Die Verschulung der universitären Ausbildung stand auch im krassen Gegensatz zur Humboldtschen Konzeption der Einheit von Forschung und Lehre, die gleichfalls in der DDR ad absurdum geführt wurde.[10] Die Überfrachtung des Stundenplanes mit außeruniversitären gesellschaftlichen Tätigkeiten und Selbstverpflichtungen wird durch die Tatsache bestätigt, daß sich über die Hälfte von befragten Studenten hinsichtlich der Quantität der Anforderungen überfordert fühlten, während nur ein Viertel von ihnen meinten, es auch intellektuell zu sein. Vice versa sah sich lediglich ein Prozent als quantitativ unterfordert an, im Gegensatz zu einem Zehntel, die sich von den geistigen Anforderungen unterfordert fühlten![11]

2. Entwicklung der Studierendenzahlen

Im Rahmen der gesellschaftlichen Umwälzungen in der SBZ/DDR sollte auch die soziale Zusammensetzung und gesellschaftliche Herkunft der Studierenden an den Universitäten und Hochschulen verändert werden.[12] Besonders der Prozentsatz der Arbeiter- und Bauern-Kinder sollte ihrem Bevölkerungsanteil gemäß ansteigen.[13] Zur Verwirklichung dieses Ziels wurden nach sowjetischem Vorbild[14] Arbeiter- und Bauern-Fakultäten errichtet, die begabten jungen Werktätigen die nötige Vorbildung für ein Hochschulstudium in komprimierter Form und relativ kurzer Zeit zu vermitteln hatten. Doch wie die geschlechtsdifferenzierte Darstellung der ABF-Studierenden der Jahre 1950-1963 zeigt,[15] sank seit Beginn der fünfziger Jahre der Frauenanteil beharrlich, obgleich er nie mehr als 27,2 % (1952) betragen hatte. Daraus läßt sich ersehen, wie schwer die Erhöhung der Frauenquote an der Zahl der Studierenden auch

8 Böhme, Grundlagenstudium, S. 3 ff.; Brüll/Niemann/Vogel, S. 197 ff.; Teumer, S. 940 ff. Vgl. auch Rudolph, Untersuchungen, S. 37 ff.

9 Thimm, S. 163, Anlage 2. Siehe auch Mertens, Studenten, S. 371.

10 Sroka, S. 191 ff. u. S. 225 ff.; Mertens, Honecker, S. 28.

11 Olbertz, S. XLVI, Tab. 13; Siehe auch Mertens, Studenten, S. 374.

12 Ausführlich dargestellt in der Monographie von Herbert Stallmann.

13 Baske/Engelbert, S. 114 ff., Dok. 42.

14 Meck/Mertens, S. 196 ff.

15 Stat. Jb. der DDR 1964, S. 446.

für ein Regime war, das - zumindest propagandistisch - die Förderung der Frauen zur eigenen Sache gemacht hatte. Noch Ende der sechziger Jahre wurde "Frauenförderung als System"[16] sozialistischer Hochschulpolitik gefordert und das Frauensonderstudium initiiert;[17] Mitte der achtziger Jahre war dies nicht mehr der Fall.[18] Obgleich die Erfolge der weiblichen Nachwuchsförderung sich in Grenzen hielten,[19] wurde die Problematik der Steigerung des weiblichen wissenschaftlichen Lehrpersonals inzwischen eher bagatellisiert.[20] Zwar lag der Frauenanteil mit einem Drittel des wissenschaftlichen Nachwuchses[21] deutlich über den Werten, die zu Beginn der sechziger Jahre registriert wurden (z.B. 23,6 % an der Karl-Marx-Universität Leipzig).[22] Vergleicht man den Anteil weiblicher wissenschaftlicher Kader (33,6 %) mit dem Anteil weiblicher Studierender im Jahre 1986 (50,3 %), dann wird jedoch die fortbestehende Diskrepanz deutlich.[23]

Der chronische Arbeitskräftemangel führte bereits in den frühen fünfziger Jahren zu einem - propagandistisch unter dem Motiv der Gleichberechtigung[24] initiierten - verstärkten Bemühen der Integration von Frauen in den Arbeitsprozeß[25] und speziell in die technischen Berufe.[26] Hervorgerufen wurde der Einsatz dieser Arbeitskräftereserve durch die volkswirtschaftlichen Zwänge, die bis 1961 andauernde Westflucht von Millionen Erwerbstätiger[27] und danach durch die geringe Automatisierung und Technisierung der Arbeitswelt sowie die deutlich niedrigere Arbeitsmotivation und -produktivität.

---

16 Rohde, S. 310 ff.

17 Freese, S. 128 ff.; Speigner, S. 210 ff.; Schnelle, Weiterentwicklung, S. 666 ff.

18 Siehe Emons, S. 272 ff.; Hecht, S. 13 f.

19 Zu den hochgesteckten Zielen siehe Hertel/Michalski, S. 666.

20 Böhme, Entwicklung, S. 138 ff.

21 Ebd., S. 150.

22 Schnelle, Schluß, S. 1055.

23 Hildebrandt, S. 103.

24 Kuhrig/Speigner, S. 60 f.; Brodag-Wettengel, S. 424 ff.; Grandke, Frauen, S. 199 ff.

25 Schick, S. 428 f.; Schnelle, Weiterentwicklung, S. 664.

26 Siehe Bestmann/Kloth, S. 264.

27 Zur Flucht von Studierenden siehe Köllner, S. 429 ff.

3. Sozialpolitische Förderung der Studentinnen

Anfang der sechziger Jahre wurden mit großem propagandistischen Aufwand spezielle Förderprogramme[28] angeregt;[29] besonders um die Zahl der Studentinnen in den ingenieurwissenschaftlichen Fächern zu erhöhen.[30] Im Vergleich zur umfassenden Agitation war der Erfolg dieser Maßnahmen eher mäßig. Denn neben der mühsamen Überwindung historisch gewachsener Vorbehalte wurden die familialen Bedingungen und Gegebenheiten der Frauen unzureichend berücksichtigt.[31] Mitte der sechziger Jahre brachen Studentinnen fünfmal häufiger als ihre männlichen Kommilitonen ein Hochschulstudium ab.[32] Da die Benachteiligungen von Frauen mit Kindern besonders groß war,[33] wurde im Jahre 1970 durch die Einführung eines Sonderstudiums die Vereinbarkeit von Studium und Mutterschaft verbessert.[34] Die Verrichtung der Hausarbeit unter verheirateten Studentenehepaaren blieb aber, empirischen Untersuchungen zufolge, ungleich verteilt: während sich die Männern im Durchschnitt neun Stunden engagierten, mußten sich die Frauen achtzehn Stunden wöchentlich um den Haushalt kümmern.[35]

Besonders hervorzuheben waren die umfangreichen sozialpolitischen Maßnahmen für die Studierenden in der DDR, vor allem für Studentinnen mit Kind.[36] Seit 1981 erhielten **alle** Studierenden im Direktstudium ein Grundstipendium;[37] bereits 1971 bekamen 91 % der Studenten und Studentinnen in der DDR ein Stipendium. Ende der achtziger Jahre erhielt jeder Studierende im Direktstudium ein Grundstipendium von 200 Mark (in Ost-Berlin 215 Mark); darüberhinaus gab es zusätzliche Leistungsstipendien in Höhe von 60, 100 oder 150 Mark.[38] Infolge der ausreichenden materiellen Absicherung durch Stipen-

---

28 Zur eher tradierten Einstellung von Männern in universitären Leitungsfunktionen gegenüber den weiblichen Arbeitskräften siehe Hildebrand, S. 602.

29 Siehe auch Schnelle, Schluß, S. 1056 ff.

30 Grandke, Frauen, S. 202; Schnelle, Prozeß, S. 833.

31 Hildebrand, S. 607; Schnelle, Frauenkonferenzen, S. 107 f.; Trauer, S. 347 f.; Syllm-Rapoport, S. 285 f.

32 Usko, S. 81; Helwig, Frau, S. 62; Schnelle, Probleme, S. 212.

33 Siehe auch Rössler, S. 516; Köpcke, S. 78 f.

34 Zu den Überlegungen einer weiteren Verbesserung der Studienbedingungen siehe Völker, S. IV ff.; Ziegenbein, S. 25.

35 Weller, S. 21.

36 Grandke, Familienförderung, S. 45 ff.; Gysi/Liebscher/Zierke, S. 149 f.; Helwig, Familie, S. 35 ff.

37 Zur Situation Anfang der siebziger Jahre siehe Haase, S. 34 ff.

38 Husner, S. 50 f.

dien und den umfassenden sozialpolitischen Maßnahmenkatalog für Frauen mit Kindern waren in der DDR doppelt soviele Studierende verheiratet als in der Bundesrepublik Deutschland.[39] Studentinnen mit zwei oder drei Kindern waren daher keine Seltenheit; pro Kind erhöhte sich das Grundstipendium um 50 Mark. Die Universitäten und Hochschulen in der DDR waren überdies verpflichtet, Kinderkrippen- und Kindergartenplätze bereitzustellen. Außerdem konnten Studentinnen mit Kindern Klausuren und Prüfungstermine verlegen lassen. So verwundert es nicht, daß jede zwölfte Direktstudentin auch Mutter war.[40] Der Anteil der Stomatologiestudentinnen mit Kind an der Ost-Berliner Humboldt-Universität stieg beispielsweise von 15 % (1979) auf 39 % im Jahre 1985.[41] Problematisch war allerdings, daß häufig in den staatlichen Wohnheimen den studierenden Eltern mit ihrem Kleinkind anstatt der angestrebten Kleinwohnung[42] nur ein Zimmer zur Verfügung gestellt wurde,[43] so daß - wenn das Baby schlief - erhebliche Rücksichten seitens der Eltern genommen werden mußten.[44]

Die bis Anfang der siebziger Jahre angestiegene Studierendenzahl (Höchststand 1972 mit 161.000) hatte sich infolge der Zugangsbeschränkungen nach der IV. Hochschulreform vorübergehend in der Mitte der siebziger Jahre gesenkt; der Frauenanteil an der Gesamtzahl der Studierenden war hingegen kontinuierlich angestiegen. Auffallend groß war der unterschiedliche Anteil von Studentinnen beim Direkt- und Fernstudium.[45] Begründet lag dies in der Tatsache, daß das neben dem Beruf und Haushalt[46] ausgeübte Fernstudium eine starke zeitliche Belastung darstellte[47] und darum von vielen Frauen - besonders verheirateten mit Kindern - gemieden wurde. Während beim Direktstudium der Frauenanteil mit 51 % in etwa dem der weiblichen Wohnbevölkerung der DDR (52 %) entsprach,[48] lag im Fernstudium die Partizipation der Frauen nur bei einem Drittel der Studierenden.[49] Dies ist um so bedeutsamer, als die Wirtschaftswissenschaften, der Wissenschaftszweig mit dem - nach der Pädagogik - höchsten Frauenanteil auch die Disziplin mit dem größten Anteil

---

39 Siehe auch Rytlewski/Husner, S. 145 f.

40 Marsch, S. 22.

41 Otto/Graehn, S. 24.

42 Köpcke, S. 85; Husner, S. 103.

43 Siehe auch Weller, S. 10, wonach im DDR-Durchschnitt drei Studierende in einem Wohnheimzimmer schlafen mußten.

44 Marsch, S. 23.

45 Siehe auch Garthwaite, S. 24 f.

46 Zur Belastung durch den Haushalt siehe Hille, S. 39 f.; Mertens, Auswirkungen, S. 98.

47 Vgl. Blankenburg, S. 13 f. zu den Freistellungsmöglichkeiten.

48 Leszczensky/Filaretow, S. 54.

49 Garthwaite, S. 27.

Fernstudierender war. Während in den Naturwissenschaften und der Medizin weniger als drei Prozent der Immatrikulierten Externe waren, betrug der Anteil der Fernstudenten in den Wirtschaftswissenschaften ein Drittel aller Studierenden.[50] Die quantitative Bedeutung des ehemals als Ausdruck fortschrittlicher sozialistischer Bildungspolitik[51] und als sozialistische Form des Hochschulstudiums[52] bejubelten Fernstudiums schwand immer mehr.

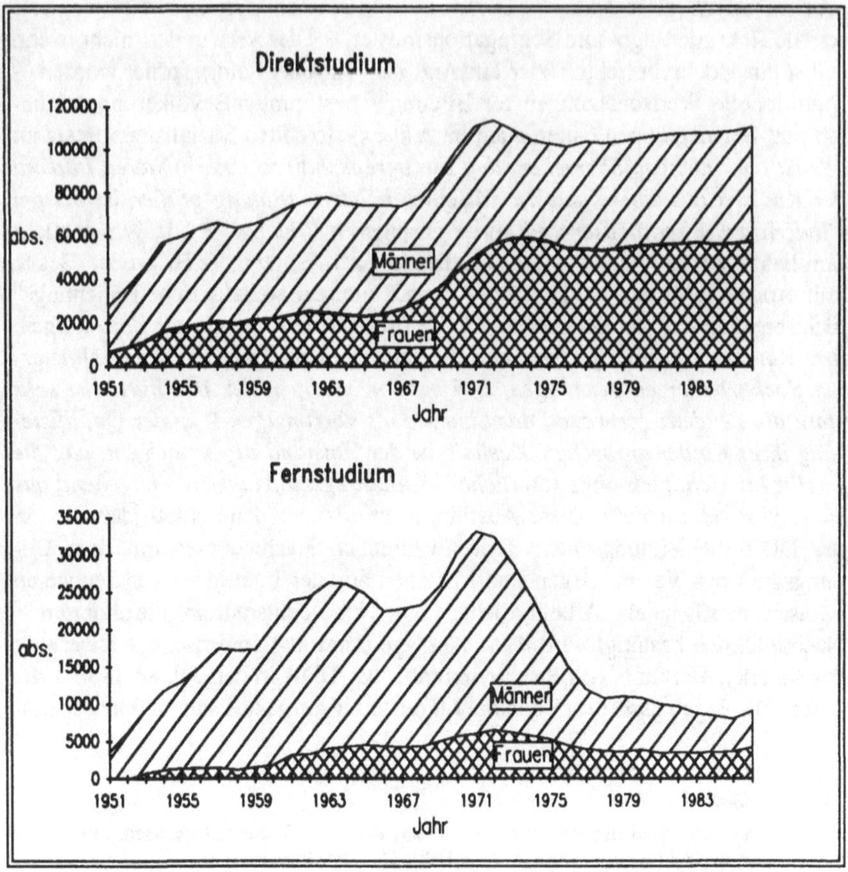

Diagramm 30: Zahl der Studierenden im Direktstudium und im Fernstudium in der DDR[53]

50 Ebd.

51 Fiedler/König, S. 222.

52 Frühauf, S. 232 ff.

53 Erstellt nach Stat. Jb. der DDR 1955 ff.

4. Ein Staatsgeheimnis - die soziale Herkunft

Differenzierte Angaben über die soziale Herkunft der Studierenden suchte man in DDR-Veröffentlichungen vergebens. Zwar wurde immer wieder die Förderung von Arbeiter- und Bauernkindern gefordert,[54] aber vereinzelne kundige Blicke über die Mauer und vor allem hinter die Kulissen der - potemkinschen Dörfern gleichenden - DDR-Statistik zeigten durchaus differenzierte soziale Rekrutierungs- und Segregationsmuster.[55] Dies verwundert nicht, wenn selbst ein Hochschulrektor oder ein Arzt als "Arbeiter" eingeordnet wurden.[56] Traditionelle Wertschätzungen für Bildung[57] bestimmter Bevölkerungsschichten und Berufsgruppen hatten auch im real existierenden Sozialismus Bestand: *"Es ist aber nicht zu übersehen, daß die Bereitschaft zu einer höheren Bildung bei Kindern aus Elternhäusern mit einer höheren Bildung größer ist als bei Kindern aus Elternhäusern mit einer geringeren Bildung."*[58] Die Wirksamkeit familialer Voraussetzungen für den Drang nach Bildung (z.B. großer Besitz kulturtragender Güter wie Bücher)[59] konnte auch die sozialistische Erziehung[60] nicht brechen: *"Auch heute noch gibt es Produktionsarbeiter, die dazu neigen, ihre Kinder so zu beeinflussen, den Weg der Berufsausbildung zum qualifizierten Facharbeiter einzuschlagen, und bei Angehörigen der Intelligenz ist sehr stark die Tendenz verbreitet, das Studium als vorrangigen Weg der Qualifizierung ihrer Kinder anzusehen. Deshalb ist der Umstand zu verzeichnen, daß die Intelligenz sich auch ohne staatliche Regulierungsmaßnahmen weitgehend aus sich selbst rekrutiert."*[61] Diese Ausführungen erlauben den Schluß, daß auch in der DDR die Bildungschancen des weiblichen Nachwuchses mit dem Bildungsgrad des Vaters stiegen und Mädchen aus der Intelligenz zugerechneten Kreisen häufiger als Arbeitertöchter ein Hochschulstudium absolvierten.[62] Nachdrücklich bestätigt wird diese Aussage durch die empirische Auswertung der sozialen Herkunft von Promovierten in der DDR in den Jahren 1950-1982 durch die Ergebnisse des Bochumer Forschungsprojektes zur Wissenschafts-

---

54 Maetzing, S. 72 ff.

55 Für die Studierenden, die mit Promotion ihr Studium beendeten, siehe die empirische Untersuchung von Voigt/Belitz-Demiriz/Gries, passim.

56 Grammdorf, S. 144; Leonhardt, S. 111. Siehe auch Mertens, Studenten, S. 376.

57 Siehe Bathke, S. 81 f., der die Legende von der Chancengleichheit im Sozialismus widerlegt.

58 Goroncy, S. 56.

59 Bathke, S. 82.

60 Mertens, Studenten, S. 375.

61 Goroncy, S. 57 f.

62 Bathke, S. 82 f.

elite.[63] Während 81 % der Väter der männlichen Promovenden kein Abitur besassen, waren es bei den Frauen nur 70 %. Vice versa hatten über ein Zehntel der Väter promovierter Töchter selbst promoviert, gegenüber sechs Prozent der Väter männlicher Promovierter. Die Addition der Väter mit abgeschlossenem Hochschulstudium unterstreicht die ungleiche bildungsmäßige Herkunft. Ein abgeschlossenes Hochschulstudium konnten 26,4 % der Väter von weiblichen Promovierten vorweisen - gegenüber 16,7 % bei den männlichen.[64]

5. Tradierte Verteilung nach Fachgebieten

Immer wieder wurde von staatlichen Stellen die unterschiedliche proportionale Verteilung der Studierenden nach dem Geschlecht in den einzelnen Disziplinen beklagt.[65] Während in den lehrerausbildenden Studiengängen der DDR die Studentinnen - ähnlich wie in der Bundesrepublik Deutschland - mit drei Viertel aller Studierenden überproportional häufig vertreten waren, studierten Frauen in den technischen Wissenschaften nur halb so oft wie es ihrem Gesamtanteil an den Studierenden entsprach. Obgleich die absolute Ziffer aller Studierenden in den Technischen Universitäten in den achtziger Jahren um fast zehn Prozent angestiegen war, ging der prozentuale Anteil der Frauen sogar noch leicht zurück, so daß lediglich ein gutes Viertel der Studierenden in den ingenieurwissenschaftlichen Wissenschaftszweigen weiblich war.[66]

Ein kontinuierlicher und um zehn Prozentpunkte auch überaus deutlicher Rückgang des Studentinnenanteils war infolge der staatlichen Lenkungsmaßnahmen in den Literatur- und Sprachwissenschaften zu konstatieren; er ging einher mit der Halbierung der absoluten Studierendenzahl in diesem Wissenschaftszweig. Dies dürfte auch ein Indiz dafür sein, daß sich die Frauen nicht freiwillig und neuen "Neigungen" folgend, sondern vielmehr durch die restriktive Hochschulzugangspolitik[67] für bestimmte Fachbereiche "interessiert" zeigten, bzw. durch gezielte Werbekampagnen in den Klassen der Oberschulen

63 Siehe Voigt et al.; Voigt/Belitz-Demiriz/Gries.

64 Voigt/Belitz-Demiriz/Gries, S. 267, Tab. 20.

65 Siehe auch Hertel/Michalski, S. 668.

66 Siehe auch Wienke, S. 147 f.; danach lag in der DDR der Prozentsatz der promovierten Ingenieurinnen nur bei fünf Prozent. Vgl. Lötsch/Falconere, S. 49 f. mit einer eher positiven Beurteilung der Situation.

67 Siehe Hertel/Michalski, S. 668 f.

"überzeugt" wurden.[68] In der Agrarwissenschaft kam es gleichfalls zu einem leichten Absinken des Studentinnenanteils. Unerwartet hoch[69] war der Frauenanteil in den Wirtschaftswissenschaften, wo die Studentinnen zwei Drittel der Studierenden repräsentierten. Das die Quotierung statt aus Lenkungs- aus etwaigen Leistungsgründen erfolgt sein könnte, ist nicht plausibel, da die Frauen im Vergleich zu den Männern im Durchschnitt mit den besseren Abiturnoten[70] die Oberschule absolvierten und über die Hälfte der Abiturienten stellten.[71]

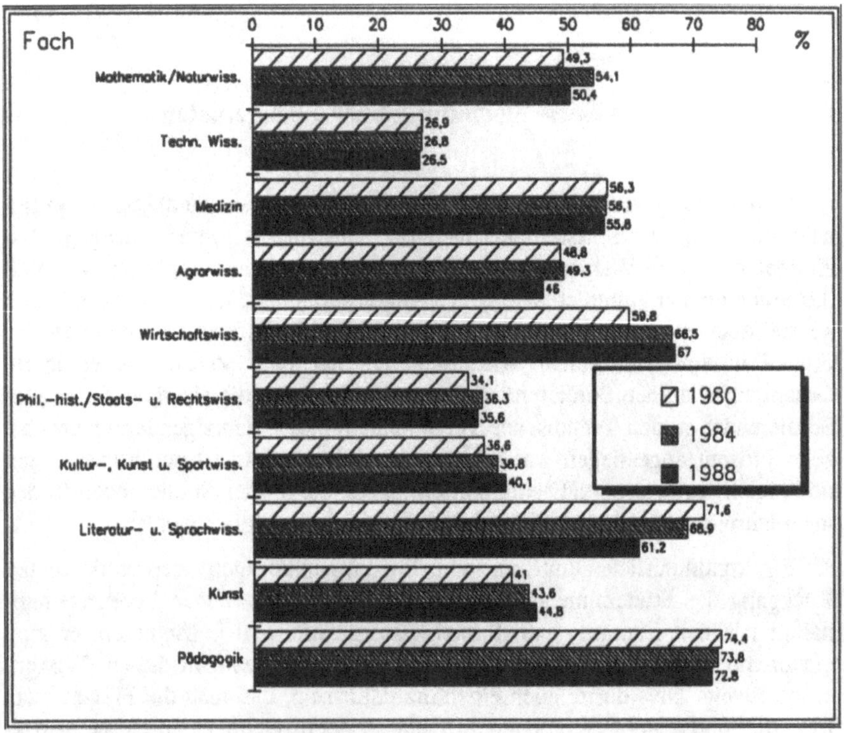

Diagramm 31: Anteil der weiblichen Studierenden in der DDR in den achtziger Jahren nach Wissenschaftszweigen differenziert[72]

68 Siehe Runge, S. 333.

69 Leszczensky/Filaretow, S. 54.

70 Die von Bathke, S. 80 für die Jahre 1982 und 1989 geschlechtsdifferenziert ausgewiesenen Abiturprädikate zeigen einen doppelt so hohen Mädchenanteil bei der höchsten Note (mit Auszeichnung).

71 Lötsch/Falconere, S. 41 f.; Starke, S. 25; Rochlitz/Lange, S. 84.

72 Erstellt nach Leszczensky/Filaretow, S. 57, Tab. 14.

Die weibliche Studienfachwahl hatte, ungeachtet der staatlichen Lenkungsmaßnahmen im Hochschulbereich, auch ihre geschlechtsdifferenzierten Spuren auf dem Arbeitsmarkt des zweiten Deutschlands hinterlassen. *"Spätestens seit Ende der sechziger Jahre ist in der DDR von einer nach Geschlechtern* ***polarisierten*** *Wirtschafts- und Berufsstruktur zu reden"*[73] (Hervorhebung, L.M.). Im internationalen Vergleich war der Frauenanteil an technischen Berufen in der DDR allerdings immer noch über dem Durchschnitt anderer europäischer Industriestaaten.[74] Ein überproportionaler Frauenanteil war im Sozialwesen (92 %), im Gesundheitswesen (83 %) und im Bildungswesen (77 %) festzustellen.[75] Überdies gab es Unterschiede in der hierarchischen Verteilung. Während 43 % des wissenschaftlichen Personals im DDR-Hochschulwesen weiblich war, waren lediglich drei Prozent der Rektoren, Prorektoren und Sektionsdirektoren, fünf Prozent der Professoren und zwölf Prozent der Dozenten Frauen.[76] Besonders die wachsende Feminisierung der pädagogischen Berufe wurde als problematisch eingestuft, da das Berufswahlverhalten der zu Unterrichtenden dadurch mitbeeinflußt wurde. Betrug der Frauenanteil unter dem Lehrpersonal an den allgemeinbildenden Schulen der DDR im Jahre 1965 lediglich 55 %, so waren es im Jahre 1989 schon 80 %. Innerhalb der pädagogischen Berufe war überdies eine vertikale geschlechtsspezifische Segregation konstatierbar, wonach der Frauenanteil an die Höhe der Berufsposition gekoppelt war.[77]

Bei den Neuzulassungen von Studentinnen im Direktstudium sind deutliche divergierende Entwicklungen zu konstatieren. Durch die lediglich einmal jährlich, am 1. September, erfolgende Neuzulassung konnte das Ministerium für Hoch- und Fachschulwesen unter Leitung von Margot Honecker die Zulassungsquoten relativ einfach steuern. Die auf dem siebten Parteitag der SED im Jahre 1967 beschlossene Steigerung der Anzahl wissenschaftlicher Kader[78] führte zu deutlichen Kapazitätserweiterungen bei den Neuzulassungen. Waren in den Jahren von 1965 bis 1967 jeweils 16.000 Studierende immatrikuliert worden, stieg diese Ziffer im Jahre 1968 um ein Viertel an. Die Zahl 20.000 wurde 1969 um ein weiteres Drittel auf über 26.000 Personen erhöht und überstieg im Jahre 1970 sogar die Marke von 30.000 Neuzulassungen; das bedeutet: im Vergleich zum Jahre 1965 verdoppelte sich innerhalb von nur fünf Jahren die Zahl der Neuzulassungen.

---

73 Nickel, Frauen, S. 40.

74 Siehe dazu Haley-Oliphant, S. 169 f.

75 Ebd.

76 Belwe, S. 146. Siehe auch Pfister, Grenzen, S. 225 f.

77 Pfister, Feminisierung.

78 Hertel/Michalski, S. 665. Zur Kaderbedarfsplanung siehe auch Glaeßner, S. 41 ff.

Tabelle 16: Neuzulassungen weiblicher Studierender im Direktstudium im Verhältnis zur Gesamtzahl der Neuimmatrikulationen 1965-1988[79]

Neuzulassungen im Direktstudium			
Jahr	Insgesamt abs.	Frauen abs.	Frauen in %
1965	16.360	5.554	33,9
1966	16.181	6.471	40,0
1967	16.411	7.118	43,4
1968	20.067	8.964	44,7
1969	26.734	11.673	43,7
1970	30.786	13.753	44,7
1971	31.326	15.363	49,0
1972	28.099	16.497	58,7
1973	25.642	15.718	61,3
1974	27.210	14.814	54,4
1975	27.783	13.618	49,0
1976	26.043	12.585	48,3
1977	26.050	13.893	53,3
1978	26.328	14.098	53,5
1979	26.559	14.335	54,0
1980	26.761	14.202	53,1
1981	25.813	13.523	52,4
1982	26.623	14.520	54,5
1983	26.786	14.480	54,1
1984	26.435	13.683	51,8
1985	26.474	13.639	51,5
1986	25.886	13.482	52,1
1987	25.351	12.976	51,2
1988	26.036	12.649	48,6
gesamt 1965-88	607.744	307.608	50,6

Die Anzahl der studierenden Frauen war in diesem Zeitraum sogar um das zweieinhalbfache gestiegen. Allerdings wurde seit 1974 - neben der aus bildungsökonomischen Gründen[80] erfolgten allgemeinen Verringerung der Studierendenzahlen - der Frauenanteil wieder gedrosselt (in den Jahren 1975 und 1976 sogar unter die Fünfzigprozentmarke), ehe er Anfang der achtziger Jahre erneut anstieg. Hauptursache für die Zugangsbegrenzung in einzelnen Studienfächer war die nicht gewünschte **Feminisierung** der Disziplinen (für Medizin siehe unten). Eine Rolle spielte sicherlich auch die bereits Anfang der sechziger Jahre konstatierte deutlich höhere Quote der Studienabbrüche von Frauen.[81]

---

79 Erstellt nach: Die Frau in der Deutschen Demokratischen Republik. Statistische Kennziffernsammlung, 1981, S. 69; Die Jugend in der Deutschen Demokratischen Republik. Statistische Übersichten 1986, S. 75 f.; Ebd., 1988, S. 69 f.

80 Waterkamp, Bildungswesen, S. 124 ff.; Schmidt, S. 113 f.

81 Schnelle, Probleme, S. 212.

Tabelle 17: Studienabschlüsse weiblicher Studierender im Direktstudium im Verhältnis zur Gesamtzahl der Absolventen 1965-1988[82]

Absolventen im Direktstudium			
Jahr	Insgesamt abs.	Frauen abs.	in %
1965	13.739	4.955	36,1
1966	13.495	4.634	34,3
1967	13.369	3.943	29,5
1968	13.404	4.075	30,4
1969	13.803	4.565	33,1
1970	14.571	5.204	35,7
1971	16.216	6.691	41,3
1972	19.172	8.114	42,3
1973	24.304	10.128	41,7
1974	26.582	12.128	45,6
1975	25.170	12.632	50,2
1976	22.815	13.234	58,0
1977	19.026	11.842	62,2
1978	22.139	12.301	55,6
1979	20.757	10.553	50,8
1980	19.542	10.123	51,8
1981	18.954	10.131	53,5
1982	19.815	10.655	53,8
1983	20.551	10.876	52,9
1984	20.889	11.257	53,9
1985	20.301	10.812	53,3
1986	18.537	9.642	52,0
1987	18.669	9.820	52,6
1988	20.848	11.177	53,6
gesamt 1965-88	456.668	219.492	48,1

Die Widersprüchlichkeit der staatlichen Lenkung belegt Herta Kuhrig, die das Kapitel über die gesellschaftliche Stellung der Frau in der Monographie »Sozialstruktur der DDR« verfaßte. Zum einen betonte sie, mit Verweis auf die DDR-Verfassung,[83] die vielfältigen Möglichkeiten und Chancen von Frauen, die "historisch gewachsenen" Bildungsrückstände in der sozialistischen Gesellschaft zu überwinden und einen qualifizierten Studien- und Berufsabschluß zu erwerben.[84] Im weiteren forderte sie nicht nur *"den weiteren qualifikationsgerechten Einsatz der Frauen"*, sondern auch eine *"verstärkte Einbeziehung in die Ausübung von Leitungsfunktionen."* Denn hierbei sei das *"Erreichte noch*

82 Erstellt nach: Die Frau in der Deutschen Demokratischen Republik. Statistische Kennziffernsammlung, 1981, S. 69; Die Jugend in der Deutschen Demokratischen Republik. Statistische Übersichten 1986, S. 75 f.; Ebd., 1988, S. 69 f.

83 Im Artikel 20, Abs. der DDR-Verfassung hieß es u.a.: *"Die Förderung der Frau, besonders in der beruflichen Qualifizierung ist eine gesellschaftliche und staatliche Aufgabe."*

84 Sozialstruktur, S. 321.

nicht das Erreichbare";[85] dem ist nichts hinzuzufügen. Tatsache ist, daß Frauen lediglich ein Drittel der Leitungspositionen in der Wirtschaft und dem Staatsapparat der DDR bekleideten.

Zum anderen jedoch bilanziert Kuhrig auf derselben Seite: *"Im Wissenschaftsbereich Medizin war es* ***erforderlich,*** *den Frauenanteil von 70,8 Prozent im Jahre 1971 durch* ***gezielte Zulassungspolitik*** *auf 56,5 Prozent zu reduzieren"*[86] (Hervorhebung, L.M.). Wieso diese "gezielte Zulassungspolitik" im Studienfach Medizin "erforderlich" war,[87] verschweigt Kuhrig. Fachliche Gründe für diese frauendiskriminierende Maßnahme scheiden aus, da im nächsten Satz den Frauen bescheinigt wird, sich dem beruflichen Qualifikationsniveau der Männer "weitgehend angeglichen" zu haben.[88] Die folgende Tabelle 18 belegt dies nachdrücklich, da im Fachbereich Medizin in den Jahren 1971-1988 der Anteil der Frauen an den Absolventen über dem der Neuzulassungen lag.

Tabelle 18: Neuzulassungen und Absolventen in Medizin im Direktstudium in den Jahren 1971-1988[89]

Jahr	Neuzulassungen gesamt abs.	davon Frauen abs.	in %	Absolventen gesamt abs.	davon Frauen abs.	in %
1971	1.657	1.259	76,0	1.687	846	50,1
1972	1.866	1.402	75,1	1.487	1.023	68,8
1973	2.069	1.473	71,2	1.467	921	62,8
1974	2.191	1.475	67,3	2.481	1.613	65,0
1975	2.150	1.262	58,7	1.446	999	69,1
1976	2.161	1.135	52,5	1.519	1.049	69,1
1977	2.290	1.294	56,5	487	376	77,2
1978	2.341	1.290	55,1	1.688	1.160	68,7
1979	2.378	1.315	55,3	1.818	1.205	66,3
1980	2.434	1.383	56,8	1.935	1.202	62,1
1981	2.412	1.239	51,4	1.875	1.072	57,2
1982	2.311	1.226	53,1	1.871	984	52,6
1983	2.348	1.284	54,7	1.907	1.020	53,5
1984	2.360	1.331	56,4	2.052	1.123	54,7
1985	2.351	1.270	54,0	1.978	1.115	56,4
1986	2.371	1.404	59,2	2.273	1.297	57,1
1987	2.253	1.220	54,2	2.008	1.050	52,3
1988	2.192	1.135	51,8	2.266	1.255	55,4
Gesamt	40.135	23.397	58,3	32.245	19.310	59,9

85 Ebd., S. 322.

86 Ebd.

87 Vgl. Rychlik, S. 39, der einen Ärzte-Bedarf konstatiert.

88 Sozialstruktur, S. 322.

89 Erstellt nach: Die Jugend in der Deutschen Demokratischen Republik. Statistische Übersichten 1978, S. 65 f.; Ebd. 1982, S. 76 f.; Ebd. 1986, S. 75 f.; Ebd. 1988, S. 69 f.

Die Folgen dieser frauenfeindlichen Politik des Ministeriums für Hochschulwesen sind deutlich in der Tabelle 18 zu erkennen. Mit Ausnahme der Jahre 1971, 1974 und 1988 wurden im Wissenschaftsbereich Medizin jährlich immer **mehr** Personen neu zugelassen, als in dem jeweiligen Jahr ihr Studium absolvierten. Zwischen 1971 und 1988 wurden insgesamt 40.135 Personen immatrikuliert, während 32.245 Personen in diesem Zeitraum ihr Studium abschlossen; ein Zuwachs von 7.890 Medizinstudierenden.

Die geschlechtsdifferenzierte Betrachtung der jährlichen Neuzulassungen und Absolvent(inn)en weist die ministeriellen Eingriffe deutlich auf. Die in Tabelle 19 erfolgte Saldenberechnung (Neuzulassungen minus Absolventinnen gleich Saldo) für die Medizinstudierenden zeigt, daß im Jahre 1974 138 Frauen weniger immatrikuliert wurden, als in dem Jahr ihr Studium beendeten. Zwar kam es in diesem Jahr insgesamt zu einem negativen Saldo, doch die Frauen wurden davon stärker betroffen als die Männer. Im Vergleich zum Vorjahr 1973 sank der Anteil der neuzugelassenen Frauen von 71,2 % auf 67,3 % aller zusätzlichen Immatrikulationen. Überdies war im Jahre 1974 der weibliche Anteil an den Absolventen von 62,8 % (1973) auf 65,0 % angestiegen.

Tabelle 19: Saldo von Neuzulassungen minus der Absolventen in Medizin differenziert nach Geschlecht in den Jahren 1971-1988[90]

Jahr	Saldo gesamt	Saldo Männer abs.	Saldo Frauen abs.	Saldo Frauen in %
1971	-30 !!	-443 !!	413	1.376,7
1972	379	0	379	0
1973	602	50	552	91,7
1974	-290 !!	-152 !!	-138 !!	-47,6 !!
1975	704	441	263	37,4
1976	642	556	86	13,4
1977	1.803	885	918	50,9
1978	653	523	130	19,9
1979	560	450	110	19,6
1980	499	318	181	36,3
1981	537	370	167	31,1
1982	440	198	242	55,0
1983	441	177	264	59,9
1984	308	100	208	67,5
1985	373	218	155	41,6
1986	98	-9 !!	107	109,2
1987	245	75	170	69,4
1988	-74 !!	46	-120 !!	-162,2 !!
Insges	7.890	3.803	4.087	51,8

90 Erstellt nach: Die Jugend in der Deutschen Demokratischen Republik. Statistische Übersichten 1978, S. 65 f.; Ebd. 1982, S. 76 f.; Ebd. 1986, S. 75 f.; Ebd. 1988, S. 69 f.

Noch deutlicher wird die "gezielte Zulassungspolitik" des Ministeriums für Hochschulwesen bei der Gegenüberstellung von mehreren zusammengefaßten Jahren: Zwischen 1971-73 wurden per Saldo 951 Personen mehr zugelassen, als in diesen Jahren ihr Studium abschlossen. Davon waren 1.344 Frauen (141 %), denn die Zahl der Medizin studierenden Männer sank real um 393. Die seit dem Jahre 1974 eingeleitete Verringerung führte dazu, daß zwischen 1975 und 1979 lediglich 1.507 Frauen (34,5 %) unter den insgesamt 4.362 zusätzlichen Studierenden waren. Ab dem Jahre 1982 ist (bis 1987) eine Lockerung der weiblichen Zugangsbeschränkungen zu konstatieren. So stieg in den Jahren 1982-87 der Anteil der Frauen an den über dem Absolventenniveau liegenden Neuzulassungen wieder auf 60,2 % an. Im Jahre 1988 wurden dann erneut weniger Frauen in Medizin zugelassen als wie in dem Jahr ihr Studium beendeten.

6. Studierende aus der DDR im sozialistischen Ausland

In den folgenden Tabellen 20 und 21 werden für die DDR-Studierenden, die ein Hochschulstudium im sozialistischen Ausland - überwiegend in der Sowjetunion[91] - absolvierten, die Entwicklung der Neulassungen und Absolventenzahlen geschlechtsdifferenziert betrachtet. Diese quantitativ wie auch qualitativ kleine Elite der DDR-Studierenden bildete häufig auch den Grundstock für die Kaderauslese[92] bei der Übernahme in das Forschungsstudium bzw. die Aspirantur, die erste Schritte für eine wissenschaftliche Laufbahn in der DDR waren. Das Auslandsstudium in der Sowjetunion war seit dem Jahre 1951 möglich.[93]

Wie auch im Direktstudium war auch unter den DDR-Studierenden im sozialistischen Ausland der prozentuale Anteil der Frauen unter den Neuzulassungen höher als unter den Absolventen; sicherlich gelten hier gleichfalls persönliche Gründe und Ursachen als Hauptursache für den vorzeitigen Studienabbruch.

91 Siehe auch Stanke, S. 38 ff.

92 Böhme, Studium, S. 2.

93 Ebd.

Tabelle 20: Anteil weiblicher Studierender am Direktstudium im sozialistischen Ausland im Verhältnis zur Gesamtzahl der Auslandsstudierenden 1971-1988[94]

Studierende im sozialistischen Ausland			
Jahr	Insgesamt abs.	Frauen abs.	in %
1971	3.042	860	28,3
1972	3.629	1.142	31,5
1973	3.917	1.362	34,8
1974	4.060	1.505	37,1
1975	4.135	1.624	39,3
1976	4.048	1.723	42,6
1977	4.059	1.742	42,9
1978	3.960	1.714	43,3
1979	4.026	1.756	43,6
1980	3.947	1.727	43,8
1981	3.707	1.609	43,4
1982	3.653	1.595	43,7
1983	3.703	1.604	43,3
1984	3.352	1.581	47,2
1985	2.833	1.430	50,5
1986	2.525	1.247	49,4
1987	2.144	1.052	49,1
1988	1.967	878	44,6
gesamt 1971-88	62.707	26.151	41,7

94 Erstellt nach: Die Jugend in der Deutschen Demokratischen Republik. Statistische Übersichten 1978, S. 68 f.; Ebd., 1982, S. 79 f.; Ebd., 1986, S. 78 f.; Ebd., 1988, S. 72 f.

Tabelle 21: Anteil weiblicher Studierender an den Neuzulassungen und Absolventen im sozialistischen Ausland im Verhältnis zu deren Gesamtzahl 1971-1988[95]

Jahr	Neuzulassungen Insgesamt abs.	davon Frauen abs.	davon Frauen in %	Absolventen Insgesamt abs.	davon Frauen abs.	davon Frauen in %
1971	860	271	31,5	105	8	7,6
1972	870	341	39,2	197	37	18,8
1973	828	374	45,2	414	93	22,5
1974	816	362	44,4	558	146	26,2
1975	824	360	43,7	632	191	30,2
1976	791	359	45,4	822	239	29,1
1977	828	363	43,8	729	273	37,4
1978	826	369	44,7	826	348	42,1
1979	867	400	46,1	718	318	44,3
1980	855	391	45,7	758	315	41,6
1981	779	330	42,4	673	296	44,0
1982	764	339	44,4	673	281	41,8
1983	695	296	42,6	623	275	44,1
1984	333	291	87,4	627	278	44,3
1985	277	221	79,8	741	338	45,6
1986	470	168	35,7	716	310	43,3
1987	397	160	40,3	699	297	42,5
1988	512	126	24,6	633	270	42,7
gesamt	12.592	5.521	43,8	11.144	4.313	38,7

95 Erstellt nach: Die Jugend in der Deutschen Demokratischen Republik. Statistische Übersichten 1978, S. 68 f.; Ebd., 1982, S. 79 f.; Ebd., 1986, S. 78 f.; Ebd., 1988, S. 72 f.

VII. Das Frauenstudium an den Technischen Hochschulen

Abschließend folgt ein kurzer, summarischer Blick auf die quantitative Entwicklung des Hochschulstudiums an den Technischen Hochschulen bzw. Technischen Universitäten.[1]

Die Möglichkeit für Frauen an den Technischen Hochschulen zu studieren, wurde nicht nur verspätet eingeführt; die Zahl der Studentinnen blieb - auch rein quantitativ gesehen - immer deutlich hinter der an den Universitäten zurück. So studierten selbst in den 1980er Jahren nie mehr als zehn Prozent aller immatrikulierten Frauen an den Technischen Universitäten und Hochschulen der Bundesrepublik (der Männeranteil betrug fast ein Drittel der Studenten). Bedenkt man überdies, daß an den technisch orientierten Bildungseinrichtungen in den vergangenen Jahrzehnten verstärkt auch geisteswissenschaftliche Fächer gelehrt wurden,[2] so sinkt die Frauenquote in den "reinen" technischen Disziplinen deutlich unter die Zehnprozentmarke. Empirische Untersuchungen zeigen auf, daß ein großer Teil der in den technischen Wissenschaften studierenden Frauen aus einem Elternhaus stammen. in dem zumindest ein Elternteil über technische Fertigkeiten verfügte.[3]

Um die strukturelle Entwicklung und die quantitative Expansion des Frauenstudiums an den technischen Ausbildungsstätten auch tatsächlich auf die rein ingenieurwissenschaftlichen Disziplinen beschränken und überdies im historischen Zeitverlauf vergleichbar machen zu können, werden im folgenden einzelne Fakultäten bzw. Studienfächer untersucht und ihre Bedeutung für die Entwicklung für das technische Frauenstudium wird dargelegt.

---

1 TH Berlin seit 1946 Universitätsrang; Stuttgart seit 1967; TH München seit 1970; TH Braunschweig seit 1978; TH Hannover seit 1978; (Boehm/Müller, S. 67, 86, 190, 284, 334).

2 An der TU Berlin seit 1950 (Humanist. Fak.), in München seit 1967 (Med. Fak.), in Braunschweig seit 1968 (Philosoph. u. Staatswiss. Fak.), in Hannover 1968 (Fak. f. Geistes- u. Staatswiss.), in Stuttgart seit 1968 (Institute für Geschichte, Sozialforschung und Sport etc.; Boehm/Müller, S. 67, 86, 190, 284, 334).

3 Rudolph, Technikkompetenz, S. 209 f.

1. Kaiserreich

Der Frauenanteil liegt in den ersten Jahren nach der Öffnung der Technischen Hochschulen im Promillebereich. Erst die Halbierung der absoluten Studierendenzahl durch die Teilnahme vieler Männer am ersten Weltkrieg erhöht die prozentuale Partizipation der Frauen ab 1915 unverhältnismäßig. Der Zweiprozentanteil der Studentinnen an der Gesamtzahl aller im Jahre 1919 Studierenden spiegelt die reale (geringe) Bedeutung des Frauenstudiums an den Technischen Hochschulen vor 1945 wider. Von den lediglich sechzehn Studentinnen an sechs[4] der zehn[5] Technischen Hochschulen des Deutschen Reiches im Sommersemester 1909 studierten sechs "Allgemeine Wissenschaften" und fünf (in Stuttgart) Mathematik und naturwissenschaftliche Fächer.[6] Weniger als ein Drittel widmeten sich tatsächlich technischen Disziplinen: zwei (12,5 %) Frauen der Chemie und Hüttenkunde und drei (18,8 %) Studentinnen der Architektur.

Tabelle 22: Studentinnen an den Technischen Hochschulen in den Sommersemestern 1909-1919[7]

Jahr	Studierende abs.	Frauen alle Fächer abs.	Frauen alle Fächer in %	davon Frauen in Allg.Wiss abs.	davon Frauen in Allg.Wiss in %
1909	10.684	16	0,1	6	37,5
1910	10.593	25	0,2	7	28,0
1911	10.695	51	0,5	19	37,3
1912	10.630	53	0,5	21	39,6
1913	10.742	65	0,6	7	10,8
1914	11.451	70	0,6	27	38,6
1915	6.936	104	1,5	51	49,0
1916	6.389	151	2,4	66	43,7
1917	6.605	191	2,9	69	36,1
1918	7.653	247	3,2	87	35,2
1919	15.741	295	1,9	106	35,9

4 Danzig, Darmstadt, Dresden, Karlsruhe, München und Stuttgart.

5 Die übrigen vier waren Aachen, Berlin, Braunschweig und Hannover. Ab dem WS 1910/11 gibt es außerdem eine TH in Breslau.

6 Stat. Jb. Deut. Reich, 31. Jg. (1910), S. 276 f.

7 Erstellt nach: Stat. Jb. Deut. Reich, 31. Jg. (1910), S. 276 f.; 32. Jg. (1911), S. 332 f.; 33. Jg. (1912), S. 308 f.; 34. Jg. (1913), S. 296 f.; 35. Jg. (1914), S. 318 f.; 36. Jg. (1915), S. 314 f.; 40. Jg. (1919), S. 212 ff.

Zwar immatrikulierten sich die ersten Studentinnen bereits im Sommersemester 1909, nachdem das Preußische Kultusministerium am 14. April 1909 auch die Öffnung der Technischen Hochschulen für Frauen verfügt hatte. Doch war die Entwicklung der Studentinnenzahlen deutlich langsamer als an den Universitäten; bis nach dem zweiten Weltkrieg immatrikulierten sich nur wenige Frauen in den weiterhin eine Männerdomäne bleibenden technischen Disziplinen.[8]

Duden/Ebert erwähnen in ihrem Beitrag der Festschrift zum hundertjährigen Bestehen der Technischen Universität Berlin[9] zwei Frauen, die in Bauingenieurwesen bzw. Architektur *"um Zulassung nachsuchten"*. Beide scheinen aber mit ihrem Antrag keinen Erfolg gehabt zu haben, da im Statistischen Jahrbuch für das Sommersemester 1909 nur eine Frau - als Hörerin in der Abteilung Maschinen-Ingenieurwesen der TH Berlin ausgewiesen ist.[10]

Im Wintersemester 1915/16 studierten 115 Frauen an den Technischen Hochschulen des Deutschen Reiches.[11] Davon besaßen 93 ein Reifezeugnis, während 23 geringer Vorgebildete nur als Hörerinnen eingeschrieben waren. Fast die Hälfte der Frauen (54) studierten allgemeinbildende Fächer (Sprachen etc.) und 32 Chemie bzw. Pharmazie. Lediglich dreißig Frauen waren für Architektur oder ingenieurwissenschaftliche Fächer eingeschrieben,[12] d.h. für Disziplinen die **nicht** an den Universitäten gelehrt wurden.

Im Sommer 1919 studierte ein Drittel (106) der insgesamt 295 Studentinnen an den nun elf Technischen Hochschulen "Allgemeine Wissenschaften". Der prozentuale Anteil der 46 Architekturstudentinnen betrug 15,6 % und der der 110 Frauen in Chemie und Hüttenkunde 37,3 %. Neu "entdeckte" Studienfächer waren die Elektrotechnik (eine Frau in Hannover), Bauingenieurwesen (neunmal) und zehnmal Maschineningenieurwesen.[13] Erst ab dem Jahre 1915 wurden alle Technischen Hochschulen von Frauen frequentiert; neben der Neugründung Breslau war die TH Aachen die Hochschule, die als letzte von Studentinnen besucht wurde. Zu beachten ist in beiden Fällen die Grenzlage, die durch fehlendes Hinterland, die Zahl potentieller Interessentinnen begrenzte - überdies lag im Falle von Aachen mit Bonn eine Universität für an den "Allgemeinen Wissenschaften" interessierte Frauen in räumlicher Nähe und in der schlesischen Metropole gab es bereits seit dem frühen 18. Jahrhundert eine Universität.

---

8 Duden/Ebert, S. 403.

9 Duden/Ebert, S. 404.

10 Stat. Jb. Deut. Reich, 31. Jg. (1910), S. 276.

11 Stat. Jb. Deut. Reich, 40. Jg. (1919), S. 212.

12 Kurznotiz in Die Studentin, 5. Jg., H. 7, 3. Aug. 1916, Berlin, S. 54.

13 Stat. Jb. Deut. Reich, 40. Jg. (1919), S. 216.

Tabelle 23: Zahl der Studentinnen an den elf Technischen Hochschulen in den Sommersemestern 1909-1919[14]

Jahr	Aachen	Berlin	Braunschwg	Breslau	Danzig	Darmstadt	Dresden	Hannover	Karlsruhe	München	Stuttgart	zusammen
1909	-	-	-		2	1	2	-	3	1	7	16
1910	-	5	1		2	3	6	-	5	1	2	25
1911	-	8	3	1	9	5	9	1	6	7	2	51
1912	2	9	3	2	-	8	6	5	7	5	6	53
1913	3	11	6	-	10	6	8	4	6	7	4	65
1914	5	12	6	-	10	7	9	4	4	8	5	70
1915	11	17	7	1	17	7	20	6	9	7	4	106
1916	8	27	11	2	13	12	50	9	11	5	3	151
1917	17	27	15	2	13	21	55	9	7	17	8	191
1918	24	24	18	2	21	27	67	12	14	28	10	247
1919	25	16	17	2	28	36	87	19	18	30	17	295
insg.	95	156	87	12	125	133	319	69	90	116	68	1270
in %	7,5	12,3	6,9	0,9	9,8	10,5	25,1	5,4	7,1	9,1	5,3	100

14 Erstellt nach: Stat. Jb. Deut. Reich, 31. Jg. (1910), S. 276 f.; 32. Jg. (1911), S. 332 f.; 33. Jg. (1912), S. 308 f.; 34. Jg. (1913), S. 296 f.; 35. Jg. (1914), S. 318 f.; 36. Jg. (1915), S. 314 f.; 40. Jg. (1919), S. 212 ff.

Obgleich es in der Kaiserzeit zuerst zehn und ab dem WS 1910/11 mit Breslau sogar elf Technische Hochschulen gab, studierte ein Viertel aller Studentinnen an der TH Dresden. Hierbei scheinen auch regionale Sachzwänge eine Rolle gespielt zu haben, wie etwa das Fehlen einer Universität in der sächsischen Metropole.[15] Ein Indiz dafür scheint der im Reichsdurchschnitt überproportional hohe Anteil von Studentinnen in den "Allgemeinen Wissenschaften" der TH Dresden zu sein: beispielsweise vier von neun (44,4 %) Frauen im Sommersemester 1911 oder 37 von fünfzig (74 %) im Sommer 1916 immatrikulierten Studentinnen. Aber auch bei der regionalen Herkunft der männlichen Besucher war das Dresdner Polytechnikum ausgesprochen sächsisch orientiert.[16] Unter dem weitsichtigen Direktor, dem Professor für technische Mechanik, Gustav Zeuner,[17] der von 1865-1871 auch Rektor des Eidgenössischen Polytechnikums in Zürich gewesen war, wurde der Bereich der allgemeinen Wissenschaften stark ausgeweitet, so daß auch Staatsexamen für das höhere Lehramt an der Technischen Hochschule Dresden abgelegt werden konnten.[18] Überdies wies die TH Dresden am Beginn des 20. Jahrhunderts die größte Zahl allgemeinbildender Studienfächer aller deutschen Technischen Hochschulen auf.[19]

Ungeachtet seiner Fortschrittlichkeit in technischen Fragen lehnte Zeuner das Frauenstudium entschieden ab. Die angeblich negativen Erfahrungen anderer Polytechnika bestärkten den Direktor der TH Dresden in seiner Überzeugung, *"sich gegen die Zulassung von Damen zu den Vorlesungen höherer Bildungsanstalten überhaupt auszusprechen."*[20] Das sächsische Kultusministerium teilte diese Bedenken und hatte das Rektorat ermächtigt, *"sich anmeldende Damen vom Besuch der Polytechnischen Schule zurückzuweisen."*[21] Nach dem jahrelang alle Anträge zur Hospitation zurückgewiesen worden waren, wurde vom sächsischen Kultusministerium im Wintersemester 1888/89 dem Gesuch von Prof. Schultze[22] stattgegeben, seine sechzehn Vorträge über Pädagogik

---

15 Die sächsische Lehrerschaft rekrutierte sich im Reichsvergleich ungleich stärker aus der Arbeiterschicht. Die Möglichkeit für Arbeiterkinder, an einer nicht am Heimatort gelegenen Universität zu studieren, war aus finanziellen Gründen stark eingeschränkt, so daß die einzige Hochschule Dresdens wohl auch von nicht technisch interessierten Studierenden frequentiert wurde. Siehe auch Trinks, S. 68.

16 Sonnemann, S. 89.

17 Zu Leben und Werk siehe Hensel, S. 140 f.

18 Ebd., S. 141.

19 Sonnemann, S. 91.

20 Zit. in Sonnemann, S. 89.

21 Zit. in ebd.

22 Fritz Schultze, * 1846 Celle, 1908 Dresden, seit 1876 ord. Prof. für Pädagogik und Philosophie an der TH Dresden; Wer ist's? 3. Ausgabe, S. 859.

auch für Frauen - speziell Lehrerinnen aus Dresden und der näheren Umgebung - zugänglich zu machen. Im Jahre 1886 war ein ähnlicher Antrag Schultzes noch abgelehnt worden. Das sächsische Kultusministerium genehmigte nun das erneute Ansinnen Schultzes. Auch der Direktor der TH Dresden stimmte dieser Veranstaltung zu, da eine besondere Vorlesung für die Lehrerinnen gehalten werden sollte, an der keine Studenten teilnahmen, so daß ganz auf die *"Belange der Frauen in pädagogischen Fragen"*[23] eingegangen werden könne und es sich um keine reguläre Veranstaltung der TH Dresden handelte. Diese Abgrenzung betonte das Ministerium in seiner Erlaubnis mit der Auflage, daß Schultze *"die für Heizung und Beleuchtung entstehenden Kosten übernimmt."*[24]

Im Jahre 1896 schließlich wurde die erste Frau als Hospitantin in den Hörsälen zugelassen. Es handelte sich um eine promovierte Medizinerin aus Georgien, für deren Zulassung sich das Rektorat und der Senat der TH Dresden *"mit Rücksicht auf die durch Zeugnisse nachgewiesene tiefere wissenschaftliche Vorbildung"*[25] ausnahmsweise bereiterklärten. Die Besonderheit dieser Erlaubnis akzentuiert die vorherige Anfrage beim sächsischen Kultusministerium, in der um eine Bestätigung dieser Sonderregelung gebeten wurde, denn die durch die *"Hospitantin eintretende Verletzung des Statuts vermag der Senat jedoch nicht auf sich nehmen. Ebenso verwahrt sich der Senat ausdrücklich dagegen, daß durch seinen Beschluß ein Präzedenzfall geschaffen werde."*[26]

Daß diese singuläre Anomalie in der bisherigen Zugangspraxis **keine allgemeine** Öffnung der Technischen Hochschule Dresden darstellte, wurde ein Jahr später deutlich. Die im Jahre 1897 erfolgende Resolution von 36 Dresdner Lehrerinnen, die an Vorlesungen in Geschichte, Geographie, Philosophie, Kunst- und Literaturgeschichte teilnehmen wollten, wurde strikt abgelehnt, obwohl zur gleichen Zeit wieder einer ausländischen Staatsbürgerin, diesmal einer Amerikanerin, erlaubt wurde, als Hospitantin an dem botanisch-mikroskopischen Praktikum teilzunehmen.[27] Der diskriminierenden Gegensätzlichkeit dieser Zulassungspraxis von Hospitantinnen war sich wohl auch der Senat der TH Dresden bewußt, als er 1897 die Professoren der Allgemeinen Abteilung befragte, ob sie bereit seien, wie Prof. Schultze, Sondervorlesungen für die Lehrerinnen abzuhalten. Die Mehrheit der Professoren lehnte dieses Ansinnen ab, während einzelne Hochschullehrer bereit waren, die interessierten Frauen auch an ihren Hauptvorlesungen teilnehmen zu lassen. Dafür verweigerte der Senat seine Zustimmung, *"da auch nach der Stellungnahme des hohen Ministeriums*

---

23 Ley, S. 45.

24 Zit. in Sonnemann, S. 90.

25 Zit. in Ley, S. 46.

26 Zit. in ebd.

27 Ebd.

zu der Frage, die Zulassung von Damen ***nur*** *eine* ***ausnahmsweise*** *sein soll"*(Hervorhebung, L.M.).[28]

Zehn Jahre später schließlich, im November 1907,[29] änderte der Senat der Technischen Hochschule Dresden die Statuten,[30] so daß nun auch Frauen der prinzipielle Zutritt zum sächsischen Polytechnikum gewährt wurde. Im Vorlesungsverzeichnis für das Sommersemester 1908 wurde mitgeteilt: *"Weibliche Personen können unter denselben Bedingungen wie die männlichen als Studierende aufgenommen, als Zuhörerinnen eingeschrieben und als Hospitantinnen zugelassen werden."*[31]

Damit war im jahrzehntelangen Kampf um die Zulassung von Frauen an den Technischen Hochschulen die erste Hürde genommen. Die wichtigste Barriere fiel im April 1909, als sich die preußischen Technischen Hochschulen für das schwache Geschlecht öffneten, denn die kleineren Bundesstaaten und Herzogtümer fällten ihre Entscheidung mit Blick auf Preußen.[32] Für den Besuch der fünf preußischen Technischen Hochschulen in Aachen, Berlin, Breslau, Danzig und Hannover mußten die interessierten Frauen - wie auch an den Universitäten - bis zum Jahre 1896 eine spezielle Zulassungserlaubnis beim Kultusminister beantragen. Mit dem Erlaß über die "Zulassung von Frauen zum gastweisen Besuche von Universitätsvorlesungen"[33] im Juli 1896 wurde die Entscheidungsgewalt über die Aufnahme von Hospitantinnen den Hochschulen übertragen. Die beiden ersten im Winterhalbjahr 1895/96 an der Technischen Hochschule Berlin-Charlottenburg als Zuhörerinnen zugelassenen Frauen waren eine Lehrerin und die Schulleiterin einer Charlottenburger Mädchenschule.[34] In den darauffolgenden Jahren kam es nur zu vereinzelten Zustimmungen durch das Rektorat und die gewünschten Dozenten. Unübersehbar war die weibliche Invasion in die TH Berlin im Wintersemester 1900/01, als 93 Frauen am Kollegium über "Meisterwerke der italienischen Renaissance" teilnahmen.

In den ersten Jahren dieses Jahrhunderts nahm die Zahl der Gasthörerinnenanträge so stark zu, daß die erste Rektorenkonferenz der preußischen Technischen Hochschulen im Mai 1905 die Behandlung des Frauenstu-

---

28 Zit. in ebd., S. 47.

29 Zwei Wochen nach dem Tod des langjährigen Direktors Gustav Zeuner, der sich lange Jahre gegen das Frauenstudium ausgesprochen hatte; Hensel, S. 141.

30 Sonnemann, S. 101.

31 Zit. in ebd., S. 95, Anm. 158.

32 Siehe Albrecht, S. 486 ff.

33 Erlaß, Zulassung, S. 473.

34 Duden/Ebert, S. 405.

diums auf die Tagesordnung setzte.[35] Eine gemeinsame Strategie erschien um so nötiger, als im Königreich Bayern seit dem April 1905 die Immatrikulation von Frauen an den Universitäten und Technischen Hochschulen möglich war, sofern diese ein Reifezeugnis vorweisen konnten.[36] Auf Grund der eigenen "guten Erfahrungen" sprach sich kein TH-Rektor gegen die Zulassung von Gasthörerinnen aus. Einschränkend äußerte sich lediglich der Berliner Rektor, der einen Ansturm der von der Universität der Reichshauptstadt abgewiesenen Bewerberinnen auf die eigene Institution befürchtete, solange die Zulassungsfrage an den Universitäten Preußens nicht geklärt war.[37] Allerdings ging man an den Technischen Hochschulen von der Erwartung aus, daß bei einer allgemeinen Zulassung von Frauen zur Immatrikulation die in den verschiedenen Fächern vor Studienbeginn (von allen Interessierten) geforderten Praktika einstweilen eine hinreichende Hürde gegen einen großen weiblichen Zulauf darstellen würden.[38] Bestätigt wurde diese Vermutung im nachhinein durch die Tatsache, daß lediglich elf Frauen bis zum Jahre 1918 ein Examen an den Technischen Hochschulen des Königreiches Preußen ablegten.[39]

Im Falle der Technischen Hochschule Berlin wurde die preußische Ministerialbürokratie bei der Immatrikulationsfrage und dem damit verbundenen Anrecht zur Prüfungszulassung durch einen spektakulären Einzelfall zu einer Grundsatzentscheidung gezwungen. Im April 1908 hatte die Tochter eines Generalmajors a.D. gemeinsam mit ihrem Vater im Kultusministerium vorgesprochen und um eine förmliche Immatrikulation nachgesucht. Die junge Frau hatte im Juli 1906 an einem Realgymnasium das Abitur bestanden und war seit zwei Semestern als Gasthörerin in Architektur an der TH Berlin zugelassen. Einer Aktennotiz des zuständigen Ministerialrates zufolge, legte sie *"den größten Wert darauf, zur Diplomprüfung zugelassen zu werden und den Grad eines Diplomingenieurs zu erwerben, weil dies für ihr späteres Fortkommen von Bedeutung ist. Dazu bedarf sie aber der Immatrikulation. Sie will nicht in den Staatsdienst eintreten, vielmehr als freie Architektin ihr Brot erwerben, etwa im Büro einer Architekturfirma."*[40] Nicht nur der Antrag als solcher ist interessant, sondern die Begründung für die Prüfungszulassung verdient besondere Beachtung. Hier zeigt sich eine neue Qualität des Frauenstudiums: nicht mehr der jahrelange Kampf um die (ausstehende) rechtliche Gleichstellung und des damit verbundenen Anrechts auf ungehinderten Zugang zur Universitäts-

35 Ebd.

36 Siehe Ministerialblatt.

37 Duden/Ebert, S. 406.

38 Ebd.

39 Ebd., S. 407.

40 Zit. in ebd., S. 406.

bildung steht im Vordergrund der Petition. Stattdessen wird die praktische Anwendung, d.h. die berufliche Verwertbarkeit[41] des Studiums hervorgehoben und in den Mittelpunkt der Argumentation gerückt. Die Einschränkung des geplanten Festungssturms, "nicht in den Staatsdienst eintreten" zu wollen, erscheint dabei fast schon wie eine Beruhigungspille, nicht mit einem Angriff zwei männliche Bastionen gleichzeitig schleifen zu wollen.

Auch der Rektor der Technischen Hochschule Braunschweig schloß in einem Brief an die dortige Landesregierung seine Befürwortung des Frauenstudiums mit dem "eindringlichen Appell" (Albrecht), *"daß es sich hier um eine ernste und dringende Pflicht des Staates handelt, Personen weiblichen Geschlechts, welche sich einen selbständigen Lebensberuf erringen wollen, hierzu in jeder Weise die Wege zu ebnen."*[42]

2. Weimarer Republik

Tabelle 24: Frequenz des Frauenstudiums an den Universitäten und Technischen Hochschulen in der Weimarer Republik 1919 - 1932[43]

Som. sem.	Universitäten abs.	Universitäten in %	Techn. Hoch. abs.	Techn. Hoch. in %	Insges. abs.
1919	7.946	96,4	295a	3,6	8.241
1923	8.761	94,9	471a	5,1	9.232
1927	8.974	95,7	404	4,3	9.378
1931	18.532	96,0	768	4,0	19.300
1932	17.516	95,1	902	4,9	18.418

a inklusive Hörerinnen; Immatrikulierte nicht gesondert ausgewiesen

41 Über die vielfältigen Schwierigkeiten der ersten weiblichen Angestellten berichtet detailliert Nienhaus.

42 Zit. in Albrecht, S. 487.

43 Berechnet nach Stat. Jb. Deut. Reich, 31. Jg. (1910), S. 275, S. 277; 43. Jg. (1923), S. 318 f.; 49. Jg. (1930), S. 455, S. 457; 54. Jg. (1933), S. 519)

In den Weimarer Jahren verdreifachte sich zwar die absolute Zahl der Studentinnen an den Technischen Hochschulen von 295 (Sommer 1919) auf 902 (Sommer 1932). Die prozentuale Bedeutung für das Frauenstudium insgesamt erhöhte sich jedoch nur um ein Drittel von 3,6 % (1919) auf 4,9 % (1932) aller Studentinnen, da gleichzeitig die Gesamtzahl aller studierenden Frauen von 8.241 auf 18.418 Personen steil angestiegen war. So studierte am Ende der Weimarer Republik nur ein Prozent(!) aller Studentinnen (ohne die "Allgemeinen Wissenschaften") an einer Technische Hochschule ein **ingenieurwissenschaftliches** Fach.

Ein Vergleich der sozialen Herkunft der Studierenden an den Technischen Hochschulen der Weimarer Republik weist für die Studentinnen eine durchschnittlich höhere Sozialschicht aus. Besonders häufig ist der Vater als höherer und mittlerer Beamter tätig. Der prozentuale Anteil von Vätern mit abgeschlossener Hochschulausbildung (28,4 %) lag bei den Frauen um die Hälfte höher als bei den Studenten (19,7 %).

Tabelle 25: Soziale Herkunft der Studentinnen an den Technischen Hochschulen nach dem Beruf des Vaters im Sommersemester 1932[44]

Beruf des Vaters	gesamt abs.	davon Frauen abs.	in %
Höhere Beamte	2.366	209	23,2
Mittlere Beamte	4.462	285	31,6
Untere Beamte	417	13	1,4
Freie Berufe mit akademischer Bild	753	49	5,4
Freie Berufe ohne akademischer Bild	563	21	2,3
Offiziere/ Militärbeamte	317	16	1,8
Groß- und Kleinlandwirte	611	10	1,1
Handel- und Gewerbetreibende	4.373	141	15,6
Angestellte	3.240	134	14,9
Arbeiter	493	17	1,9
sonstige/unbekannt	150	7	0,8
Insgesamt	17.745	902	100
davon abgeschlosse Hochschulausbild.	3.574	256	28,4

44 Erstellt nach Deut. Hochschulstatistik, Bd. 9: Sommerhalbjahr 1932, S. 16 ff.

Analog zum Studium an den Universitäten war auch an den Technischen Hochschulen eine deutliche Differenzierung bei der Religionszugehörigkeit zu erkennen. Während katholische Studentinnen unterproportional vertreten waren, studierten Frauen jüdischen Glaubens überdurchschnittlich an den Technischen Hochschulen; hier dürfte, neben der traditionell hohen Wertschätzung von Bildung, eine Verbindung zur stark gewerblich geprägten Berufsstruktur der jüdischen Bevölkerung vorliegen.

Tabelle 26: Religionsbekenntnis der Studierenden an den Technischen Hochschulen im Sommersemester 1932[45]

Religion	Studierende gesamt		davon Frauen nach Geschlecht		Relig.
	abs.	in %	abs.	in %	in %
evang.	13.253	74,7	724	80,3	5,5
Kathol.	3.701	20,9	127	14,1	3 4
jüdisch	174	1,0	16	1,8	9,2
sonstige/ unbekannt	617	3,5	35	3,9	5,7
insgesamt	17.745	100	902	100	5,1

3. Doppelte Diskriminierung: das Dritte Reich

Hatten Studentinnen in den männlich dominierten technischen Disziplinen schon vor 1933 keinen leichten Stand, so verstärkte sich die Diskriminierung nach der "Machtergreifung" der Nationalsozialisten durch gezielt frauenfeindliche Maßnahmen. Zwischen dem Sommersemester 1933 und dem Wintertrimester 1941 kam es zu einer massiven Verringerung und Umverteilung der Studentinnenfrequenzen in den einzelnen Studienfächern. Die Ausbildungsgänge für das Lehramt an den Volks-, Handels- und Berufsschulen entfielen, da dieses Studium nun an den Hochschulen für Lehrerbildung erfolgte.[46] Die Bedeutung von Architektur und den Naturwissenschaften stieg weiter an, während die technik- und ingenieurwissenschaftlichen Fächer nur in geringem Maße von der Verschiebung profitieren konnten.

45 Erstellt nach Lorenz, Hochschulbesuch, S. 314 f.

46 Scholtz/Stranz, S. 112 ff.

Der Tiefpunkt in der Negation des weiblichen Hochschulstudiums lag Mitte der dreißiger Jahre. Die pragmatische Abkehr von der Frauendiskriminierung erfolgte nicht erst im heraufziehenden zweiten Weltkrieg, sondern setzte bereits im Wintersemester 1938/39 ein, als sich volkswirtschaftlich eine Verbesserung der Arbeitsmarktchancen für Akademikerinnen bemerkbar machte. Der Rekrutierung der Männer zur Wehrmacht[47] machte eine Mobilisierung der Arbeitskräftereserve erforderlich und eröffnete den Frauen nun wieder Jahre zuvor versperrte Berufs- und Arbeitsmarktchancen.

Tabelle 27: Studentinnen[a] in ausgewählten Studienfächern 1932-1941[48]

Ausgewählte Studienfächer	SoSem 1932		SoSem 1936		WS 1938/39		W-Tri. 1941	
	abs.	in %	abs.	in %	abs.	in %	abs.	in %
Architektur	129	13,7	43	14,4	69	24,9	191	21,1
Mathematik	101	10,7	26	8,7	8	2,9	38	4,2
Naturwissensch.	199	21,1	62	20,8	116	41,9	468	51,6
Pädagog/Lehramtb	408	43,2	90	30,2	26	9,4	36	4,0
Wirtschaftswiss.	54	5,7	25	8,4	14	5,1	67	7,4
Pharmazie	27	2,9	15	5,0	20	7,2	10	1,1
Ingenieurwesen	4	0,4	-	-	1	0,4	15	1,7
Hüttenkunde	3	0,3	-	-	3	1,1	3	0,3
Elektrotechnik	7	0,7	-	-	20	7,2	10	1,1
übrige Fächer	12	1,3	37	12,4	-	-	69	7,6
Frauen insgesamt	944	100	298	100	277	100	907	100
Studierende insg	20474	100	10747	100	12692	100	9650	100
davon Frauen	944	4,6	298	2,8	277	2,2	907	9,4

a Einschließlich der ausländischen Studentinnen an den Technischen Hochschulen

b Durch die Gründung der Hochschulen für Lehrerbildung entfielen die Lehramtsstudiengänge auch an den Technischen Hochschulen; siehe Sandfuchs, S. 356 ff. für die TH Braunschweig.

47 Siehe auch Scholtz/Stranz, S. 116.

48 Erstellt nach Lorenz, Hochschulbesuch, S. 314 f.

4. Bundesrepublik Deutschland

Nach 1945 war das Studium von Frauen in der Bundesrepublik Deutschland frei von Restriktionen.[49] Die Frequentierung der Technischen Hochschulen bzw. Technischen Universitäten blieb trotzdem deutlich unter dem Niveau der "normalen" Universitäten. Eine Gegenüberstellung der Frauenanteile in ausgewählten Studienfächern[50] im Zeitverlauf dokumentiert die geringe und nur sukzessive wachsende Partizipation an den technischen und ingenieurwissenschaftlichen Disziplinen. Die fortbestehende Unterrepräsentanz von Frauen in den technischen Studienfächern wird häufig mit der These erklärt, daß es die Technik und technischen Kompetenzen verbundenen Assoziationen von Macht und Männlichkeit sind, die eine bewußte Zurückhaltung der Frauen verursachen.[51] Technische Berufe werden mit den als männlich angesehenen Eigenschaften Erfindergeist und Risikobereitschaft gleichgesetzt. Wesentlich plausibler erscheinen die Hinweise auf kulturell bedingte Ausschlußmechanismen, die die Sozialisationsprozesse in Familie und Schule prägen und nachhaltig die sozialen Normen von "männlich" und "weiblich" mitbestimmen.[52] Die andere Sozialisation von Mädchen in der Schule, die im Gegensatz zu der von Jungen eher von Kooperation statt von Konkurrenz gekennzeichnet ist,[53] scheint die Forderung nach der partiellen Aufhebung der Koedukation - zumindest in den naturwissenschaftlichen Schulfächern,[54] in den Mädchen gezielt gefördert[55] werden sollen - evident werden zu lassen.

Hinzu kommen, wie im Bergbau, Arbeitsschutzbestimmungen, die Frauen den Berufszugang erschweren. Vor der Immatrikulation zum Bergbauingenieurstudium müssen alle Interessierten ein sechsmonatiges Praktikum unter Tage absolvieren. Eine aus dem Jahre 1938 stammende Arbeitsschutzbestimmung verbietet allerdings eine Beschäftigung von weiblichen Arbeitnehmern unter Tage. Daher müssen alle angehenden Bergbauingenieurinnen das Praktikum im Ausland ableisten.[56]

---

49 Für die staatliche Lenkung von Frauen in die technischen Disziplinen in der DDR siehe das vorangegangene Kapitel.

50 Zur Studienfachwahl von Frauen siehe auch Berg-Peer/Krause/Mandelartz, S. 139 ff.

51 Siehe Rudolph, Technikkompetenz, S. 208.

52 Ebd.

53 Enders-Dragässer, S. 24 f.; Kauermann-Walter/Kreienbaum, S. 32 f.

54 Hurrelmann et al., S. 51 ff.

55 Faulstich-Wieland, S. 132 ff.

56 Königs, S. 43.

Tabelle 28: Frauenanteil in ausgewählten technischen Studienfächern in der Bundesrepublik Deutschland im Wintersemester 1951/52, im Wintersemester 1963/64 und im Sommersemester 1972[57]

Studienfach	Wintersemester 1951/52				Wintersemester 1963/64				Sommersemester 1972			
	Frauen abs.	Frauen in %	Studierende abs.	davon Frauen in %	Frauen abs.	Frauen in %	Studierende abs.	davon Frauen in %	Frauen abs.	Frauen in %	Studierende abs.	davon Frauen in %
Maschinenbau[a]	16	0,1	4.652	0,3	35	0,1	10.676	0,3	88	0,1	9.442	2,7
Elektrotechnik	8	0,0	3.859	0,2	44	0,1	8.934	0,5	79	0,0	9.355	2,7
Arch./Innenarch.	201	1,1	3.408	5,9	688	1,1	4.910	14,0	1.035	1,1	5.956	1,7
Bergbau/Hüttenw.[b]	18	0,1	1.697	1,1	4	0,0	609	0,7	36	0,0	1.043	0,3
Bauingenieurwesen	6	0,0	4.504	0,1	54	0,1	6.848	0,8	168	0,2	6.359	1,8
Ing.wiss. gesamt	252	1,4	18.795	1,3	864	1,4	36.095	2,4	1.565	1,7	34.892	9,9
Studierende Frauen Univ.+ TH zusammen	18.400	100	106.304	17,3	63.915	100	246.812	25,9	93.198	100	352.572	26,4

a inklusive Schiffsmaschinenbau

b inklusive Bergvermessungswesen, Markscheidekunde

57 Berechnet nach Stat. Jb. Bundesrepublik Deutschland, 1953, S. 94 f., S. 97; 1965, S. 106, S. 108; 1975, S. 106, S. 109.

Tabelle 29: Frauenanteil in ausgewählten technischen Studienfächern in der Bundesrepublik Deutschland im Wintersemester 1978/79, Wintersemester 1982/83 und im Wintersemester 1987/88[58]

Studienfach	Wintersemester 1978/79				Wintersemester 1982/83				Wintersemester 1987/88			
	Frauen abs.	Frauen in %	Studierende abs.	davon Frauen in %	Frauen abs.	Frauen in %	Studierende abs.	davon Frauen in %	Frauen abs.	Frauen in %	Studierende abs.	davon Frauen in %
Maschinenbau	2.938	1,3	58.390	5,0	5.171	1,5	80.810	6,4	9.322	2,4	114.138	8,2
Elektrotechnik	774	0,3	44.817	1,7	1.430	0,4	55.250	2,6	2.185	0,6	75.965	2,8
Arch./Innenarch.	6.628	2,9	21.971	30,2	12.628	3,8	33.700	37,5	16.152	4,2	40.876	39,5
Bergbau/Hüttenw.	148	0,1	2.700	5,5	220	0,1	3.545	6,2	207	0,1	3.786	5,5
Bauingenieurwesen	1.514	0,7	21.573	7,0	2.609	0,8	25.214	10,3	3.152	0,8	26.903	11,7
Ing.wiss. gesamt	12.807	5,7	157.356	8,1	23.533	7,0	207.437	11,3	32.900	8,5	270.599	12,2
Studierende Frauen Univ.+ TH zusammen	224.717	100	620.226	36,2	334.643	100	822.604	40,7	385.692	100	927.355	41,6

58 Berechnet nach Stat. Jb. Bundesrepublik Deutschland, 1980, S. 339, S. 341; 1984, S. 367, S. 369; 1989, S. 350, S. 352.

Abschließend soll noch ein kurzer Blick auf die Studierenden der Fachrichtung Architektur geworfen werden. Durch die Eigenständigkeit der früheren Teildisziplin Innenarchitektur hat sich die Zahl der Architektur-Studierenden insgesamt stark erhöht. Näher zu betrachten ist die Bedeutung für das technische Frauenstudium. Die geschlechtsdifferenzierte Aufschlüsselung des Studienganges Architektur/Innenarchitektur in die beiden Teilbereiche weist einige signifikante Unterschiede auf. Nur sieben Prozent der Männer, aber siebzehn Prozent der Frauen studierten im Sommersemester 1987 Innenarchitektur. Während zwei Drittel der Architektur-Studierenden männlich und nur ein Drittel weiblich war, ist es im Teilgebiet Innenarchitektur genau umgekehrt: Fast zwei Drittel der Studierenden waren Frauen und nur ein Drittel waren Männer.

Tabelle 30: Studierende der Architektur/Innenarchitektur aller Hochschulformen nach Geschlecht differenziert im Sommersemester 1987[59]

Teil-gebiet	Männer			Frauen			Fach Zusammen	
	abs.	in % Männer	in % Fach	abs.	in % Frauen	in % Fach	abs.	in %
Architektur	21.481	93,2	63,6	12.273	82,9	36,4	33.754	100
Innenarch.	1.555	6,8	38,0	2.536	17,1	62,0	4.091	100
Zusammen	23.036	100		14.809	100		37.845	

Diese Verteilung dokumentiert ein deutlich geschlechtsdifferenziertes Interesse am Studienfach Architektur/Innenarchitektur. Welche "typisch" männlichen oder weiblichen Merkmale und vielschichtigen Sozialisationsgründe[60] zu dieser Aufteilung führten, muß hier offen bleiben.

59 Berechnet nach Stat. Jb. Bundesrepublik Deutschland, S. 350 f.

60 Siehe auch Janshen/Rudolph, S. 39 ff.; Zimmermann, S. 86 ff.

VIII. Resümee

Die Entwicklung des Frauenstudiums in Deutschland war ein wichtiger Teilschritt der weiblichen Emanzipation; denn der Ausschluß vom Studium bedeutete für die Frauen zugleich einen Ausschluß von qualifizierten Berufen, gesellschaftlichem Einfluß und Macht.

Die offizielle Zulassung der Frauen zu den Universitäten begann im Jahre 1900, sie hatte sich jedoch erst zehn Jahre später in **allen** deutschen Einzelstaaten durchgesetzt. In den Jahren der Weimarer Republik stieg die Zahl der Studentinnen rasch an. Die ideologische Beschränkung der Frauen auf "ihre ursprüngliche Rolle" in Familie und Haushalt nach der nationalsozialistischen Machtergreifung ergab kurzfristig eine Verzögerung vor allem der zahlenmäßigen Entwicklung, doch der wachsende Arbeitskräftebedarf und die ökonomischen Schwierigkeiten besonders in den Kriegsjahren bewirkten rasch eine Revidierung der NS-Hochschulpolitik. Allerdings führten die für Frauen wenig aussichtsreichen Arbeitsmarktchancen während der dreißiger Jahre und die allgemein drastisch verringerten Studierendenzahlen dazu, daß das Hochschulstudium wieder zum Privileg "höherer Töchter" und abhängig von den finanziellen Möglichkeiten des Elternhauses wurde.

Den Drang der Frauen zur Universität und die Erreichung des Zieles einer größerer Bildungsbeteiligung, speziell am Hochschulstudium konnte der Nationalsozialismus zwar vorübergehend bremsen und verzögern, aber nicht aufhalten.

In der Bundesrepublik Deutschland kam es nach 1945 zu einer ungehinderten und stetigen Entwicklung des Frauenstudiums, wobei allerdings die soziale Herkunft weiterhin eine Hürde beim Hochschulzugang darstellte. Die Konzentration auf "typische" Frauenstudienfächer blieb weitgehend bestehen und führte in den philologischen Disziplinen zu einem dominanten Anteil der Studentinnen.

Durch die Teilung Deutschlands nach dem zweiten Weltkrieg bestand die potentielle Chance, daß sich - kontrastierend zur Bundesrepublik - in einem Staat mit sowjetisch verfaßter Gesellschaftsordnung eine unterschiedliche Entwicklung vollzog. Die wenigen verfügbaren statistischen Angaben verifizieren diese Vermutung allerdings nicht. Die staatlich reglementierte und kontingentierte Hochschulzulassungspolitik dokumentiert im Vergleich von Direkt- und Fernstudium die offenkundig auch in der DDR fortbestehenden sozialstrukturellen Benachteiligungen der Frauen. Gleichfalls war auch im "real existierenden Sozialismus" die Studienfachwahl der Studentinnen stark auf die geisteswissenschaftlichen Disziplinen gerichtet - ungeachtet aller staatlichen Lenkungsmaßnahmen. Mangels repräsentativer Erhebungsdaten lassen sich keine dezidierten Aussagen über die soziale Herkunft der Studentinnen in der DDR machen; aber es darf angenommen werden, daß sie durchschnittlich eine höhere soziale Herkunft haben als ihre männlichen Kommilitonen. Empirische Untersuchungen zur Sozialstruktur von Promovierten aus der DDR haben derartige Thesen signifikant belegt.

Abschließend bleibt daher festzuhalten, daß die familialen und sozialstrukturellen Benachteiligungen von Frauen im Hinblick auf ein Hochschulstudium, weder durch Quotierungen und Reglementierungen, sondern nur umfangreiche staatliche sozialpolitische und -ökonomische Maßnahmen wenn schon nicht beseitigt, dann doch abgemildert werden können.

Literatur

Bibliographien

Bock, Ulla/*Witych*, Barbara: Thema: Frau. Bibliographie der deutschsprachigen Literatur zur Frauenfrage 1949-1979. Bielefeld 1980.

Collin, Beate/*Schultz*, Irmgard (Hg.): Bibliographie: Frauenforschung über Frauenarbeit in Produktion und Reproduktion 1979-1984. Bielefeld 1986.

Deutscher Akademikerinnenbund e.V. (Hg.): Die Frauenfrage in Deutschland. Bibliographie, Bd. 10: 1931-1980. Bearbeitet von Ilse Delvendahl unter Mitarbeit von Doris Marek. München-New York-London-Paris 1987.

Die Frauenfrage in Deutschland. Strömungen und Gegenströmungen 1790-1930. Hrsg. von Hans Sveistrup/Agnes von Zahn-Harnack. Burg b. M. 1934.

Gesetze, Erlasse, Verordnungen und Archivalien

Die Frau in der Deutschen Demokratischen Republik. Statistische Kennziffernsammlung *1978*. Hg.: Ministerrat der Deutschen Demokratischen Republik. Staatliche Zentralverwaltung für Statistik. Berlin (Ost) 1978 [Statistisches Bundesamt, Abt. Berlin-Alexanderplatz: Archiv-Nr. 15609].

Die Frau in der Deutschen Demokratischen Republik. Statistische Kennziffernsammlung *1979*. Hg.: Ministerrat der Deutschen Demokratischen Republik. Staatliche Zentralverwaltung für Statistik. Berlin (Ost) 1979 [Statistisches Bundesamt, Abt. Berlin-Alexanderplatz: Archiv-Nr. 16590].

Die Frau in der Deutschen Demokratischen Republik. Statistische Kennziffernsammlung *1981*. Hg.: Ministerrat der Deutschen Demokratischen Republik. Staatliche Zentralverwaltung für Statistik. Berlin (Ost) 1981 [Statistisches Bundesamt, Abt. Berlin-Alexanderplatz: Archiv-Nr. 00784].

Die Frau in der Deutschen Demokratischen Republik. Statistische Kennziffernsammlung *1982*. Hg.: Ministerrat der Deutschen Demokratischen Republik. Staatliche Zentralverwaltung für Statistik. Berlin (Ost) 1982 [Statistisches Bundesamt, Abt. Berlin-Alexanderplatz: Archiv-Nr. 02373].

Die Frau in der Deutschen Demokratischen Republik. Statistische Kennziffernsammlung *1989*. Hg.: Ministerrat der Deutschen Demokratischen Republik. Staatliche Zentralverwaltung für Statistik. Berlin (Ost) 1989 [Statistisches Bundesamt, Abt. Berlin-Alexanderplatz: Archiv-Nr. 012850].

Die Jugend in der Deutschen Demokratischen Republik. Statistische Übersichten *1978*. Hg.: Ministerrat der Deutschen Demokratischen Republik. Staatliche Zentralverwaltung für Statistik. Berlin (Ost) 1979 [Statistisches Bundesamt, Abt. Berlin-Alexanderplatz: Archiv-Nr. 15380].

Die Jugend in der Deutschen Demokratischen Republik. Statistische Übersichten *1982*. Hg.: Ministerrat der Deutschen Demokratischen Republik. Staatliche Zentralverwaltung für Statistik. Berlin (Ost) 1983 [Statistisches Bundesamt, Abt. Berlin-Alexanderplatz: Archiv-Nr. 02020].

Die Jugend in der Deutschen Demokratischen Republik. Statistische Übersichten *1986*. Hg.: Ministerrat der Deutschen Demokratischen Republik. Staatliche Zentralverwaltung für Statistik. Berlin (Ost) 1987 [Statistisches Bundesamt, Abt. Berlin-Alexanderplatz: Archiv-Nr. 07949].

Die Jugend in der Deutschen Demokratischen Republik. Statistische Übersichten *1988*. Hg.: Ministerrat der Deutschen Demokratischen Republik. Staatliche Zentralverwaltung für Statistik. Berlin (Ost) 1989 [Statistisches Bundesamt, Abt. Berlin-Alexanderplatz: Archiv-Nr. 12490].

Erlaß, betr. das *Ausscheiden* der Lehrerinnen aus dem Schuldienste im Falle ihrer Verheirathung, vom 15. Juli 1892. In: Das gesammte preußisch-deutsche Gesetzgebungs-Material. Die Gesetze und Verordnungen sowie die Ausführungs-Anweisungen, Erlasse, Verfügungen etc. der preußischen und deutschen Centralbehörden, Jg. 1892. Zusammengest. u. hrsg. von G. A. Grotefend. Düsseldorf o.J., S. 646-647.

Erlaß, betr. Zulassung von *Lehrerinnen* zu den für die wissenschaftliche Prüfung der Lehrerinnen in Betracht kommenden Universitätsvorlesungen, vom 17. Mai 1895. In: Das gesammte preußisch-deutsche Gesetzgebungs-Material. Die Gesetze und Verordnungen sowie die Ausführungs-Anweisungen, Erlasse, Verfügungen etc. der preußischen und deutschen Centralbehörden, Jg. 1895. Zusammengest. u. hrsg. von G. A. Grotefend. Düsseldorf o.J., S. 400.

Erlaß, betr. *Neuordnung* des höheren Mädchenschulwesens, vom 31. Mai 1894. In: Das gesammte preußisch-deutsche Gesetzgebungs-Material. Die Gesetze und Verordnungen sowie die Ausführungs-Anweisungen, Erlasse, Verfügungen etc. der preußischen und deutschen Centralbehörden, Jg. 1894. Zusammengest. u. hrsg. von G. A. Grotefend. Düsseldorf o.J., S. 383-410.

Erlaß, betr. *Zulassung* von Frauen zum gastweisen Besuche von Universitätsvorlesungen, vom 16. Juli 1896. In: Das gesammte preußisch-deutsche Gesetzgebungs-Material. Die Gesetze und Verordnungen sowie die Ausführungs-Anweisungen, Erlasse, Verfügungen etc. der preußischen und deutschen Centralbehörden, Jg. 1896. Zusammengest. u. hrsg. von G. A. Grotefend. Düsseldorf o.J., S. 473.

Gesetz zur Änderung von Vorschriften auf dem Gebiete des allgemeinen Beamten-, des Besoldungs- und des Versorgungsrechts, vom 30. Juni 1933. In: Reichsgesetzblatt, Teil I, Nr. 74, 1. Juli 1933, Berlin, S. 433-447.

Gesetz gegen die Überfüllung deutscher Schulen und Hochschulen, vom 25. April 1933. In: Reichsgesetzblatt, Teil I, Nr. 43, 26. April 1933, Berlin, S. 225.

Gesetz über die Rechtsstellung der weiblichen Beamten, vom 30. Mai 1932. In: Reichsgesetzblatt, Teil I, Nr. 31, 3. Juni 1932, Berlin, S. 245-246.

Gesetz über die Zulassung der Frauen zu den Ämtern und Berufen der Rechtspflege, vom 11. Juli 1922. In: Reichsgesetzblatt, Teil I, Nr. 51, Berlin, S. 573-574.

Gewerbeordnung für den Norddeutschen Bund, vom 21. Juni 1869. In: Bundes-Gesetzblatt des Norddeutschen Bundes, Jg. 1869, Nr. 26, Berlin, S. 245-282.

Ministerialblatt für Kirchen- und Schulangelegenheiten im Königreich Bayern, Nr. 10 vom 20. April 1905, München.

Zulassung von Frauen zum Studium auf Grund der Prüfungen an den Oberlyzeen, Erlaß Nr. 186 vom 11. Okt. 1913. In: Zentralblatt für die gesamte Unterrichtsverwaltung in Preußen, Jg. 1913. Hrsg. in dem Ministerium der geistlichen und Unterrichts-Angelegenheiten. Berlin 1913, S. 793-796.

Monographien und Aufsätze

Adam, Uwe Dietrich: Hochschule und Nationalsozialismus. Die Universität Tübingen im Dritten Reich. (Contubernium. Beiträge zur Geschichte der Eberhard-Karls-Universität Tübingen, Bd. 23). Tübingen 1977.

Die Akademische Frau. Gutachten hervorragender Universitätsprofessoren, Frauenlehrer und Schriftsteller über die Befähigung der Frau zum wissenschaftlichen Studium und Berufe. Hrsg. von Arthur Kirchhoff. Berlin 1897.

Akten und Dokumente zur Geschichte des Frauenstudiums an der Universität Zürich. In: Das Frauenstudium an den Schweizer Hochschulen. Hrsg. vom Schweizerischen Verband der Akademikerinnen. Zürich 1928, S. 283-316.

Albisetti, James C.: The *Fight* for Female Physicians in Imperial Germany. In: Central European History, Vol. 15 (1982), Atlanta, S. 99-123.

Albisetti, James C.: Frauen und die akademischen *Berufe* im Kaiserlichen Deutschland. In: Ruth-Ellen B. Joeres/Annette Kuhn (Hg.): Frauen in der Geschichte, Bd. VI.: Frauenbilder und Frauenwirklichkeiten. Interdisziplinäre Studien zur Frauengeschichte in Deutschland im 18. und 19. Jahrhundert. Düsseldorf 1985, S. 286-303.

Albisetti, James C.: *Schooling* German Girls and Women. Secondary and Higher Education in the Nineteenth Century. Princeton 1988.

Albisetti, James C.: *Women* and the Professions in Imperial Germany. In: German Women in the eighteenth and nineteenth Centuries. A Social and Literary History. Hrsg. von Ruth-Ellen B. Joeres/Mary Jo Maynes. Bloomington/Ind. 1986, S. 94-109.

Albrecht, Helmuth: Technische Bildung zwischen Wissenschaft und Praxis. Die Technische Hochschule Braunschweig 1862-1914. Hildesheim 1987.

Albrecht, Elisabeth/*Bretschneider*, Martha: Stipendien und Darlehen für Ausbildungszwecke von Frauen. In: Die Studentin, 2. Jg., H. 8, 1. Aug. 1913, Berlin, o.S. (3-4).

Alma Mater ohne Töchter - Was ist weiblich an der Universität? In: Frauenbilder - Frauenrollen - Frauenforschung. Dokumentation der Ringvorlesung an der Universität Salzburg im WS 1986/87. Hrsg. Von Christa Gürtler et al. (Veröffentlichungen des Historischen Instituts der Universität Salzburg, Bd. 17). Wien-Salzburg 1987, S. 183-186.

Ammann, Ellen: Warum wir die Zulassung zu den akademischen Berufen erstrebt haben? In: Der deutsche Frauenkongreß. Berlin, 27. Februar bis 2. März 1912. Sämtliche Vorträge. Hrsg. von Gertrud Bäumer. Leipzig-Berlin 1912, S. 131-138.

Andernach, Norbert: Der Einfluß der Parteien auf das Hochschulwesen in Preußen 1848-1918. Göttingen 1972.

Anger, Hans: Probleme der deutschen Universität. Bericht über eine Erhebung unter Professoren und Dozenten. Tübingen 1960.

Apel, Hans-Jürgen: Sonderwege der Mädchen zum Abitur im Deutschen Kaiserreich. Bildung zur Studierfähigkeit und Durchsetzung der Abiturberechtigung am Ausgang des Kaiserreichs (1908). In: Zeitschrift für Pädagogik, 34. Jg. (1988), Weinheim, S. 171-189.

Arbeitsdienst - Ausgleichsdienst. In: Die Deutsche Studentenschaft. Wissen und Dienst, 9. Jg., Nr. 9, 2. April 1936, Berlin, S. 13.

Architektinnen im Militärdienst. In: Die Studentin, 5. Jg., H. 9, 12. Dez. 1916, Berlin, S. 70-71.

Aufruf. In: Die Frauenbewegung, 2. Jg., H. 9, 1. Mai 1896, Berlin, S. 90.

Autorenkollektiv: Die Humboldt-Universität. Gestern - Heute - Morgen. Zum einhundertfünfzigjährigen Bestehen der Humboldt-Universität zu Berlin und zum zweihundertfünfzigjährigen Bestehen der Charité, Berlin. Berlin (Ost) 1960.

Bäumer, Gertrud: Die Geschichte der *Frauenbewegung* in Deutschland. In: Handbuch der Frauenbewegung. Hrsg. von Helene Lange/Gertrud Bäumer. Bd. 1: Die Geschichte der Frauenbewegung in den Kulturländern. Berlin 1901, S. 1-66.

Bäumer, Gertrud: *Geschichte* und Stand der Frauenbildung in Deutschland. In: Handbuch der Frauenbewegung. Hrsg. von Helene Lange/Gertrud Bäumer. Bd. 3: Der Stand der Frauenbildung in den Kulturländern. Berlin 1902, S. 1-128.

Bäumer, Gertrud: Geschichte der *Gymnasialkurse* für Frauen zu Berlin. Hrsg. vom Vorstand der Vereinigung zur Veranstaltung von Gymnasialkursen für Frauen. Berlin 1906.

Bäumer, Gertrud: 30 *Jahre* Frauenstudium. In: Die Frau, 45. Jg. (1937/38), Berlin, S. 578-585.

Bäumer, Gertrud: *Krisis* des Frauenstudiums. Leipzig o.J. (1932).

Bäumer, Gertrud: Zur *Soziologie* des Frauenstudiums. In: Die Frau, 19. Jg. (1911/12), H. 8, Berlin, S. 455-465.

Bäumer, Gertrud: *Studien* über Frauen. Berlin 1924, 3. verm. Aufl.

Bäumer, Gertrud: Die Frau in *Volkswirtschaft* und Staatsleben der Gegenwart. Stuttgart-Berlin 1914.

Bajohr, Stefan/*Rödiger-Bajohr*, Kathrin: Die Diskriminierung der Juristin in Deutschland bis 1945. In: Redaktion Kritische Justiz (Hg.): Der Unrechts-Staat, Bd. II. Recht und Justiz im Nationalsozialismus. Baden-Baden 1984, S. 125-136.

Baske, Siegfried/*Engelbert*, Martha: Zwei Jahrzehnte Bildungspolitik in der Sowjetzone Deutschlands. Dokumente. Erster Teil 1945 bis 1958. Berlin (West) 1966.

Bathke, Gustav-Wilhelm: Jugend und Hochschule/Universität. In: Walter Friedrich/Hartmut Griese (Hg.): Jugend und Jugendforschung in der DDR. Gesellschaftspolitische Situationen, Sozialisation und Mentalitätsentwicklung in den achtziger Jahren. Opladen 1991, S. 75-90.

Bauer, Helga/*Supplitt*, Gerlinde: Einige Aspekte zur Entwicklung der Hamburger Studentenschaft 1919-1969. In: Universität Hamburg 1919-1969. Hamburg 1969, S. 311-329.

Beamtinnenzölibat. In: Die Frauenbewegung, 18. Jg., H. 11, 1. Juni 1912, Berlin, S. 85-86.

Becher, Jürgen: Das marxistisch-leninistische Grundlagenstudium. Gedanken zur Rolle der politischen Ökonomie in diesem System. In: Das Hochschulwesen, 32. Jg. (1984), Berlin (Ost), S. 34-39.

Becker, Hellmut: Bildungspolitik. In: Die Bundesrepublik Deutschland. Geschichte in drei Bänden. Bd. 2: Gesellschaft. Hrsg. von Wolfgang Benz. Frankfurt/M. 1983, S. 324-350.

Beckmann, Emmy/*Kardel*, Elisabeth: Vorwort. In: Quellen zur Geschichte der Frauenbewegung. Bearbeitet von Emmy Beckmann/Elisabeth Kardel. (Quellensammlung für den Geschichtsunterricht, H. 12). Frankfurt/M.-Berlin-Bonn 1955, 2. Aufl.

Belwe, Katharina: 40 Jahre Gleichberechtigung der Frauen in der DDR. In: Deutsche Studien, 28. Jg. (1990), H. 110, Lüneburg, S. 143-160.

Benker, Gitta/*Störmer*, Senta: Grenzüberschreitungen. Studentinnen in der Weimarer Republik. (Frauen in Geschichte und Gesellschaft, Bd. 21). Pfaffenweiler 1991.

Bennathan, Esra: Die demographische und wirtschaftliche Struktur der Juden. In: Entscheidungsjahr 1932. Zur Judenfrage in der Endphase der Weimarer Republik. Hrsg. von Werner E. Mosse unter Mitwirkung von Arnold Paucker. (Schriftenreihe wissenschaftlicher Abhandlungen des Leo-Baeck-Instituts, Bd. 13). Tübingen 1966, 2. rev. u. erw. Aufl., S. 87-131.

Berg-Peer, Janine/*Krause*, Birte/*Mandelartz*, Meggi: Studentinnen an technischen Universitäten: Fachliche Qualifizierung und soziale Prägung. In: Doris Janshen/Hedwig Rudolph et al.: Ingenieurinnen. Frauen für die Zukunft. Berlin-New York 1987, S. 129-195.

Berger, Manfred: Aus- und Fortbildung. Wer war Alice Salomon? In: Unsere Jugend, 42. Jg. (1990), H. 9, München, S. 399-406.

Berghofer-Weichner, Mathilde: Frauen in der Justiz. In: Politische Studien, 40. Jg. (1989), H. 303, München, S. 28-36.

Bericht über das erste Semester der Vereinigung Gießener Studentinnen. In: Die Studentin, 4. Jg., H. 5, 1. Nov. 1915, Berlin, S. 50.

Bernardoni, Claudia: Frauenpolitische Strategien in Bildung und Forschung. In: Der vergeudete Reichtum. Über die Partizipation von Frauen im öffentlichen Leben. Hrsg. von Claudia Bernardoni/Vera Werner. München-New York-London-Paris 1987, 117-134.

Beschlüsse des Verbandstages. Weimar 1912. In: Die Studentin, 1. Jg., H. 11, 21. Nov. 1912, Berlin, o.S. (1-3).

Bestmann, Hans Joachim/*Kloth*, Hans Joachim: Mehr Frauen und Mädchen für technische Berufe. In: Arbeit und Arbeitsrecht, 24. Jg. (1969), H. 9, Berlin (Ost), S. 264.

Betz, Mathilde: Einsatz der Studentinnen im Frauendienst. In: Deutsches Frauenschaffen. Jahrbuch der Reichsfrauenführung 1939. Im Auftrag der Reichsfrauenführung hrsg. u. bearb. von Erika Kirmsse. Dortmund 1939, S. 103-105.

Bias-Engels, Sigrid: "Rosenknospen ersticken im Wüstensande" - Das Frauenstudium im Spiegel der studentischen Presse 1895-1914. In: Anne Schlüter/Annette Kuhn (Hg.): Lila Schwarzbuch. Zur Diskriminierung von Frauen in der Wissenschaft. Düsseldorf 1986, S. 34-57.

Bieder, Martha: Universität Basel. In: Das Frauenstudium an den Schweizer Hochschulen. Hrsg. vom Schweizerischen Verband der Akademikerinnen. Zürich 1928, S. 203-244.

Biographisches Lexikon der hervorragenden *Ärzte* der letzten fünfzig Jahre. Hrsg. und bearbeitet von I. Fischer. München-Berlin 1962.

Biographisches Wörterbuch zur Deutschen Geschichte. Begründet von Hellmuth Rößler/Günther Franz. Bearbeitet von Karl Bosl/Günther Franz/Hanns Hubert Hofmann. München 1974, 2. völlig überarb. u. erw. Aufl.

Blankenburg, Karl-Heinz: Freigestellt zur Qualifizierung im Fernstudium an den Hoch- und Fachschulen. In: Arbeit und Arbeitsrecht, 40. Jg. (1985), Berlin (Ost), H. 1, S. 13-14.

Blasius, Dirk: Bürgerliche Rechtsgleichheit und die Ungleichheit der Geschlechter. Das Scheidungsrecht im historischen Vergleich. In: Bürgerinnen und Bürger. Geschlechterverhältnisse im 19. Jahrhundert. Hrsg. von Ute Frevert. (Kritische Studien zur Geschichtswissenschaft, Bd. 77). Göttingen 1988, S. 67-84.

Bleek, Wilhelm: Zum 100. *Geburtstag* der Pädagogin Marie Torhorst. In: Deutschland Archiv, 22. Jg. (1989), H. 2, Köln, S. 139-141.

Bleek, Wilhelm: Von der *Kameralausbildung* zum Juristenprivileg. Studium, Prüfung und Ausbildung der höheren Beamten des allgemeinen Verwaltungsdienstes in Deutschland im 18. und 19. Jahrhundert. (Historische und Pädagogische Studien, Bd. 3). Berlin (West) 1972.

Bleek, Wilhelm: *Verwaltung* und öffentlicher Dienst. In: Die Bundesrepublik Deutschland. Geschichte in drei Bänden. Bd. 1: Politik. Hrsg. von Wolfgang Benz. Frankfurt/M. 1983, S. 63-91.

Blum, Anna: Etwas über die Besoldung der Lehrerin in den östlichen Provinzen. In: Die Frauenbewegung, 1. Jg., H. 9, 1. Mai 1895, Berlin, S. S. 66-68.

Bock, Gisela: Historische *Frauenforschung*. Fragestellungen und Perspektiven. In: Frauen suchen ihre Geschichte. Historische Studien zum 19. und 20. Jahrhundert. Hrsg. von Karin Hausen. München 1983, S. 22-60.

Bock, Gisela: *Zwangssterilisation* im Nationalsozialismus. Studien zur Rassenpolitik und Frauenpolitik. Opladen 1986.

Bode, Dirk: Sozialistische Bildungskonzeption und polytechnische Bildung und Erziehung in der DDR. Zur Darstellung und Kritik ihrer Entwicklung, ihrer Einbettung in die "Politische Ökonomie des Sozialismus" und ihrer schulpraktischen Verwirklichung. Diss. Georg-August-Universität Göttingen 1975.

Boedeker, Elisabeth: 25 Jahre Frauenstudium in Deutschland. Verzeichnis der Doktorarbeiten von Frauen 1908-1933, Bd. 1. Hannover 1939.

Boedeker, Elisabeth/*Meyer-Plath*, Maria: 50 Jahre Habilitation von Frauen in Deutschland. Eine Dokumentation über den Zeitraum von 1920-1970. Göttingen 1974.

Boehlke, Kirstin: Frauenstudium an der Christian-Albrechts-Universität zu Kiel vor dem Hintergrund des Frauenstudiums in Deutschland. Eine Skizze. O.O. (Kiel) o.J. (1985).

Boehm, Laetitia: Von den Anfängen des akademischen Frauenstudiums in Deutschland. Zugleich ein Kapitel aus der Geschichte der Ludwig-Maximilians-Universität München. In: Historisches Jahrbuch, 77. Jg. (1958), München-Freiburg, S. 298-327.

Boehm, Laetitia/*Müller*, Rainer A. (Hg.): Universitäten und Hochschulen in Deutschland, Österreich und der Schweiz. Eine Universitätsgeschichte in Einzeldarstellungen. Düsseldorf 1983.

Böhme, Hans-Joachim: Zur *Entwicklung* und Förderung des wissenschaftlichen Nachwuchses. In: Das Hochschulwesen, 33. Jg. (1985), Berlin (Ost), S. 138-151.

Böhme, Hans-Joachim: Das marxistisch-leninistische *Grundlagenstudium* - Kernstück der sozialistischen Erziehung der Studenten. In: Das Hochschulwesen, 20. Jg. (1972), Berlin (Ost), S. 3-8.

Böhme, Hans-Joachim: 30 Jahre *Studium* von DDR-Bürgern in der UdSSR. In: Presse-Informationen, Nr. 125 vom 29. Oktober 1981. Hrsg. vom Presseamt beim Vorsitzenden des Ministerrates der Deutschen Demokratischen Republik. Berlin (Ost) 1981, S. 2.

Bölling, Rainer: Sozialgeschichte der deutschen Lehrer. Ein Überblick von 1800 bis zur Gegenwart. Göttingen 1983.

Börsch, Sabine: Fremdsprachenstudium - Frauenstudium? Subjektive Bedeutung und Funktion des Fremdsprachenerwerbs und -studiums für Studentinnen und Studenten. Tübingen 1982.

Bordag-Wettengel, Erika: Die Gleichberechtigung der Frauen - theoretisch betrachtet. In: Das Hochschulwesen, 10. Jg. (1962), Berlin (Ost), S. 423-427.

Born, Karl Erich: Von der Reichsgründung bis zum Ersten Weltkrieg. (Gebhardt Handbuch der deutschen Geschichte, Bd. 16). München 1980, 5. Aufl. = Stuttgart 1970, 9. neubearb. Aufl.

Boyd, Catherine Elaine: Nationaler Frauendienst: German Middle-Class Women in Service to the Fatherland, 1914-1918. Diss. University of Georgia, Athens 1979.

Bracher, Karl Dietrich: Die Gleichschaltung der deutschen Universität. In: Nationalsozialismus und Deutsche Universität. Universitätstage 1966. Veröffentlichung der Freien Universität Berlin. Berlin (West) 1966, S. 126-142.

Brehmer, Ilse: Von geistigen Müttern und anderen Bildern der Mütterlichkeit in Helene Langes Autobiographie. In: Ilse Brehmer et al. (Hg.): Frauen in der Geschichte, Bd. IV.: "Wissen heißt leben ...". Beiträge zur Bildungsgeschichte von Frauen im 18. und 19. Jahrhundert. Düsseldorf 1983, S. 88-98.

Brentano, Margherita von: Die Situation der Frauen und das Bild "der Frau" an der Universität. In: Universität und Universalität. Universitätstage 1963. Veröffentlichung der Freien Universität Berlin. Berlin (West) 1963, S. 73-93.

Breslauer-Schaefer, Elise: Das Altmitglied. In: Die Studentin, 5. Jg., H. 3, 15. März 1916, Berlin, S. 17-18.

Bridenthal, Renate: Beyond Kinder, Küche, Kirche: Weimar Women at Work. In: Central European History, 6. Jg. (1973), Atlanta, S. 148-166.

Bridenthal, Renate/*Koonz*, Claudia: Beyond Kinder, Küche, Kirche: Weimar Women in Politics and Work. In: When Biology Became Destiny. Women in Weimar and Nazi Germany. Hrsg. von Renate Renate Bridenthal/Atina Grossmann/Marion Kaplan. New York 1984, S. 33-65.

Brocke, Bernhard vom: Hochschul- und Wissenschaftspolitik in Preußen und im Deutschen Kaiserreich 1882-1907: das "System Althoff". In: Bildungspolitik in Preußen zur Zeit des Kaiserreichs. Hrsg. von Peter Baumgart. Stuttgart 1980, S. 9-118.

Brüll, Heini/*Niemann*, Heinz/*Vogel*, Gerhard: Marxistisch-leninistisches Grundlagenstudium - bewährtes Instrument der Partei bei der Klassenmäßigen Erziehung der Studenten. In: Das Hochschulwesen, 19. Jg. (1971), Berlin (Ost), S. 197-201.

Bublitz, Hannelore: Ich gehörte irgendwie so nirgends hin... Arbeitertöchter an der Hochschule. Gießen 1980.

Bussche, Hendrik van den: Im Dienste der "Volksgemeinschaft". Studienreform im Nationalsozialismus am Beispiel der ärztlichen Ausbildung. (Hamburger Beiträge zur Wissenschaftsgeschichte, Bd. 4). Berlin-Hamburg 1989.

Bussemer, Herrad U.: Bürgerliche Frauenbewegung und männliches *Bildungsbürgertum* 1860-1880. In: Bürgerinnen und Bürger. Geschlechterverhältnisse im 19. Jahrhundert. Hrsg. von Ute Frevert. (Kritische Studien zur Geschichtswissenschaft, Bd. 77). Göttingen 1988, S. 190-205.

Bussemer, Herrad-Ulrike: Bürgerliche und proletarische *Frauenbewegung* (1865-1914). In: Annette Kuhn/Gerhard Schneider (Hg.): Frauen in der Geschichte, Bd. I.: Frauenrechte und die gesellschaftliche Arbeit der Frauen im Wandel. Fachwissenschaftliche und fachdidaktische Studien zur Geschichte der Frauen. Düsseldorf 1984, 3. Aufl., S. 34-55.

Bussemer, Herrad-Ulrike: *Frauenemanzipation* und Bildungsbürgertum. Sozialgeschichte der Frauenbewegung in der Reichsgründungszeit. Weinheim 1985.

Carmon, Arye Zvi: The University of Heidelberg and National Socialism, 1930-1935. Diss. University of Wisconsin, Madison 1974.

Clephas-Möcker, Petra/*Krallmann*, Kristina: Akademische Bildung - eine Chance zur Selbstverwirklichung für Frauen? Lebensgeschichtlich orientierte Interviews mit Gymnasiallehrerinnen und Ärztinnen der Geburtsjahre 1909 bis 1923. Weinheim 1988.

Corßen, Meta: Munitionsarbeit. In: Die Studentin, 6. Jg., H. 7, 3. Nov. 1917, Berlin, S. 44-45.

Craig, John E.: Higher *Education* and Social Mobility in Germany. In: Konrad H. Jarausch (ed.): The Transformation of Higher Learning 1860-1930. Expansion, Diversification, Social Opening and Professionalization in England, Germany, Russia and the United States. (Historisch-Sozialwissenschaftliche Forschungen, Bd. 13). Stuttgart 1983, S. 219-244.

Craig, John E.: *Scholarship* and Nation Building. The Universities of Strasbourg and Alsatian Society, 1870-1939. Chicago-London 1984.

Deutsche Studentinnen. In: Die Frauenbewegung, 2. Jg., H. 6, 15. März 1896, Berlin, S. 62.

Dahrendorf, Ralf: *Arbeiterkinder* an deutschen Universitäten. (Recht und Staat in Geschichte und Gegenwart, H. 302/303). Tübingen 1965.

Dahrendorf, Ralf: *Bildung* ist Bürgerrecht. Plädoyer für eine aktive Bildungspolitik. Hamburg 1965.

Dammer, Susanna/*Sachse*, Carola: Nationalsozialistische Frauenpolitik und weibliche Arbeitskraft. In: Frauengeschichte. Dokumentation des 3. Historikerinnentreffens in Bielefeld, April 81. Hrsg. von Sozialwissenschaftliche Forschung und Praxis für Frauen e.V. (Beiträge zur feministischen Theorie und Praxis, Bd. 5). München 1981, S. 108-117.

Daniels, Felicitas: Eine Studentin spricht. In: Deutsches Frauenschaffen. Jahrbuch der Reichsfrauenführung [1936]. Im Auftrag der Reichsfrauenführung hrsg. u. bearb. von Erika Kirmsse. O.O. [Dortmund] 1936, S. 79.

Datenreport 1985. Zahlen und Fakten über die Bundesrepublik Deutschland. Statistisches Bundesamt (Hg.) in Zusammenarbeit mit dem Sonderforschungsbereich 3 der Universitäten Frankfurt und Mannheim. Stuttgart 1986.

Deja-Lölhöffel, Brigitte: Erziehung nach Plan. Schule und Ausbildung in der DDR. Berlin (West) 1988.

Deutsche Hochschulstatistik, Sommerhalbjahr 1928 - Winterhalbjahr 1932/33. Hrsg. von den Hochschulverwaltungen. Berlin 1928-1933.

Deutscher Juristinnenbund (Hg.): Juristinnen in Deutschland. Eine Dokumentation (1900-1984). München 1984.

Deutschland-Berichte der Sozialdemokratischen Partei Deutschlands (Sopade). Im Auftrag des Exilvorstandes hrsg. von Erich Rinner. Frankfurt/M. 1980.

Die weiblichen Studierenden auf den preußischen Universitäten. In: Zeitschrift des Königlich Preußischen Statistischen Landesamts, 56. Jg. (1916), Berlin, S. XXIV.

Dinkler, Elfriede: Die Verschulung der "höheren" Mädchenerziehung durch die Bildungspolitik um die Jahrhundertwende. Diss. Friedrich-Schiller-Universität Jena 1938.

Dohm, Hedwig: Die wissenschaftliche Emancipation der Frau. Berlin 1874=Zürich 1977.

Drechsler, Horst: Die Universität Jena im letzten Drittel des 19. Jahrhunderts. In: Geschichte der Universität Jena 1548/58-1958. Festgabe zum vierhundertjährigen Universitätsjubiläum. Jena 1958, S. 462-467.

Dreißig, Wilhelmine: Die *Abiturientinnen* im Frauenarbeitsdienst. In: Die Deutsche Studentenschaft. Wissen und Dienst, 9. Jg., Nr. 11, 23. April 1936, Berlin, S. 11.

Dreißig, Wilhelmine: Der *Ausgleichsdienst* der Abiturientinnen. In: Die Deutsche Studentenschaft. Wissen und Dienst, 9. Jg., Nr. 3, 27. Januar 1936, Berlin, S. 8.

Dreißig, Wilhelmine: *Frauenarbeitsdienst* und Frauenstudium. In: Die Deutsche Studentenschaft. Wissen und Dienst, 9. Jg., Nr. 22, 19. August 1936, Berlin, S. 10-11.

Duden, Barbara/*Ebert*, Hans: Die Anfänge des Frauenstudiums an der Technischen Hochschule Berlin. In: Wissenschaft und Gesellschaft. Beiträge zur Geschichte der Technischen Universität Berlin 1879-1979. Erster Band. Hrsg. von Reinhard Rürup. Berlin-Heidelberg-New York 1979, S. 403-423.

Eckert, Willehad Paul: Kleine Geschichte der Universität Köln. Köln 1961.

Eilers, Rolf: Die nationalsozialistische Schulpolitik. Eine Studie zur Funktion der Erziehung im totalitären Staat. Köln-Opladen 1963.

Eine Frau als Preisträgerin der Leipziger Universität. In: Die Frauenbewegung, 19. Jg., H. 24, 15. Dez. 1913, Berlin, S. 192.

Ellingen, Anneliese: Studentin und Volkswirtschaft. In: Die Deutsche Studentenschaft. Wissen und Dienst, 8. Jg., Nr. 7, 5. Ernting [!; d.h. August, L.M.] 1935, Berlin, S. 5-6.

Ellwein, Die deutsche Universität. Vom Mittelalter bis zur Gegenwart. Königstein/Ts. 1985.

Emons, Hans-Heinz: Zu Erfahrungen und Problemen bei der Heranbildung des wissenschaftlichen Nachwuchses. In: Das Hochschulwesen, 35. Jg. (1987), Berlin (Ost), S. 272-275.

Enders-Dragässer, Uta: Mädchensozialisation - Jungensozialisation in der Schule. In: Maria Anna Kreienbaum (Hg.): Frauen bilden Macht. Dokumentation des 7. Fachkongresses Frauen und Schule. Dortmund 1989, S. 23-28.

Endruweit, Günter: Elite und Entwicklung. Theorie und Empirie zum Einfluß von Eliten auf Entwicklungsprozesse. (Europäische Hochschulschriften, Reihe XXII Soziologie, Bd. 118). Frankfurt/M.-Bern-New York 1986.

Engelmann, Susanne: Die Erziehung des Mädchens. Leipzig 1929.

Erler, Georg: Zehn Jahre münsterischer Universitätsgeschichte. In: Westfalen, 4. Jg. (1912), Münster, S. 93-102.

Erlinghagen, Karl: Katholisches Bildungsdefizit in Deutschland. Freiburg i.B. 1965.

Evans, Richard J.: The *Concept* of Feminism. Notes for practicing Historians. In: German Women in the eighteenth and nineteenth Centuries. A Social and Literary History. Hrsg. von Ruth-Ellen B. Joeres/Mary Jo Maynes. Bloomington/Ind. 1986, S. 247-258.

Evans, Richard J.: *Sozialdemokratie* und Frauenemanzipation im deutschen Kaiserreich. Berlin-Bonn 1979.

Fackt, Elizabeth L.: The Status and Attitudes of Women in German Universities. A Pilot Study Based on Personal Observation, Personal Interviews, Group Discussions, and a Simple Questionnaire Used in Six German Universities During the Summer Semester, 1950. (Sponsored by the Women's Affairs Branch, Education and Cultural Relations Division, United States High Commission for German). O.O. [Denver] Oktober 1950.

Falk, Waltraud: Für volles Leistungsprinzip bei den Zulassungen. In: Das Hochschulwesen, 11. Jg. (1963), Berlin (Ost), S. 186-191.

Faulstich-Wieland, Hannelore: Koedukation und Mathematik/Naturwissenschaften/Technik. In: Zurück zur Mädchenschule? Beiträge zur Koedukation. Hrsg. von Gertrud Pfister. (Frauen in Geschichte und Gesellschaft, Bd. 1). Pfaffenweiler 1988, S. 120-136.

Faust, Anselm: Der Nationalsozialistische Deutsche Studentenbund. Studenten und Nationalsozialismus in der Weimarer Republik. Düsseldorf 1973.

Federspiel, Ruth: Beruf versus Heiratskarriere? Frauenberufstätigkeit und ihre Wirkung auf das Heiratsverhalten in der ersten Hälfte des Jahrhunderts. In: Frauenberufe - hausarbeitsnah? Zur Erziehungs-, Bildungs- und Versorgungsarbeit von Frauen. Hrsg. von Marion Klewitz/Ulrike Schildmann/Theresa Wobbe. (Frauen in Geschichte und Gesellschaft, Bd. 12). Pfaffenweiler 1989, S. 139-162.

Feyl, Renate: Der lautlose Aufbruch. Frauen in der Wissenschaft. Frankfurt/M. 1989, 3. Aufl.

Fiedler, Peter/*König*, Bernd: Hochschulfernstudium - Ausdruck sozialistischer Bildungspolitik. In: Das Hochschulwesen, 27. Jg. (1979), Berlin (Ost), S. 222-226.

Fläschendräger, Werner *et al.*: Magister und Scholaren, Professoren und Studenten. Geschichte deutscher Universitäten und Hochschulen im Überblick. Leipzig-Jena-Berlin (Ost) 1981.

Fleer, Ottilie: Victoria-Studienhaus. In: Die Studentin, 4. Jg., H. 4, 24. Juli 1915, Berlin, S. 38-39.

Flitner, Elisabeth: Ein Frauenstudium im Ersten Weltkrieg. In: Zeitschrift für Pädagogik, 34. Jg. (1988), Weinheim, S. 153-169.

Forrer-Gutknecht, E.: Zur Geschichte des Frauenstudiums an der Universität Zürich. Versuche, erste Erfahrungen und bahnbrechende Persönlichkeiten. In: Das Frauenstudium an den Schweizer Hochschulen. Hrsg. vom Schweizerischen Verband der Akademikerinnen. Zürich 1928, S. 19-53.

Frauen an der Berliner Universität. In: Die Frauenbewegung, 3. Jg., H. 23, 1. Dez. 1897, Berlin, S. 242.

Frauenstudium. In: Die Frauenbewegung, 2. Jg., H. 22, 15. Nov. 1896, Berlin, S. 214.

Freese, Renate: Zu einigen Problemen des Frauensonderstudiums. In: Probleme der Frauenqualifizierung. Hrsg. vom Wissenschaftlichen Rat für soziologische Forschung in der DDR. Berlin (Ost) 1971, S. 128-146.

Frevert, Ute: Bewegung und Disziplin in der Frauengeschichte. Ein Forschungsbericht. In: Geschichte und Gesellschaft, 14. Jg. (1988), Göttingen, S. 240-262.

Fricke, Rolf: Die Frequenzentwicklung der Universität Marburg seit 1866. In: H. Hermelink/S. A. Kaehler: Die Philipps-Universität zu Marburg 1527-1927. Fünf Kapitel aus ihrer Geschichte. Die Universität Marburg seit 1866 in Einzeldarstellungen. Marburg 1927, S. 816-841.

Frühauf, Hans: Fernstudium - eine sozialistische Form des Studiums. In: Das Hochschulwesen, 6. Jg. (1958), Berlin (Ost), S. 232-234.

Für die Zulassung von Frauen an der Berliner Universität. In: Die Frauenbewegung, 2. Jg., H. 11, 1. Juni 1896, Berlin, S. 110.

Gamm, Hans-Jochen: Führung und Verführung. Pädagogik des Nationalsozialismus. München 1990, 3. Aufl.

Garthwaite, Gabrielle: 'Hochschulfernstudium' in the GDR. In: GDR Monitor, 6. Jg. (1984), H. 11, Dundee, S. 24-28.

Geheimrat Waldeyer und die Frauenfrage. In: Die Frauenbewegung, 1. Jg., H. 17, 1. Sep. 1895, Berlin, S. 129-131.

Gerhard, Ute: Die *Rechtsstellung* der Frau in der bürgerlichen Gesellschaft des 19. Jahrhunderts. Frankreich und Deutschland im Vergleich. In: Bürgertum im 19. Jahrhundert. Deutschland im europäischen Vergleich, Bd. 1. Hrsg. von Jürgen Kocka. München 1988, S. 439-468.

Gerhard, Ute: *Verhältnisse* und Verhinderungen. Frauenarbeit, Familie und Rechte der Frauen im 19. Jahrhundert. Frankfurt/M. 1978.

Gerstein, Hannelore: Studierende Mädchen - Zum Problem des vorzeitigen Abgangs von der Universität. (Studien zur Soziologie, Bd. 4). München 1965.

Geyer-Kordesch, Johanna: Geschlecht und Gesellschaft: Die ersten Ärztinnen und sozialpolitische Vorurteile. In: Berichte zur Wissenschaftsgeschichte, 10. Jg. (1987), Weinheim, S. 195-205.

Giles, Geoffrey J.: Students and National Socialism in Germany. Princeton 1985.

Gingold, Silvia: Bildungschancen. In: Für die Befreiung der Frau. Hrsg. von Marianne Konze. Frankfurt/M. 1972, S. 72-86.

Giovannini, Norbert: Zwischen Republik und Faschismus. Heidelberger Studentinnen und Studenten 1918-1945. Weinheim 1990.

Glaeßner, Gert-Joachim: Kaderbedarfsplanung und Absolventenlenkung im Hochschulwesen der DDR. In: Studentische Politik, 4. Jg. (1971), H. 7/8, Berlin (West), S. 41-47.

Glaser, Edith/*Herrmann*, Ulrich: Konkurrenz und Dankbarkeit. Die ersten drei Jahrzehnte des Frauenstudiums im Spiegel von Lebenserinnerungen - am Beispiel der Universität Tübingen. In: Zeitschrift für Pädagogik, 34. Jg. (1988), Weinheim, S. 205-226.

Goroncy, Claus: Die Wechselbeziehung zwischen dem sozialen Status der Eltern und den Bildungswünschen ihrer Kinder. Diss. A Wilhelm-Pieck-Universität Rostock 1979.

Grammdorf, Gerda: Zur dynamischen Veränderung der sozialen Struktur in der Stadt Rostock im Prozeß des Aufbaus des Sozialismus in den Jahren von 1945 bis 1970. Diss. A Wilhelm-Pieck-Universität Rostock 1972.

Grandke, Anita: *Familienförderung* als gesellschaftliche und staatliche Aufgabe. Berlin (Ost) 1986, 2. überarb. Aufl.

Grandke, Anita [Interview mit]: *Frauen* in Frieden und Sozialismus - aus Sicht der Universität. In: Das Hochschulwesen, 10. Jg. (1962), Berlin (Ost), S. 199-213.

Greven-Aschoff, Barbara: Die bürgerliche Frauenbewegung in Deutschland 1894-1933. Göttingen 1981.

Gries, Sabine/*Voigt*, Dieter: Kindesmißhandlung in Deutschland. Geht die DDR einen Sonderweg? In: Qualifikationsprozesse und Arbeitssituation von Frauen in der Bundesrepublik Deutschland und in der DDR. Hrsg. von Dieter Voigt. (Schriftenreihe der Gesellschaft für Deutschlandforschung, Bd. 27). Berlin (West) 1989, S. 41-76.

Gysi, Jutta/*Liebscher*, Reinhard/*Zierke*, Irene: Frau und Familie. In: Frauenreport '90. Im Auftrag der Beauftragten des Ministerrates für die Gleichstellung von Frauen und Männern, hrsg. von Gunnar Winkler. Berlin (Ost) 1990, S. 101-152.

Haase, Herwig: Die finanzielle Förderung der Direktstudenten. In: Studentische Politik, 4. Jg. (1971), H. 7/8, Berlin (West), S. 34-40.

Hafner, Helmut: Frauenemanzipation und Katholizismus im zweiten deutschen Kaiserreich. Diss. Universität des Saarlandes, Saarbrücken 1983.

Haley-Oliphant, Ann E.: International Perspectives on the Status and Role of Women in Science. In: Women in Science. A Report from the Field. Edited by Jane Butler Kahle. Philadelphia-London 1985, S. 169-192.

Hausen, Karin: "... eine Ulme für das schwanke Efeu". Ehepaare im deutschen Bildungsbürgertum. Ideale und Wirklichkeiten im späten 18. und 19. Jahrhundert. In: Bürgerinnen und Bürger. Geschlechterverhältnisse im 19. Jahrhundert. Hrsg. von Ute Frevert. (Kritische Studien zur Geschichtswissenschaft, Bd. 77). Göttingen 1988, S. 85-117.

Hausen, Karin/*Nowotny*, Helga: Vorwort. In: Wie männlich ist die Wissenschaft? Hrsg. von Karin Hausen/Helga Nowotny. Frankfurt/M. 1986, S. 9-14.

Hecht, Arno: Zur Entwicklung und Förderung eines qualifizierten wissenschaftlichen Nachwuchses. In: Das Hochschulwesen, 33. Jg. (1985), Berlin (Ost), S. 13-15.

Hegel, Eduard: Geschichte der Katholisch-theologischen Fakultät Münster 1773-1964, 1. Teil. (Münsterische Beiträge zur Theologie, H. 30/1). Münster 1966.

Heineken, Elfriede: Zu dem Artikel: "Stipendien und Darlehen für Ausbildungszwecke von Frauen" in Nr. 8 der "Studentin". In: Die Studentin, 2. Jg., H. 9, 1. Okt. 1913, Berlin, o.S. (2).

Helwig, Gisela: *Frau* '75. Bundesrepublik Deutschland - DDR. Köln 1975.

Helwig, Gisela: Frau und *Familie*. Bundesrepublik Deutschland - DDR. Köln 1987.

Hensel, Georg: Gustav Zeuner. In: 125 Jahre Technische Hochschule Dresden. Festschrift. Hrsg. im Karl-Marx-Jahr 1953. Berlin (Ost) 1953, S. 140-141.

Herlyn, Ingrid/*Vogel*, Ulrike: Spätstudentinnen. Ausdruck einer Individualisierung des weiblichen Lebenslaufs? In: Hochschulausbildung, 6. Jg. (1988), Alsbach, S. 153-164.

Herrmann, Judith: Die deutsche *Frau* in akademischen Berufen. Diss. Schlesische Friedrich-Wilhelms-Universität Breslau 1915.

Herrmann, Judith: Eine *Mahnung*. In: Die Studentin, 5. Jg., H. 2, 23. Feb. 1916, Berlin, S. 8-9.

Hertel, Karla/*Michalski*, Günter: Frauen im Studium an Technischen Hochschulen. In: Das Hochschulwesen, 18. Jg. (1970), Berlin (Ost), S. 665-672.

Herwig, Carlheinz: Studiengewohnheiten und Studiensituation. (Bochumer pädagogische und psychologische Studien, Nr. 11). Bochum 1983.

Heymans, G.: Die Psychologie der Frauen. (Die Psychologie in Einzeldarstellungen, Bd. 3). Heidelberg 1910.

Hildebrand, Kriemhild: Zur Lage des weiblichen wissenschaftlichen Nachwuchses. Ergebnisse einer Befragung an der Universität Rostock. In: Das Hochschulwesen, 13. Jg. (1965), Berlin (Ost), S. 601-608.

Hildebrandt, Karin: Frauen in der wissenschaftlichen Arbeit an den Hochschulen. In: Das Hochschulwesen, 35. Jg. (1987), Berlin (Ost), S. 103-104.

Hille, Barbara: Berufswahl und Berufslenkung in der DDR. In: Walter Jaide/Barbara Hille (Hg.): Jugend im doppelten Deutschland. Opladen 1977, S. 26-49.

Hirsch, Max: Über das Frauenstudium. Eine soziologische und biologische Untersuchung auf Grund einer Erhebung. Leipzig-Würzburg 1920.

Hitpass, Josef/*Mock*, Albert: Studenteneskalation. Expansion der Studentenzahlen bis zum Jahr 2000. Studienwünsche der Gymnasiasten und ihre Motive. (Wissenschaftstheorie, Wissenschaftspolitik, Wissenschaftsgeschichte, Bd. 11). Bielefeld 1969.

Höroldt, Dietrich: Zur wirtschaftlichen Bedeutung der Universitäten für ihre Städte. In: Stadt und Hochschule im 19. und 20. Jahrhundert. Hrsg. von Erich Maschke/Jürgen Sydow. (Stadt in der Geschichte, Bd. 5). Sigmaringen 1979, S. 25-76.

Holtzendorff, Franz von: Die Verbesserungen in der gesellschaftlichen und wirthschaftlichen Stellung der Frauen. (Sammlung gemeinverständlicher wissenschaftlicher Vorträge, Serie 2, H. 40). Berlin 1867.

Huerkamp, Claudia: Frauen, Universitäten und Bildungsbürgertum. Zur Lage studierender Frauen 1900-1930. In: Bürgerliche Berufe. Zur Sozialgeschichte der freien und akademischen Berufe im internationalen Vergleich. Hrsg. von Hannes Siegrist. (Kritische Studien zur Geschichtswissenschaft, Bd. 80). Göttingen 1988, S. 200-222.

Hurrelmann, Klaus et al.: Koedukation - Jungenschule auch für Mädchen? (Alltag und Biografie von Mädchen, Bd. 14). Opladen 1986.

Husner, Gabriele: Studenten und Studium in der DDR. Köln 1985.

Irmer, Anna: Zur Wohnungsfrage der Studentinnen. In: Die Studentin, 5. Jg., H. 2, 23. Feb. 1916, Berlin, S. 9-11.

Jacobi, Lucie: Unsere Studentinnenvereine - allerhand Nachdenkliches. In: Die Studentin, 6. Jg., H. 2, 5. Mai 1917, Berlin, S. 11-13.

Jahres-Verzeichnis der deutschen *H*ochschulschriften. Bearbeitet von der Deutschen Bücherei Leipzig, 1. Jg. ff. (1885 ff). Leipzig 1885 ff.

Jansen, Eva: Die soziale Herkunft der Studenten an den bayerischen Universitäten. In: Zeitschrift des Bayerischen Statistischen Landesamts, 59. Jg. (1927), München, S. 449-484.

Janshen, Doris/*Rudolph*, Hedwig: Prägungen: Die Ingenieurin in der Kindheit. In: Doris Janshen/Hedwig Rudolph et al.: Ingenieurinnen. Frauen für die Zukunft. Berlin-New York 1987, S. 39-84.

Janz, Oliver: Zwischen Amt und Profession: Die evangelische Pfarrerschaft im 19. Jahrhundert. In: Bürgerliche Berufe. Zur Sozialgeschichte der freien und akademischen Berufe im internationalen Vergleich. Hrsg. von Hannes Siegrist. (Kritische Studien zur Geschichtswissenschaft, Bd. 80). Göttingen 1988, S. 174-199.

Jarausch, Konrad H.: *Frequenz* und Struktur. Zur Sozialgeschichte der Studenten im Kaiserreich. In: Bildungspolitik in Preußen zur Zeit des Kaiserreichs. Hrsg. von Peter Baumgart. Stuttgart 1980, S. 119-149.

Jarausch, Konrad H.: Students, *Society*, and Politics in Imperial Germany. The Rise of Academic Illiberalism. Princeton 1982.

Jarausch, Konrad H.: Deutsche *Studenten* 1800-1970. Frankfurt/M. 1984.

Jarausch, Konrad H.: The Social *Transformation* of the University. The Case of Prussia 1865-1914. In: Journal of Social History, 12. Jg. (1979), Pittsburgh, S. 609-636.

Jastrow, J.: Kollegiengelder und Gebühren. In: Michael Doeberl et al. (Hg.): Das akademische Deutschland, Bd. III: Die deutschen Hochschulen in ihren Beziehungen zur Gegenwartskultur. Berlin 1930, S. 277-284.

Joch, Winfried: Sport und Leibeserziehung im Dritten Reich. In: Leibesübungen und Sport in Deutschland vom Ersten Weltkrieg bis zur Gegenwart. Hrsg. von Horst Ueberhorst. (Geschichte der Leibesübungen, Bd. 3, Teilband 2). Berlin (West) 1982, S. 701-742.

Joest, Mechthild/*Nieswandt*, Martina: Das Lehrerinnen-Zölibat im Deutschen Kaiserreich. Die rechtliche Situation der unverheirateten Lehrerinnen in Preußen und die Stellungnahmen der Frauenbewegung zur Zölibatsklausel. In: Die ungeschriebene Geschichte. Historische Frauenforschung. Dokumentation des 5. Historikerinnentreffens in Wien, 16. bis 19. April 1984. Hg.: Wiener Historikerinnen. Himberg bei Wien o.J. (1984), S. 251-258.

Jüdisches Leben in Deutschland, Bd. 2. Selbstzeugnisse zur Sozialgeschichte im Kaiserreich. Hrsg. und eingeleitet von Monika Richarz. Stuttgart 1979.

Kaiser, Annette: "Frauenemancipation" wider Willen. Die pragmatische Politik des Lette-Vereins 1866-1876. In: Annette Kuhn/Jörn Rüsen (Hg.): Frauen in der Geschichte, Bd. III: Fachwissenschaftliche und fachdidaktische Beiträge zur Geschichte der Weiblichkeit vom frühen Mittelalter bis zur Gegenwart mit geeigneten Materialien für den Unterricht. (Geschichtsdidaktik. Studien - Materialien, Bd. 13). Düsseldorf 1983, S. 167-194.

Kampe, Norbert: *Bildungsbürgertum* und Antisemitismus im Deutschen Kaiserreich. Der studentische Anteil an der Durchsetzung einer gesellschaftlichen Norm. Diss. Technische Universität Berlin (West) 1983.

Kampe, Norbert: *Studenten* und "Judenfrage" im Deutschen Kaiserreich. Die Entstehung einer akademischen Trägerschicht des Antisemitismus. (Kritische Studien zur Geschichtswissenschaft, Bd. 76). Göttingen 1988.

Kaplan, Marion A.: Die jüdische Frauenbewegung in Deutschland. Organisation und Ziele des Jüdischen Frauenbundes 1904-1938. (Hamburger Beiträge zur Geschichte der deutschen Juden, Bd. 7). Hamburg 1981.

Kater, Michael H.: *Doctors* under Hitler. Chapel Hill-London 1989.

Kater, Michael H.: Medizinische *Fakultäten* und Medizinstudenten. Eine Skizze. In: Fridolf Kudlien: Ärzte im Nationalsozialismus. Köln 1985, S. 82-104.

Kater, Michael H.: *Krisis* des Frauenstudiums in der Weimarer Republik. In: Vierteljahrsschrift für Sozial- und Wirtschaftsgeschichte, Bd. 59 (1972), Wiesbaden, S. 207-255.

Kater, Michael H.: The *Nazi Party*. A Social Profile of Members and Leaders 1919-1945. Oxford 1983.

Kater, Michael H.: *Studentenschaft* und Rechtsradikalismus in Deutschland 1918-1933. Eine sozialgeschichtliche Studie zur Bildungskrise in der Weimarer Republik. (Historische Perspektiven, Bd. 1). Hamburg 1975.

Kath, Gerhard: Das soziale Bild der Studentenschaft in Westdeutschland und Berlin, Sommersemester 1956. Bonn 1957.

Kauermann-Walter, Jacqueline/*Kreienbaum*, Maria Anna: Der sozio-psychologische Bildungszirkel - ein pragmatisches Modell zur Erklärung der Benachteiligung von Mädchen und Frauen im Bildungswesen. In: Maria Anna Kreienbaum (Hg.): Frauen bilden Macht. Dokumentation des 7. Fachkongresses Frauen und Schule. Dortmund 1989, S. 29-47.

Keller, Karl: Das akademische Studium an den preußischen und den deutschen wissenschaftlichen Hochschulen vor und nach dem Weltkriege. In: Preußische Hochschulstatistik, Sommerhalbjahr 1927. Hrsg. und bearb. von dem Preußischen Statistischen Landesamt. Berlin 1928, S. V-XI.

Kistler, Helmut: Die Bundesrepublik Deutschland. Vorgeschichte und Geschichte 1945-1983. Stuttgart 1986.

Klee, Ernst: "Euthanasie" im NS-Staat. Die "Vernichtung lebensunwerten Lebens". Frankfurt/M. 1985.

Kleinberger, Aharon F.: Gab es eine nationalsozialistische Hochschulpolitik? In: Erziehung und Schulung im Dritten Reich, Teil 2: Hochschule, Erwachsenenbildung. Hrsg. von Manfred Heinemann. Stuttgart 1980, S. 9-30.

Klewitz, Marion: *Lehrerinnenausbildung* 1890-1925 (in Preußen). In: Jutta Dalhoff/Uschi Frey/Ingrid Schöll (Hg.): Frauenmacht in der Geschichte. Beiträge des Historikerinnentreffens 1985 zur Frauengeschichtsforschung, (Geschichtsdidaktik. Studien - Materialien, Bd. 41). Düsseldorf 1986, S. 113-124.

Klewitz, Marion: Zwischen *Oberlehrern* und Müttern. Professionalisierung im Lehrerinnenberuf (1870-1920). In: Frauenberufe - hausarbeitsnah? Zur Erziehungs-, Bildungs- und Versorgungsarbeit von Frauen. Hrsg. von Marion Klewitz/Ulrike Schildmann/Theresa Wobbe. (Frauen in Geschichte und Gesellschaft, Bd. 12). Pfaffenweiler 1989, S. 59-98.

Klinksiek, Dorothee: Die Frau im NS-Staat. Stuttgart 1982.

Kocka, Jürgen: [*Briefabdruck*]. In: Frauengeschichte. Dokumentation des 3. Historikerinnentreffens in Bielefeld, April 81. Hrsg. von Sozialwissenschaftliche Forschung und Praxis für Frauen e.V. (Beiträge zur feministischen Theorie und Praxis, Bd. 5). München 1981, S. 123.

Kocka, Jürgen: *Vorwort*. In: Bürgerinnen und Bürger. Geschlechterverhältnisse im 19. Jahrhundert. Hrsg. von Ute Frevert. (Kritische Studien zur Geschichtswissenschaft, Bd. 77). Göttingen 1988, S. 7-9.

Köllner, Lutz: Umfang und Gründe der Flucht der akademischen Jugend aus Mitteldeutschland. In: Ostbrief, 7. Jg. (1961), Lüneburg, S. 428-436.

Königs, Barbara: Wie die Geheimnisse dieser Erde zutage gefördert werden. Schlechtes Image durch die Krise im Steinkohlebergbau. Studieren in Deutschland: Bergbauingenieur. In: Frankfurter Allgemeine Zeitung, Nr. 143, Sa. 23. Juni 1990, S. 43.

Köpcke, Karin: Studentenehe - Studentenfamilie. Eine empirische Untersuchung zur Situation verheirateter Studierender an der Wilhelm-Pieck-Universität Rostock im Studienjahr 1976/77. Diss. Wilhelm-Pieck-Universität Rostock 1982.

Koselleck, Reinhart: Preußen zwischen Reform und Revolution. Allgemeines Landrecht, Verwaltung und soziale Bewegung von 1791 bis 1848. (Industrielle Welt, Bd. 7). Stuttgart 1981, 3. Aufl.

Kotowski, Georg: Nationalsozialistische Wissenschaftspolitik. In: Nationalsozialismus und Deutsche Universität. Universitätstage 1966. Veröffentlichung der Freien Universität Berlin. Berlin (West) 1966, S. 209-223.

Kottenhoff, Anna: *Aufgaben* und Ziele der Studentinnenarbeit. In: Deutsches Frauenschaffen. Jahrbuch der Reichsfrauenführung [1937]. Im Auftrag der Reichsfrauenführung hrsg. u. bearb. von Erika Kirmsse. Dortmund 1937, S. 81-88.

Kottenhoff, Anna: Das *Studium* als völkischer Einsatz. In: Deutsches Frauenschaffen. Jahrbuch der Reichsfrauenführung 1939. Im Auftrag der Reichsfrauenführung hrsg. u. bearb. von Erika Kirmsse. Dortmund 1939, S. 97-103.

Kriegseinsatz der deutschen Studentin. In: Deutsches Frauenschaffen. Jahrbuch der Reichsfrauenführung 1941. Im Auftrag der Reichsfrauenführung hrsg. u. bearb. von Erika Fillies-Kirmsse. Dortmund 1941, S. 122-124.

Krukenberg, Elsbeth: Die Frauenbewegung, ihre Ziele und ihre Bedeutung. Tübingen 1905.

Kudlien, Fridolf: Ärzte als Anhänger der NS-"Bewegung". In: Ders.: Ärzte im Nationalsozialismus. Köln 1985, S. 18-34.

Kuhrig, Herta: Brauchen wir ein neues Frauenbewußtsein? In: Einheit, 44. Jg. (1989), H. 12, Berlin (Ost), S. 1135-1142.

Kuhrig, Herta/*Speigner*, Wulfram: Gleichberechtigung der Frau - Aufgaben und ihre Realisierung in der DDR. In: Zur gesellschaftlichen Stellung der Frau in der DDR. Sammelband. Hrsg. vom Wissenschaftlichen Beirat "Die Frau in der sozialistischen Gesellschaft" bei der Akademie der Wissenschaften der DDR unter Leitung von Herta Kuhrig/Wulfram Speigner. Leipzig 1978, S. 11-85.

Kussel, Emmi: Ueber die akademische Gerhart-Hauptmann-Feier in Berlin am 16. Dezember 1912. In: Die Studentin, 2. Jg., H. 2, 21. Feb. 1913, Berlin, o.S. (2-3).

Lange, Helene: Die *Aufgabe* der höheren Schule gegenüber dem Berufsleben. In: Der deutsche Frauenkongreß. Berlin, 27. Februar bis 2. März 1912. Sämtliche Vorträge. Hrsg. von Gertrud Bäumer. Leipzig-Berlin 1912, S. 57-63.

Lange, Helene: Die *Frauenbewegung* in ihren gegenwärtigen Problemen. Leipzig 1924, 3. Aufl.

Lange, Helene: Der Deutsche *Frauenkongreß*. In: Die Frau, 19. Jg. (1911/12), H. 7, Berlin, S. 400-406.

Lange, Helene: Zur "*Kalamität*" des Frauenstudiums. In: Die Frau, 9. Jg. (1901/02), H. 4, Berlin, S. 243-247.

Lange, Helene: *Rede* zur Eröffnung der Realkurse für Frauen zu Berlin am 10. Oktober 1889. Berlin 1889.

Lange, Helene: Die "undankbaren" *Studentinnen*. In: Die Frau, 15. Jg. (1907/08), H. 1, Berlin, S. 39-42.

Lange-Mehnert, Christa: "Ein Sprung ins absolute Dunkle". Zum Selbstverständnis der ersten Ärztinnen: Marie Heim-Vögtlin und Franziska Tiburtius. In: Johanna Geyer-Kordesch/Annette Kuhn (Hg.): Frauenkörper - Medizin - Sexualität. Auf dem Wege zu einer neuen Sexualmoral. (Geschichtsdidaktik. Studien - Materialien, Bd. 31). Düsseldorf 1986, S. 286-310.

Lauterer-Pirner, Heidi/*Schepers-Sutor-Wernich*, Margret: Studentin in Heidelberg. In: Auch eine Geschichte der Universität Heidelberg. Hrsg. von Karin Buselmeier/Dietrich Harth/Christian Jansen. Mannheim 1985, S. 101-122.

Leonhardt, Rudolf Walter: Aufstieg durch Anpassung. Das kontrollierte Bildungssystem oder wie eine(r) was wird in der DDR. In: Reise ins andere Deutschland. Hrsg. von Theo Sommer. Hamburg 1986, S. 105-112.

Lepsius, M. Rainer: Zur Soziologie des Bürgertums und der Bürgerlichkeit. In: Bürger und Bürgerlichkeit im 19. Jahrhundert. Hrsg. von Jürgen Kocka. Göttingen 1987, S. 79-100.

Lerner, Gerda: Eine feministische Theorie der Historie. In: Die ungeschriebene Geschichte. Historische Frauenforschung. Dokumentation des 5. Historikerinnentreffens in Wien, 16. bis 19. April 1984. Hg.: Wiener Historikerinnen. Himberg bei Wien o.J. (1984), S. 404-411.

Lestschinsky, Jakob: Das wirtschaftliche Schicksal des deutschen Judentums. Berlin 1932.

Leszczensky, Michael/*Filaretow*, Bastian: Hochschulstudium in der DDR. Statistischer Überblick. [Hg.:] HIS Hochschulschul-Informations-System GmbH. Hannover o.J. (1990).

Levy-Rathenau, Josephine/*Wilbrandt*, Lisbeth: Freie Berufe. In: Handbuch der Frauenbewegung. Hrsg. von Helene Lange/Gertrud Bäumer. Bd. 5: Die deutsche Frau im Beruf. Praktische Ratschläge zur Berufswahl. Berlin 1906, S. 115-262.

Ley, Hermann: Beitrag zur Geschichte der Technischen Hochschule Dresden. In: 125 Jahre Technische Hochschule Dresden. Festschrift. Hrsg. im Karl-Marx-Jahr 1953. Berlin (Ost) 1953, S. 13-76.

Lötsch, Ingrid/*Falconere*, Irene: Berufliche Bildung. In: Frauenreport '90. Im Auftrag der Beauftragten des Ministerrates für die Gleichstellung von Frauen und Männern, hrsg. von Gunnar Winkler. Berlin (Ost) 1990, S. 37-100.

Lorenz, Charlotte: Zehnjahres-Statistik des Hochschulbesuchs und der Abschlußprüfungen, Bd. I.: *Hochschulbesuch*. Hrsg. vom Reichsminister für Wissenschaft, Erziehung und Volksbildung. Berlin 1943.

Lorenz, Charlotte: Zehnjahres-Statistik des Hochschulbesuchs und der Abschlußprüfungen, Bd. II.: *Abschlußprüfungen*. Hrsg. vom Reichsminister für Wissenschaft, Erziehung und Volksbildung. Berlin 1943.

Losseff-Tillmanns, Gisela: Frauenemanzipation und Gewerkschaften. Wuppertal 1978.

Lowenthal, E(rnst) G(ottfried): Die Juden im öffentlichen Leben. In: Entscheidungsjahr 1932. Zur Judenfrage in der Endphase der Weimarer Republik. Hrsg. von Werner E. Mosse unter Mitwirkung von Arnold Paucker. (Schriftenreihe wissenschaftlicher Abhandlungen des Leo-Baeck-Instituts, Bd. 13). Tübingen 1966, 2. rev. u. erw. Aufl., S. 51-85.

Lück, Margret: Die Frau im Männerstaat. Die gesellschaftliche Stellung der Frau im Nationalsozialismus. Eine Analyse aus pädagogischer Sicht. Frankfurt/M.-Bern-Las Vegas 1979.

Lundgreen, Peter: Sozialgeschichte der deutschen Schule im Überblick, Teil II: 1918-1980. Göttingen 1981.

Maetzing, Rudolf: Auftrag für die sozialistische Universität: Arbeiter- und Bauernkinder fördern. In: Das Hochschulwesen, 20. Jg. (1972), Berlin (Ost), S. 72-75.

Marsch, Sybille: Studieren mit Kind. In: Elternhaus und Schule, 32. Jg. (1983), H. 4, Berlin (Ost), S. 22-23.

Marx, Karl: Brief an Ludwig Kugelmann in Hannover, 12. Dezember 1868. In: Karl Marx/Friedrich Engels: Werke, Bd. 32. Hrsg. vom Institut für Marxismus-Leninismus beim ZK der SED. Berlin (Ost) 1965, S. 582-583.

Maskus, Rudi: Die Neuordnung der Mittelschule in der Weimarer Republik. In: Sozialisation und Bildungswesen in der Weimarer Republik. Hrsg. von Manfred Heinemann. (Veröffentlichungen der Historischen Kommission der Deutschen Gesellschaft für Erziehungswissenschaft, Bd. 1). Stuttgart 1976, S. 93-103.

Maurer, Margarete: Die Verdrängung der Frauen aus Naturwissenschaften und Technik. In: Anne Schlüter/Annette Kuhn (Hg.): Lila Schwarzbuch. Zur Diskriminierung von Frauen in der Wissenschaft. Düsseldorf 1986, S. 234-256.

Mc Clelland, Charles: Zur *Professionalisierung* der akademischen Berufe in Deutschland. In: Bildungsbürgertum im 19. Jahrhundert, Teil I: Bildungssystem und Professionalisierung in internationalen Vergleichen. Hrsg. von Werner Conze/Jürgen Kocka. (Industrielle Welt, Bd. 38). Stuttgart 1985, S. 233-247.

Mc Clelland, Charles E.: *Professionalization* and Higher Education in Germany. In: Konrad H. Jarausch (ed.): The Transformation of Higher Learning 1860-1930. Expansion, Diversification, Social Opening and Professionalization in England, Germany, Russia and the United States. (Historisch-Sozialwissenschaftliche Forschungen, Bd. 13). Stuttgart 1983, S. 306-320.

Mc Clelland, Charles E.: *State*, society, and university in Germany 1700-1914. Cambridge 1980.

Meck, Sabine/*Mertens*, Lothar: Das Wissenschaftssystem der Sowjetunion und seine Vorbildfunktion für die DDR. In: Elite in Wissenschaft und Politik. Empirische Untersuchungen und theoretische Ansätze. Hrsg. von Dieter Voigt. (Schriftenreihe der Gesellschaft für Deutschlandforschung, Bd. 21). Berlin (West) 1987, S. 175-210.

Meldungen aus dem Reich 1938-1945. Die geheimen Lageberichte des Sicherheitsdienstes der SS. Hrsg. u. eingeleitet von Heinz Boberach. Herrsching 1984.

Menge, Marlies: Frauen von drüben. Portraits aus der DDR. In: Sigrun Anselm/Barbara Beck (Hg.): Triumph und Scheitern in der Metropole. Zur Rolle der Weiblichkeit in der Geschichte Berlins. Berlin (West) 1987, S. 294-314.

Mertens, Lothar: Soziale *Auswirkungen* von Schicht- und Nachtarbeit in der DDR. In: Arbeit und Sozialpolitik, 42. Jg. (1988), H. 3, Baden-Baden, S. 97-98.

Mertens, Lothar: *Bildungsprivileg* und Militärdienst im Kaiserreich. Die gesellschaftliche Bedeutung des Einjährig-Freiwilligen Militärdienstes für das deutsche Bildungsbürgertum. In: Bildung und Erziehung, 43. Jg. (1990), H. 2, Köln, S. 217-228.

Mertens, Lothar: Die *Entwicklung* des Frauenstudiums in Deutschland. In: Qualifikationsprozesse und Arbeitssituation von Frauen in der Bundesrepublik Deutschland und in der DDR. Hrsg. von Dieter Voigt. (Schriftenreihe der Gesellschaft für Deutschlandforschung, Bd. 27). Berlin (West) 1989, S. 9-40.

Mertens, Lothar: GDR Students in the *Honecker* Era. In: Politics and Society in Germany, Austria and Switzerland, 1. Jg. (1988), H. 1, Nottingham, S. 24-32.

Mertens, Lothar: Die Entwicklung des Frauenstudiums in Deutschland bis *1945*. In: Aus Politik und Zeitgeschichte, 39. Jg., B 28/89, 7. Juli 1989, Bonn, S. 3-12.

Mertens, Lothar: Das *Privileg* des Einjährig-Freiwilligen Militärdienstes im Kaiserreich und seine gesellschaftliche Bedeutung. Zum Stand der Forschung. In: Militärgeschichtliche Mitteilungen, 20. Jg. (1986), H. 39, Freiburg i.B., S. 59-66.

Mertens, Lothar: *Studenten* in der DDR. Neue Erkenntnisse aus DDR-Dissertationen. In: Deutsche Studien, 24. Jg. (1986), H. 96, Lüneburg, S. 371-377.

Meyer, Sibylle: Die mühsame *Arbeit* des Müßiggangs. Über die häuslichen Pflichten der Beamtenfrauen im Kaiserreich. In: Frauen suchen ihre Geschichte. Historische Studien zum 19. und 20. Jahrhundert. Hrsg. von Karin Hausen. München 1983, S. 172-194.

Meyer, Folkert: *Schule* der Untertanen. Lehrer und Politik in Preußen 1848-1900. (Historische Perspektiven, Bd. 4). Hamburg 1976.

Meyer-Renschhausen, Elisabeth: Die weibliche Ehre. Ein Kapitel aus dem Kampf von Frauen gegen Polizei und Ärzte. In: Johanna Geyer-Kordesch/Annette Kuhn (Hg.): Frauenkörper - Medizin - Sexualität. Auf dem Wege zu einer neuen Sexualmoral. (Geschichtsdidaktik. Studien - Materialien, Bd. 31). Düsseldorf 1986, S. 80-101.

Meyers großes *Personenlexikon*. Hrsg. u. bearb. von den Fachredaktionen des Bibliographischen Instituts. Mannheim-Zürich 1968.

Mc Intyre, Jill: Women and the Professions in Germany 1930-1940. In: Germany Democracy and the Triumph of Hitler. Essays in recent German History. Edited by Anthony Nicholls/Erich Matthias. London 1971, S. 175-213.

Miedzinski, Herta: Landdienst und Fabrikdienst als praktische Frauenarbeit an der Hochschule. In: Deutsches Frauenschaffen. Jahrbuch der Reichsfrauenführung 1939. Im Auftrag der Reichsfrauenführung hrsg. u. bearb. von Erika Kirmsse. Dortmund 1939, S. 105-108.

Mies, Maria: Frauenforschung oder feministische Forschung? Die Debatte um feministische Wissenschaft und Methodologie. In: Frauenforschung oder feministische Forschung. Hg.: Sozialwissenschaftliche Forschung und Praxis für Frauen e.V. (Beiträge zur feministischen Theorie und Praxis, Bd. 11). Köln 1987, 3. leicht korr. Aufl., S. 40-60.

Miller, Gisela: Erziehung durch den Reichsarbeitsdienst für die weibliche Jugend (RADwJ). Ein Beitrag zur Aufklärung nationalsozialistischer Erziehungsideologie. In: Erziehung und Schulung im Dritten Reich, Teil 2: Hochschule, Erwachsenenbildung. Hrsg. von Manfred Heinemann. Stuttgart 1980, S. 170-193.

Minzenmay, Eugen: Der Werkstudent, ein Berufsproblem. Stuttgart 1923.

Möbius, Paul J.: Über den physiologischen Schwachsinn des Weibes. Halle 1905, 8. veränd. Aufl.

Möller, Horst: Nationalsozialistische Wissenschaftsideologie. In: Jörg Tröger (Hg.): Hochschule und Wissenschaft im Dritten Reich. Frankfurt/M.-New York 1984, S. 65-76.

Mohl, Robert von: Die Polizei-Wissenschaft nach den Grundsätzen des Rechtsstaates. Bd. 3: System der Präventiv-Justiz oder Rechts-Polizei. Tübingen 1866, 3. veränd. Aufl.

Müller, Detlef K.: *Sozialstruktur* und Schulsystem. Aspekte zum Strukturwandel des Schulwesens im 19. Jahrhundert. (Studien zum Wandel von Gesellschaft und Bildung Neunzehnten Jahrhundert, Bd. 7). Göttingen 1977.

Müller, Detlef K./*Zymek*, Bernd: Sozialgeschichte und Statistik des Schulsystems in den Staaten des Deutschen Reiches, 1800-1945. (Datenhandbuch zur deutschen Bildungsgeschichte, Bd. II.: Höhere und mittlere Schulen, 1. Teil). Göttingen 1987.

Müller, Gerhard: Mit besten *Leistungen* zum Auslandsstudium. 20 Jahre Vorbereitungslehrgänge auf ein Studium im sozialistischen Ausland an der ABF "Walter Ulbricht" in Halle. In: Das Hochschulwesen, 19. Jg. (1971), Berlin (Ost), S. 326-328.

Müller, Sebastian F.: Zur *Sozialisationsfunktion* der höheren Schule. "Die Neuordnung des preußischen höheren Schulwesens" im Jahre 1924/25. In: Sozialisation und Bildungswesen in der Weimarer Republik. Hrsg. von Manfred Heinemann. (Veröffentlichungen der Historischen Kommission der Deutschen Gesellschaft für Erziehungswissenschaft, Bd. 1). Stuttgart 1976, S. 105-116.

Muellern, Cäcilie von: Zu "Unsere Studentinnenvereine, allerhand Nachdenkliches". In: Die Studentin, 6. Jg., H. 3, 12. Juni 1917, Berlin, S. 17-19.

Nauck, Ernst Theodor: Das Frauenstudium an der Universität Freiburg i.Br. Freiburg i.B. 1953.

Nellessen-Schumacher, Traute: Sozialprofil der deutschen Katholiken. Eine konfessionsstatistische Analyse. Mainz 1978.

Neue Deutsche Biographie. Hrsg. von der Historischen Kommission bei der Bayerischen Akademie der Wissenschaften. Berlin (West) 1985.

Neumann, Daniela: *Studentinnen* aus dem Russischen Reich in der Schweiz (1867-1914). (Die Schweiz und der Osten Europas, Bd. 1). Zürich 1987.

Neumann, Ilse: *Fachstudium* und Charakterbildung. In: Die Studentin, 5. Jg., H. 3, 15. März 1916, Berlin, S. 16-17.

Neumann, Ilse: Zur *Munitionsarbeit* der Studentinnen. Erfahrungen im Süptitzer Nebenartilleriedepot. In: Die Studentin, 6. Jg., H. 7, 3. Nov. 1917, Berlin, S. 47.

Nickel, Hildegard Maria: *Frauen* in der DDR. In: Aus Politik und Zeitgeschichte, 40. Jg., B 16-17/90, 13. April 1990, Bonn, S. 39-45.

Nickel, Hildegard Maria: Zur sozialen *Lage* von DDR-Frauen. In: Eine deutsche Revolution. Der Umbruch in der DDR, seine Ursachen und Folgen. (Berliner Schriften zur Politik und Gesellschaft im Sozialismus und Kommunismus, Bd. 4). Frankfurt/M.-Bern-New York-Paris 1991, S. 149-164.

Nienhaus, Ursula: Berufsstand weiblich. Die ersten weiblichen Angestellten. Berlin (West) 1982.

Niessen, Ludwig: Der Lebensraum für den geistigen Arbeiter. Ein Beitrag zur akademischen Berufsnot und zur studentischen Weltsolidarität. (Deutschtum und Ausland, H. 45). Münster 1931.

Noack, Charlotte: Geschichte der Frauenbewegung. In: Die Studentin, 4. Jg., H. 7, 17. Dez. 1915, Berlin, S. 62-64.

Nowotny, Helga: Über die Schwierigkeiten des Umgangs von Frauen mit der Institution Wissenschaft. In: Wie männlich ist die Wissenschaft? Hrsg. von Karin Hausen/Helga Nowotny. Frankfurt/M. 1986, S. 17-30.

Olbertz, Jan H.: Über den Zusammenhang von Studienmoral und studentischer Selbsttätigkeit. Eine hochschulpädagogische Untersuchung. Diss. A Martin-Luther-Universität Halle-Wittenberg 1981.

Otruba, Gustav: Die Universitäten in der Hochschulorganisation der Donau-Monarchie. Nationale Erziehungsstätten im Vielvölkerreich 1850 bis 1914. In: Student und Hochschule im 19. Jahrhundert. Studien und Materialien. (Studien zum Wandel von Gesellschaft und Bildung im Neunzehnten Jahrhundert, Bd. 12). Göttingen 1975, S. 75-155.

Otto, Carola: Ziele und Aufgaben der Studentinnenvereine. In: Die Studentin, 6. Jg., H. 3, 12. Juni 1917, Berlin, S. 19-20.

Otto, Gabriele/*Graehn*, Gisela: Zur Entwicklung des Frauenstudiums unter besonderer Berücksichtigung der Ausbildung von Ärztinnen und Zahnärztinnen. In: Das Hochschulwesen, 36. Jg. (1988), Berlin (Ost), S. 23-24.

Pagel, Ruth: Das Arbeitsdiensthalbjahr der Abiturientinnen. In: Die Deutsche Studentenschaft. Wissen und Dienst, 8. Jg., Nr. 4, 14. März 1935, Berlin, S. 4.

Pauwels, Jacques R.: Women, Nazis, and Universities. Female University Students in the Third Reich, 1933-1945. Westport/Con.-London 1984.

Peisert, Hansgert: Soziale Lage und Bildungschancen in Deutschland. (Studien zur Soziologie, Bd. 7). München 1967.

Peters, Dietlinde: *Mütterlichkeit* im Kaiserreich. Die bürgerliche Frauenbewegung und der soziale Beruf der Frau. (Wissenschaftliche Reihe, Bd. 29). Bielefeld 1984.

Peters, Ilse: "*Leichtverwundete*". In: Die Studentin, 4. Jg., H. 2, 15. Juni 1915, Berlin, S. 21-23.

Petition um Erlaubnis der weiblichen Dozentur. In: Die Studentin, 2. Jg., H. 5, 1. Juni 1913, Berlin, o.S. (3).

Petrat, Gerhardt: Die gezielte Öffnung der Hochschulreife für alle Volksschichten in der Weimarer Republik. In: Sozialisation und Bildungswesen in der Weimarer Republik. Hrsg. von Manfred Heinemann. (Veröffentlichungen der Historischen Kommission der Deutschen Gesellschaft für Erziehungswissenschaft, Bd. 1). Stuttgart 1976, S. 75-91.

Petzina, Dietmar/*Abelshauser*, Werner/*Faust*, Anselm: Sozialgeschichtliches Arbeitsbuch, Bd. III.: Materialien zur Statistik des Deutschen Reiches 1914-1945. München 1978.

Pfister, Gertrud: Die *Feminisierung* der pädagogischen Berufe in der DDR. Vortrag anläßlich der Tagung "Pädagogische Berufe in der Bundesrepublik Deutschland und in der Deutschen Demokratischen Republik" der Gesellschaft für Deutschlandforschung, Fachgruppe Erziehungswissenschaft, 13.-15. Oktober 1989 in Berlin (West).

Pfister, Gertrud: Die *Grenzen* der Emanzipation - Aufstiegsbarrieren für Frauen in der DDR. In: Elite in Wissenschaft und Politik. Empirische Untersuchungen und theoretische Ansätze. Hrsg. von Dieter Voigt. (Schriftenreihe der Gesellschaft für Deutschlandforschung, Bd. 21). Berlin (West) 1987, S. 211-237.

Pfister, Gertrud: *Mädchen* - Körper - Erziehung. Entstehung und erste Entwicklung des Turnlehrerinnenberufes (1880-1920). In: Frauenberufe - hausarbeitsnah? Zur Erziehungs-, Bildungs- und Versorgungsarbeit von Frauen. Hrsg. von Marion Klewitz/Ulrike Schildmann/Theresa Wobbe. (Frauen in Geschichte und Gesellschaft, Bd. 12). Pfaffenweiler 1989, S. 99-137.

Pfister, Gertrud/*Langenberg*, Hans: Vom Frauenturnen zum modernen Sport - Die Entwicklung der Leibesübungen der Frauen und Mädchen seit dem Ersten Weltkrieg. In: Leibesübungen und Sport in Deutschland vom Ersten Weltkrieg bis zur Gegenwart. Hrsg. von Horst Ueberhorst. (Geschichte der Leibesübungen, Bd. 3, Teilband 2). Berlin (West) 1982, S. 977-1007.

Ploetz. Geschichte der Weltkriege. Mächte, Ereignisse, Entwicklungen 1900-1945. Hrsg. von Andreas Hillgruber/Jost Dülffer. Freiburg-Würzburg 1981.

Plotho, [Olga] von: Erholungsheim des "Vereins studierender Frauen München". In: Die Studentin, 2. Jg., H. 3, 10. Apr. 1913, Berlin, o.S. (2).

Prahl, Hans-Werner: Sozialgeschichte des Hochschulwesens. München 1978.

*Preußische Hochschulstat*istik, Sommerhalbjahr 1927 - Winterhalbjahr 1927/28. Hrsg. u. bearb. von dem Preußischen Statistischen Landesamt. Berlin 1928.

*Preußische Stat*istik, *Bd. 231*: Das niedere Schulwesen in Preußen, 1911. 1. Teil: Die niederen Schulen nach Provinz und Regierungsbezirken. Hrsg. vom Königlich Preußischen Statistischen Landesamt in Berlin. Berlin 1913.

Prinz, Arthur: Juden im Deutschen Wirtschaftsleben. Soziale und wirtschaftliche Struktur im Wandel 1850 - 1914. Bearb. u. hrsg. von Avraham Barkai. (Schriftenreihe wissenschaftlicher Abhandlungen des Leo-Baeck-Instituts, Bd. 43). Tübingen 1984.

Pross, Helge: Über die Bildungschancen von Mädchen in der Bundesrepublik. Frankfurt/M. 1969.

Pudenz, Christiane A.: Entstehung, Struktur und Geschichte der ersten deutschen Frauenbewegung. Die Entwicklung einer Organisation in der Gesellschaft als kollektiver Lernprozeß. Diss. Ludwig-Maximilians-Universität München 1977.

Raehlmann, Irene: Arbeitertöchter im Fernstudium: Studieren neben dem Beruf. Ergebnisse einer Voruntersuchung. In: Hochschulausbildung, 6. Jg. (1988), Alsbach, S. 29-40.

Raiser, Ludwig: Wiedereröffnung der Hochschulen. Ansätze zum Neubeginn. In: Nationalsozialismus und Deutsche Universität. Universitätstage 1966. Veröffentlichung der Freien Universität Berlin. Berlin (West) 1966, S. 174-188.

Reichsausländische Studierende auf den deutschen Universitäten. In: Zeitschrift des Königlich Preußischen Statistischen Landesamts, 56. Jg. (1916), Berlin, S. XLVII.-XLVIII.

Ribhegge, Wilhelm: Geschichte der Universität Münster. Europa in Westfalen. Münster 1985.

Richarz, Monika: Der Eintritt der Juden in die akademischen Berufe. Jüdische Studenten und Akademiker in Deutschland 1678-1848. (Schriftenreihe wissenschaftlicher Abhandlungen des Leo-Baeck-Instituts, Bd. 28). Tübingen 1974.

Richter, Wilhelm: Berliner Schulgeschichte. Von den mittelalterlichen Anfängen bis zum Ende der Weimarer Republik. Hrsg. u. bearb. von Marion Klewitz/Hans Christoph Berg. (Historische und Pädagogische Studien, Bd. 13). Berlin (West) 1981.

Ringer, Fritz K.: The Decline of the German Mandarins. The German Academic Community 1890-1933. Cambridge/Mass. 1969.

Rochlitz, Manfred/*Lange*, Günther: Begabungsförderung im Hochschulstudium - Grundgedanken und Ergebnisse. In: Wissenschaftliche Zeitschrift der Hochschule für Verkehrswesen "Friedrich List", 35. Jg. (1988), H. 1, Dresden, S. 81-87.

Rössler, Johannes: Entweder - oder! In: Das Hochschulwesen, 10. Jg. (1962), Berlin (Ost), S. 513-516.

Rohde, Erwin: Frauenförderung als System. In: Das Hochschulwesen, 17. Jg. (1969), Berlin (Ost), S. 309-318.

Rudolph, Hedwig: *Technikkompetenz* für Frauen - Sand im Getriebe männlicher Macht? In: Dorothea Frandsen/Ursula Huffmann/Annette Kuhn (Hg.): Frauen in Wissenschaft und Politik. Düsseldorf 1987, S. 207-213.

Rudolph, Maria: Die *Frauenbildung* in Frankfurt am Main. Geschichte der privaten. der kirchlich-konfessionellen, der jüdischen und städtischen Mädchenschulen. Historische Darstellung der Frankfurter Mädchenschulen. Eruditio, Bd. 6). Frankfurt/M.-Bern-Las Vegas 1978.

Rudolph, Joachim: *Untersuchungen* von Möglichkeiten für die Erziehung sozialistischer Absolventen in der Hochschulforschung (dargestellt am Beispiel der Technischen Universität Dresden). Diss. A Technische Universität Dresden 1972.

Rürup, Reinhard: Emanzipation und Krise - Zur Geschichte der "Judenfrage" in Deutschland vor 1890. In: Juden im Wilhelminischen Deutschland 1890-1914. Hrsg. von Werner E. Mosse unter Mitwirkung von Arnold Paucker. (Schriftenreihe wissenschaftlicher Abhandlungen des Leo-Baeck-Instituts, Bd. 33). Tübingen 1976, S. 1-56.

Ruge, Arnold: Das Wesen der Universitäten und das Studium der Frauen. Ein Beitrag zur modernen Kulturbewegung. Leipzig. 1912.

Runge, Erika: Reise nach Rostock, DDR. Frankfurt/M. 1971.

Rupp, Elke: Der Beginn des Frauenstudiums an der Universität Tübingen. In: Beiträge zur Geschichte der Universität Tübingen 1477-1977. Hrsg. von Hansmartin Decker-Hauff/Gerhard Fichtner/Klaus Schreiner. Tübingen 1977, S. 367-378.

Rychlik, Reinhard: Ärzte in der DDR. Ausbildung, Beruf und gesellschaftliche Stellung. Stuttgart 1983.

Rytlewski, Ralf/*Husner*, Gabriele: Zwischen permanenter Zuwendung und sanftem Zwang. Studenten in der DDR seit dem VIII. Parteitag der SED. In: Lebensbedingungen in der DDR. Siebzehnte Tagung zum Stand der DDR-Forschung in der Bundesrepublik Deutschland, 12. bis 15. Juni 1984. Köln 1984, S. 135-147.

Sachse, Renate: 20 Jahre Fernstudium. Erfahrungen und Ergebnisse. In: Das Hochschulwesen, 22. Jg. (1974), Berlin (Ost), S. 58-59.

Salomon, Alice: Hochschule und Frauenbewegung. In: Michael Doeberl et al. (Hg.): Das akademische Deutschland, Bd. III: Die deutschen Hochschulen in ihren Beziehungen zur Gegenwartskultur. Berlin 1930, S. 419-424.

Sandfuchs, Uwe: Universitäre Lehrerausbildung in der Weimarer Republik und im Dritten Reich. Eine historisch-systematische Untersuchung am Beispiel der Lehrerausbildung an der Technischen Hochschule Braunschweig (1918-1940). Bad Heilbrunn 1978.

Schefer, Gerwin: Das Gesellschaftsbild des Gymnasiallehrers. Eine Bewußtseinsanalyse des deutschen Studienrats. Frankfurt/M. 1969.

Schenk, Herrad: Die feministische Herausforderung. 150 Jahre Frauenbewegung in Deutschland. München 1980.

Schick, Rudolf: Frauenqualifizierung - auch im Verwaltungsapparat. In: Das Hochschulwesen, 10. Jg. (1962), Berlin (Ost), S. 428-429.

Schlodtmann, Paula: Die Vorbereitung zur Hochschule. In: Die höhere Mädchenbildung. Vorträge gehalten auf dem Kongress zu Kassel am 11. und 12. Oktober 1907. Leipzig-Berlin 1908.

Schlotfeldt-Schäfer, Irmgard: Das Frauenstudium in Kiel unter besonderer Berücksichtigung der Medizin. Diss. Christian-Albrechts-Universität Kiel 1981.

Schlüter, Anne: "*Wenn zwei* das Gleiche tun, ist das noch lange nicht dasselbe" - Diskriminierungen von Frauen in der Wissenschaft. In: Anne Schlüter/Annette Kuhn (Hg.): Lila Schwarzbuch. Zur Diskriminierung von Frauen in der Wissenschaft. Düsseldorf 1986, S. 10-33.

Schlüter, Anne: *Wissenschaft* für die Frauen? Frauen für die Wissenschaft! Zur Geschichte der ersten Generation von Frauen in der Wissenschaft. In: Ilse Brehmer et al. (Hg.): Frauen in der Geschichte, Bd. IV.: "Wissen heißt leben ...". Beiträge zur Bildungsgeschichte von Frauen im 18. und 19. Jahrhundert. Düsseldorf 1983, S. 244-261.

Schlüter, Anne/*Kuhn*, Annette: Einleitung. In: Anne Schlüter/Annette Kuhn (Hg.): Lila Schwarzbuch. Zur Diskriminierung von Frauen in der Wissenschaft. Düsseldorf 1986, S. 7-8.

Schmahl, Hermannjosef: Disziplinarrecht und politische Betätigung der Beamten in der Weimarer Republik. (Schriftenreihe zur Rechtsgeschichte, H. 13). Berlin (West) 1977.

Schmidt, Gerlind: Hochschulen in der DDR. Eine Untersuchung zum Verhältnis von Bildungs- und Beschäftigungssystem. (Studien und Dokumentationen zur vergleichenden Bildungsforschung, Bd. 15/4). Köln-Wien 1982.

Schmidt-Harzbach, Ingrid: Kampf ums Frauenstudium - Studentinnen und Dozentinnen an deutschen Hochschulen. In: Frauen und Wissenschaft. Beiträge zur Berliner Sommeruniversität für Frauen, Juli 1976. Hrsg. von der Gruppe Berliner Dozentinnen. Berlin (West) 1977, S. 33-72.

Schmitt, Harry: Frauenbewegung und Mädchenschul-Reform. Untersuchungen und Vorschläge zur Förderung der Frauenbildungsfrage, Bd. 2. Berlin 1903.

Schnelle, Gertraude: *Bildungsnotstand* und Frauendiskriminierung an westdeutschen Hochschulen. In: Das Hochschulwesen, 14. Jg. (1966), Berlin (Ost), S. 207-211.

Schnelle, Gertraude: Zu den Ergebnissen der *Frauenkonferenzen* im Hochschulwesen. Zwischenbilanz in einigen Fragen. In: Das Hochschulwesen, 15. Jg. (1967), Berlin (Ost), S. 100-108.

Schnelle, Gertraude: *Probleme* der Entwicklung des Frauenstudiums in Deutschland. Unter besonderer Berücksichtigung der Entwicklung in den beiden deutschen Staaten nach 1945. Diss. Karl-Marx-Universität Leipzig 1965.

Schnelle, Gertraude: Zum dialektischen *Prozeß* der Förderung und Erziehung der Studentinnen. In: Das Hochschulwesen, 14. Jg. (1966), Berlin (Ost), S. 833-840.

Schnelle, Gertraude: *Schluß* mit den zersplitterten Bestrebungen zur Förderung der Frau! In: Das Hochschulwesen, 10. Jg. (1962), Berlin (Ost), S. 1055-1062.

Schnelle, Gertraude: Für konsequente *Weiterentwicklung* des Frauenstudiums. In: Das Hochschulwesen, 12. Jg. (1964), Berlin (Ost), S. 664-672.

Schnitzer, Klaus/*Isserstedt*, Wolfgang/*Narten*, Renate (Bearbeiter): Das soziale Bild der Studentenschaft in der Bundesrepublik Deutschland. Ergebnisse der 10. Sozialerhebung des Deutschen Studentenwerks im Sommersemester 1982. Bonn 1983.

Scholtz, Harald/*Stranz*, Elmar: Nationalsozialistische Einflußnahmen auf die Lehrerbildung. In: Erziehung und Schulung im Dritten Reich, Teil 2: Hochschule, Erwachsenenbildung. Hrsg. von Manfred Heinemann. Stuttgart 1980, S. 110-124.

Schopf, Renate: Die Bedeutung des Frauenstudiums für die Stellung der Frau in der Gesellschaft und im Erwerbsleben. Die Entwicklung des Frauenstudiums von der Jahrhundertwende bis heute. Diss. Eberhard-Karls-Universität Tübingen 1957.

Schröder-Werle, Renate: Studentenstatistik (1879-1979). In: Wissenschaft und Gesellschaft. Beiträge zur Geschichte der Technischen Universität Berlin 1879-1979, Bd. 1. Hrsg. von Reinhard Rürup. Berlin-Heidelberg-New York 1979, S. 567-591.

Schulz, Gerhard: Die *Anfänge* des totalitären Maßnahmenstaates. In: Karl Dietrich Bracher/Gerhard Schulz/Wolfgang Sauer: Die nationalsozialistische Machtergreifung. Studien zur Errichtung des totalitären Herrschaftssystems in Deutschland 1933/34, Bd. 2. Frankfurt/M. 1974 (Neuausgabe).

Schulz, Hans-Jürgen: Die *Gestaltung* des sozialistischen Hochschulwesens in der DDR - Ergebnis und Ausdruck der schöpferischen Verwirklichung wissenschaftlicher Erkenntnisse von Karl Marx. In: Das Hochschulwesen, 32. Jg. (1984), Berlin (Ost), S. 34-39.

Schwabe, Klaus: Der Weg der Republik vom Kapp-Putsch 1920 bis zum Scheitern des Kabinetts Müller 1930. In: Karl Dietrich Bracher/Manfred Funke/Hans-Adolf Jacobsen (Hg.): Die Weimarer Republik 1918-1933. Politik - Wirtschaft - Gesellschaft. Düsseldorf 1987, S. 95-133.

Schwarz, Jürgen: Studenten in der Weimarer Republik. Die deutsche Studentenschaft in der Zeit von 1918 bis 1923 und ihre Stellung zur Politik. (Ordo Politicus, Bd. 12). Berlin (West) 1971.

Seier, Hellmut: Universität und Hochschulpolitik im nationalsozialistischen Staat. In: Der Nationalsozialismus an der Macht. Aspekte nationalsozialistischer Politik und Herrschaft. Hrsg. von Klaus Malettke. Göttingen 1984, S. 143-165.

Siemens, Jochen: Weiblicher Protest setzte sich durch. Mills bleibt eine Universität für Frauen. In: Kölner Stadt-Anzeiger, Nr. 134, Mo. 11. Juni 1990, S. 3.

Skwarra, Lisa: Eine Fahrt durch Ostpreußen. In: Die Studentin, 4. Jg., H. 7, 17. Dez. 1915, Berlin, S. 64-65.

Soden, Kristine von: Zur Geschichte des Frauenstudiums. In: Kristine von Soden/Gaby Zipfel (Hg.): 70 Jahre Frauenstudium. Frauen in der Wissenschaft. Köln 1979, S. 9-42.

Soltmann, Idamarie: Zur Führerschaft der Intelligenz. Antwort an Gabriele Reuter. In: Die Studentin, 5. Jg., H. 5, 16. Juni 1916, Berlin, S. 35-36.

Sonnemann, Rolf (Leiter eines Autorenkollektivs): Geschichte der Technischen Universität Dresden, 1828-1978. Berlin (Ost) 1978.

Sontheimer, Kurt: Antidemokratisches Denken in der Weimarer Republik. Die politischen Ideen des deutschen Nationalismus zwischen 1918 und 1933. München 1964, 2. Aufl.

Sozialstruktur der DDR. Autorenkollektiv unter der Leitung von Rudi Weidig. Berlin (Ost) 1988.

Speigner, Wulfram: Bildung für die Frauen und Mädchen. In: Zur gesellschaftlichen Stellung der Frau in der DDR. Sammelband. Hrsg. vom Wissenschaftlichen Beirat "Die Frau in der sozialistischen Gesellschaft" bei der Akademie der Wissenschaften der DDR unter Leitung von Herta Kuhrig/Wulfram Speigner. Leipzig 1978, S. 183-228.

Sroka, Wendelin: Die Bildungskonzeption Wilhelm von Humboldts in der DDR. Ein Beitrag zur Rezeptions- und Wirkungsgeschichte des Neuhumanismus. München 1984.

Ssymank, Paul: Das deutsche Studententum von 1750 bis zur Gegenwart (1931). In: Friedrich Schulze/Paul Ssymank: Das deutsche Studententum von den ältesten Zeiten bis zur Gegenwart 1931. München 1932, 4. völlig neubearb. Aufl., S. 159-492.

Stadelmann, : Die Zulassung der Frau zum Richteramt. In: Deutsche Richterzeitung, 13. Jg., Nr. 7, 1. Juli 1921, Berlin, Sp. 196-206.

Stadler-Labhart, Verena: Rosa Luxemburg an der Universität Zürich 1889-1897. (Schriften zur Zürcher Universitäts- und Gelehrtengeschichte, Bd. 2). Zürich 1978.

Stallmann, Herbert: Hochschulzugang in der SBZ/DDR 1945-1959. (Duisburger Studien, Geistes- und Gesellschaftswissenschaften, Bd. 1). St. Augustin 1980.

Stanke, Volkmar: Student und Studium in der DDR. Eine Information über sozialistische Hochschulpolitik. Berlin (Ost) 1973.

Starke, Kurt: Einige Ergebnisse und Probleme der Untersuchung Student '79. In: Informationsbulletin Jugendforschung Student '79. Leipzig 1980, S. 19-40.

*Sta*tistik des *Deutschen Reiches*, Bd. 453/2: Berufszählung. Die berufliche und soziale Gliederung der Bevölkerung des Deutschen Reichs. Bearbeitet vom Statistischen Reichsamt. Berlin 1936.

*Sta*tistisches *J*ahr*b*uch der *D*eutschen *D*emokratischen *R*epublik. Hrsg. von der Staatlichen Zentralverwaltung für Statistik, 1. Jg.-35. Jg. (1955-1990). Berlin (Ost) 1956-1990.

*Sta*tistisches *J*ahr*b*uch für das *Deut*sche *Reich*. Hrsg. vom Kaiserlichen statistischen Amt. 1. Jg.-39. Jg. (1880-1918). Berlin 1880-1918.

*Sta*tistisches *J*ahr*b*uch für das *Deut*sche *Reich*. Hrsg. vom Statistischen Reichsamt. 40. Jg.-59. Jg. (1919-1941/42). Berlin 1919-1942.

*Sta*tistisches *J*ahr*b*uch für den *Preuß*isch*en* Staat. Hrsg. vom Königlichen Statistischen Landesamt, 1. Jg. (1903)-15. Jg. (1918). Berlin 1904-1918.

*Sta*tistisches *J*ahr*b*uch für die *Bundesrepublik Deutschland*. Hg.: Statistisches Bundesamt Wiesbaden. 1. Jg.-39. Jg. (1952-1990). Stuttgart-Köln-Mainz 1952-1990.

Stephenson, Jill: Girls' Higher Education in Germany in the 1930s. In: Journal of Contemporary History, 10. Jg. (1975), London, S. 41-69.

Stieda, Wilhelm: Die Universität Leipzig in ihrem tausendsten Semester. Leipzig 1909.

Strinz, Martha: Über die Vorbereitung von Lehrerinnen zur Reifeprüfung. In: Die Lehrerin in Schule und Haus, 25. Jg. (1908/09, Leipzig, S. 386-389.

Stubbe-Da Luz, Helmut: Emmy Beckmann (1880-1967), Hamburgs einflußreichste Frauenrechtlerin. In: Zeitschrift des Vereins für Hamburgische Geschichte, Bd. 73, (1987), Hamburg, S. 97-138.

Stücklen, Gerta: Untersuchung über die soziale und wirtschaftliche Lage der Studentinnen. Ergebnisse einer an der Berliner Universität im Winter 1913/14 veranstalteten Enquête. Diss. Ruprecht-Karls-Universität Heidelberg 1916.

Syllm-Rapoport, Ingeborg: Besondere Hilfe den Nachwuchswissenschaftlerinnen. In: Das Hochschulwesen, 8. Jg. (1960), Berlin (Ost), S. 285-286.

Tenorth, Heinz-Elmar: Bildung als Besitz - Erziehung als Indoktrination. In: Ploetz. Das deutsche Kaiserreich 1867/71 bis 1918. Bilanz einer Epoche. Hrsg. von Dieter Langewiesche. Freiburg-Würzburg 1984, S. 159-165.

Teumer, Elfriede: 25 Jahre Studium der Grundlagen des Marxismus-Leninismus an den Universitäten, Hoch- und Fachschulen. In: Staat und Recht, 25. Jg. (1976), H. 9, Potsdam, S. 937-942.

Thalmann, Rita: Frausein im Dritten Reich. München-Wien 1984.

Theilhaber, Felix A.: Der Untergang der deutschen Juden. Eine volkswirtschaftliche Studie. Berlin 1921, 2. veränd. Aufl.

Thimm, Brigitte: Probleme der Heranbildung der materialistisch-dialektischen Denkweise bei Ingenieurstudenten im marxistisch-leninistischen Grundlagenstudium unter besonderer Berücksichtigung des Kurses Dialektischer und historischer Materialismus. Diss. A Humboldt-Universität Berlin (Ost) 1979.

Thürmer-Rohr, Christina: Der Chor der Opfer ist verstummt. Eine Kritik an Ansprüchen der Frauenforschung. In: Frauenforschung oder feministische Forschung. Hg.: Sozialwissenschaftliche Forschung und Praxis für Frauen e.V. (Beiträge zur feministischen Theorie und Praxis, H. 11). Köln 1987, 3. leicht korr. Aufl., S. 71-84.

Thüt, Peter A.: Studenten: Kleines Glück im verordneten Mittelmaß. In: Werner Filmer/Heribert Schwan (Hg.): Alltag im anderen Deutschland. Düsseldorf-Wien 1985, S. 185-196.

Tiburtius, Franziska: Erinnerungen einer Achtzigjährigen. Berlin 1923.

Titze, Hartmut: Der *Akademikerzyklus*. Historische Untersuchungen über die Wiederkehr von Überfüllung und Mangel in akademischen Karrieren. Göttingen 1990.

Titze, Hartmut: *Enrollment* Expansion and Academic Overcrowding in Germany. In: Konrad H. Jarausch (ed.): The Transformation of Higher Learning 1860-1930. Expansion, Diversification, Social Opening and Professionalization in England, Germany, Russia and the United States. (Historisch-Sozialwissenschaftliche Forschungen, Bd. 13). Stuttgart 1983, S. 57-88.

Titze, Hartmut: Das *Hochschulstudium* in Preußen und Deutschland 1820-1944. (Datenhandbuch zur deutschen Bildungsgeschichte, Bd. I.: Hochschulen, 1. Teil). Göttingen 1987.

Titze, Hartmut: *Überfüllungskrisen* in akademischen Karrieren. Eine Zyklustheorie. In: Zeitschrift für Pädagogik, 27. Jg. (1981), Weinheim, S. 187-224.

Titze, Hartmut: Die zyklische *Überproduktion* von Akademikern im 19. und 20. Jahrhundert. In: Geschichte und Gesellschaft, 10. Jg. (1984), Göttingen, S. 92-121.

Titze, Hartmut/*Nath*, Axel/*Müller-Benedict*, Volker: Der Lehrerzyklus. Zur Wiederkehr von Überfüllung und Mangel im höheren Lehramt in Preußen. In: Zeitschrift für Pädagogik, 31. Jg. (1985), Weinheim, S. 97-126.

Tompert, Helene: Lebensformen und Denkweisen der akademischen Welt Heidelbergs im Wilhelminischen Zeitalter. Vornehmlich im Spiegel zeitgenössischer Selbstzeugnisse. Lübeck-Hamburg 1969.

Trauer, Ute: Ist die Gleichberechtigung der wissenschaftlichen Assistentin tatsächlich gesichert? In: Das Hochschulwesen, 8. Jg. (1960), Berlin (Ost), S. 347-349.

Treuge, Margarete: Warum wir die Zulassung zu den akademischen Berufen erstrebt haben? In: Der deutsche Frauenkongreß. Berlin, 27. Februar bis 2. März 1912. Sämtliche Vorträge. Hrsg. von Gertrud Bäumer. Leipzig-Berlin 1912, S. 125-131.

Trinks, Karl: Die Sozialgestalt des Volksschullehrers. Festschrift zur Hundertjahrfeier des Dresdner Lehrervereins. O.O. (Dresden), o.J. (1933).

Tröger, Annemarie: Die Planung des Rationalisierungsproletariats. Zur Entwicklung der geschlechtsspezifischen Arbeitsteilung und des weiblichen Arbeitsmarktes im Nationalsozialismus. In: Annette Kuhn/Jörn Rüsen (Hg.): Frauen in der Geschichte, Bd. II. Fachwissenschaftliche und fachdidaktische Beiträge zur Sozialgeschichte der Frauen vom frühen Mittelalter bis zur Gegenwart. Düsseldorf 1986, 2. Aufl., S. 245-313.

Turner, George: Massenuniversität und Ausbildungsnotstand. Wie die Krise überwunden werden kann. Frankfurt/M. 1984.

Twellmann-Schepp, Margrit: Die deutsche Frauenbewegung. Ihre Anfänge und erste Entwicklung 1843-1889. Meisenheim 1972.

Universität in der *Karikatur*. Böse Bilder aus der kuriosen Geschichte der Hochschulen. Hrsg. und kommentiert von Michael Klant. Hannover 1984.

Usko, Marianne: Hochschulen in der DDR. Berlin (West) 1974.

Velsen, Ruth von: *Contra* naturam? In: Die Studentin, 2. Jg., H. 2, 21. Feb. 1913, Berlin, o.S. (4).

Velsen, Ruth von: Die *Wohnungsverhältnisse* der Studentinnen. In: Die Studentin, 2. Jg., H. 11, 25. Nov. 1913, Berlin, o.S. (1-3).

Venghaus, Frieda: Die Frauenbewegung und die Stellung der Studentin zu deren Zeitfragen und Zeitströmungen. In: Die Studentin, 5. Jg., H. 6, 10. Juli 1916, Berlin, S. 44-46.

Vermehren-Goering, Beatrice: Die Frau im akademischen Beruf. In: Deutsches Frauenschaffen. Jahrbuch der Reichsfrauenführung [1936]. Im Auftrag der Reichsfrauenführung hrsg. u. bearb. von Erika Kirmsse. O.O. [Dortmund] 1936, S. 76-78.

Völker, Christa: Überlegungen zur besseren Vereinbarkeit von Studium und Mutterschaft. In: Das Hochschulwesen, 32. Jg. (1984), Berlin (Ost), S. IV-VI.

Voigt, Dieter *et al.*: Wissenschaftselite in beiden Teilen Deutschlands. Konzeption und erste Ergebnisse empirischer Untersuchungen. In: Recht, Wirtschaft, Politik im geteilten Deutschland. Festschrift für Siegfried Mampel zum 70. Geburtstag am 13. September 1983. Hrsg. von Gottfried Zieger. Köln-Berlin-Bonn-München 1983, S. 45-67.

Voigt, Dieter/*Belitz-Demiriz*, Hannelore: Zum Bildungsniveau der Eltern von Promovierten im deutsch-deutschen Vergleich. Eine empirische Untersuchung über den Einfluß von Herkunftsfamilie und Gesellschaftssystem auf die akademische Elitebildung in den Jahren 1950 bis 1982. In: Elite in Wissenschaft und Politik. Empirische Untersuchungen und theoretische Ansätze. Hrsg. von Dieter Voigt. (Schriftenreihe der Gesellschaft für Deutschlandforschung, Bd. 21). Berlin (West) 1987, S. 25-142.

Voigt, Dieter/*Belitz-Demiriz*, Hannelore/*Gries*, Sabine: Die Sozialstruktur der promovierten Intelligenz in der DDR und in der Bundesrepublik Deutschland 1950-1982. Der Einfluß der politischen Systeme auf die unterschiedliche Entwicklung in den beiden deutschen Staaten. (Beiträge zur Deutschlandforschung, Bd. 7). Bochum 1990.

Voigt, Dieter/*Voß*, Werner/*Meck*, Sabine: Sozialstruktur der DDR. Eine Einführung. Darmstadt 1987.

Vowinkel, Edith: Ein Tag in Torgau. Stimmungsbericht über den studentischen Hilfsdienst in der Munitionsarbeit. In: Die Studentin, 6. Jg., H. 7, 3. Nov. 1917, Berlin, S. 43-44.

Waterkamp, Dietmar: Das *Bildungswesen* der DDR. Struktur und Probleme. In: DDR. Redaktion: Hans-Georg Wehling. Stuttgart-Berlin-Köln-Mainz 1983, S. 118-131.

Waterkamp, Dietmar: *Handbuch* zum Bildungswesen der DDR. Berlin (West) 1987.

Weber, Marianne: Die *Beteiligung* der Frau an der Wissenschaft. In: Dies.: Frauenfragen und Frauengedanken. Gesammelte Aufsätze. Tübingen 1919, S. 1-9.

Weber, Marianne: Vom *Typenwandel* der studierenden Frau. In: Dies.: Frauenfragen und Frauengedanken. Gesammelte Aufsätze. Tübingen 1919, S. 179-201.

Wehler, Hans-Ulrich: Wie bürgerlich war das Deutsche Kaiserreich? In: Bürger und Bürgerlichkeit im 19. Jahrhundert. Hrsg. von Jürgen Kocka. Göttingen 1987, S. 243-280.

Weigandt, Susanne: Frauenpolitik im Vergleich. In: Kirche im Sozialismus, 14. Jg. (1988), Berlin (West), S. 244-245.

Weller, Konrad: Die Studenten-Intervallstudie Leistung SIL. Informationsmaterial für die SIL-Teilnehmer, Hrsg. anläßlich der vierten Untersuchung SIL D zu Studienende. Hg.: Zentralinstitut für Jugendforschung, Leipzig. Leipzig 1986.

Wer ist's? Zeitgenossenlexikon. *3. Ausgabe*. Zusammengestellt und hrsg. von Hermann A. L. Degener. Leipzig 1905.

Wer ist's? Zeitgenossenlexikon. *4. Ausgabe*. Zusammengestellt und hrsg. von Hermann A. L. Degener. Leipzig 1909.

Weyrather, Irmgard: "Die Frau im Lebensraum des Mannes". Studentinnen in der Weimarer Republik. In: Frauengeschichte. Dokumentation des 3. Historikerinnentreffens in Bielefeld, April 81. Hrsg. von Sozialwissenschaftliche Forschung und Praxis für Frauen e.V. (Beiträge zur feministischen Theorie und Praxis, Bd. 5). München 1981, S. 25-39.

Wienke, Peter: Die promovierte naturwissenschaftlich-technische Intelligenz in der DDR. Eine empirische Untersuchung ihrer Karrieremuster im Vergleich mit denen von promovierten Naturwissenschaftlern und Ingenieuren aus der Bundesrepublik Deutschland. (Beiträge zur Deutschlandforschung, Bd. 5). Bochum 1989.

Wierling, Dorothee; Studentinnen in der Weimarer Republik. In: Lutz Niethammer et al.: Bürgerliche Gesellschaft in Deutschland. Historische Einblicke, Fragen, Perspektiven. Frankfurt/M. 1990, S. 364-382.

Wiggershaus, Renate: Frauen unterm Nationalsozialismus. Wuppertal 1984.

Windscheid, Käthe: Das philologische Studium der Frauen. In: Hochschul-Nachrichten, 11. Jg. (1901), H. 127, München, S. 149-152.

Wippermann, Wolfgang: Der konsequente Wahn. Ideologie und Politik Adolf Hitlers. München-Gütersloh 1989.

Wobbe, Theresa: Hausarbeit und Berufsarbeit um die Jahrhundertwende. Die Debatte der Frauenbewegungen im Deutschen Kaiserreich. In: Frauenberufe - hausarbeitsnah? Zur Erziehungs-, Bildungs- und Versorgungsarbeit von Frauen. Hrsg. von Marion Klewitz/Ulrike Schildmann/Theresa Wobbe. (Frauen in Geschichte und Gesellschaft, Bd. 12). Pfaffenweiler 1989, S. 25-57.

Wolf, Erik: Große Rechtsdenker der deutschen Geistesgeschichte, 14. Kap.: Bernhard Windscheid. Tübingen 1963, 4. durchgearb. u. erg. Aufl., S. 591-621.

Zeitschel, Hanna: [Zum Artikel "Zur Führerschaft der Intelligenz":] III. Studentinnenverein Jena. In: Die Studentin, 5. Jg., H. 6, 10. Juli 1916, Berlin, S. 43-44.

Zeller, Susanne: Volksmütter - mit staatlicher Anerkennung - Frauen im Wohlfahrtswesen der zwanziger Jahre. (Geschichtsdidaktik. Studien - Materialien, Bd. 47). Düsseldorf 1987.

Ziegenbein, Annerose: Frauenförderung - integrierter Bestandteil der Leitungstätigkeit. In: Das Hochschulwesen, 24. Jg. (1976), Berlin (Ost), S. 24-26.

Zimmermann, Hildegard: Die Überformung von Orientierungen und Verhaltensweisen in Schulzeit und Adoleszenz. In: Doris Janshen/Hedwig Rudolph et al.: Ingenieurinnen. Frauen für die Zukunft. Berlin-New York 1987, S. 85-128.

Zipfel, Gaby: Unter welchen Bedingungen studieren wir eigentlich? In: Kristine von Soden/Gaby Zipfel (Hg.): 70 Jahre Frauenstudium. Frauen in der Wissenschaft. Köln 1979, S. 43-57.

Zorn, Gertrud: Außerordentliche Tagung des preußischen Zentralverbandes für die Interessen der höheren Frauenbildung. In: Die Studentin, 2. Jg., H. 1, 21. Jan. 1913, Berlin, o.S. (1-2).

Zur Frage des "vierten Weges". In: Die Studentin, 1. Jg., H. 12, 16. Dez. 1912, Berlin, o.S. (2-3).

Zur Frage des vierten Weges. In: Die Studentin, 3. Jg., H. 3, 1. Apr. 1914, Berlin, S. 17.

Zymek, Bernd: Der Strukturwandel des Mädchenschulwesens in Preußen, 1908-1941. In: Zeitschrift für Pädagogik, 34. Jg. (1988), Weinheim, S. 191-203.

Zypries, Gertrud: Der Arbeitsdienst für die weibliche Jugend. In: Deutsches Frauenschaffen. Jahrbuch der Reichsfrauenführung [1937]. Im Auftrag der Reichsfrauenführung hrsg. u. bearb. von Erika Kirmsse. Dortmund 1937, S. 77-79.

FSC
www.fsc.org
MIX
Papier | Fördert gute Waldnutzung
FSC® C083411

Kolibri 360 GmbH
Ferdinand-Jühlke-Straße 7
99095 Erfurt, Deutschland
produktsicherheit@kolibri360.de

Druck:
CPI Druckdienstleistungen GmbH
im Auftrag der
Kolibri 360 GmbH
Ferdinand-Jühlke-Str. 7
99095 Erfurt